GYMNASIUM BAYERN

FOKUS
BIOLOGIE 6

NATUR UND TECHNIK

Cornelsen

FOKUS BIOLOGIE

Herausgeber:	Thomas Freiman, Lauf; Wolf Kraus, Lauf
Autorinnen und Autoren:	Thomas Freiman, Lauf; Wolf Kraus, Lauf; Dr. Michael Dreyer, Nürnberg; Claudia Schneider, Nürnberg; Stefan Grabe, Lauf; Nadja Nikol, Lauf; Roland Biernacki, Nüdlingen/OT Haard; Markus Drechsel, Heideck; Robert Raßhofer, Feldkirchen; Ulrike Kretzinger, Egmating; Christian Farr, Hausen; Dr. Nikolaus Kocher, Würzburg; Beatrice Burkard, Bayreuth; Petra Nahlig, Nürnberg; Tanja Berthold, Dillingen; Sandra Liebisch, Parsberg; Iris Angermann, Mannheim; Rainer Dieckmann, Spardorf
Berater:	Thomas Gerl, Prien
Redaktion:	Aljoscha Metz
Illustration und Grafik:	biologiegrafik, diGraph Medienservice Maryse Forget & Robert Fontner-Forget, Marina Goldberg, Heike Keis, K. Krischke, Lieselotte Lüddecke, Jörg Mair, Karin Mall, Gregor Mecklenburg, Tom Menzel, newVISION! GmbH – Bernhard A. Peter , Werner Wildermuth
Umschlaggestaltung:	EYES-OPEN, Berlin
Layoutkonzept, Gestaltung und technische Umsetzung:	Oxana Rödel, Absatz DTP-Service, Teltow

Begleitmaterial zum Lehrwerk für Lehrerinnen und Lehrer

Lösungen zum Schülerbuch	ISBN 978-3-06-011935-6
Kopiervorlagen	ISBN 978-3-06-011923-3
E-book	ISBN 978-3-06-011936-3
Begleitmaterial auf USB-Stick mit Unterrichtsmanager und E-Book auf scook	ISBN 978-3-06-012082-6

www.cornelsen.de

Soweit in diesem Lehrwerk Personen fotografisch abgebildet sind und ihnen von der Redaktion fiktive Namen, Berufe, Dialoge und Ähnliches zugeordnet oder diese Personen in bestimmte Kontexte gesetzt werden, dienen diese Zuordnungen und Darstellungen ausschließlich der Veranschaulichung und dem besseren Verständnis des Inhalts.

Dieses Werk enthält Vorschläge und Anleitungen für Untersuchungen und Experimente. Vor jedem Experiment sind mögliche Gefahrenquellen zu besprechen. Beim Experimentieren sind die Richtlinien zur Sicherheit im Unterricht einzuhalten.

1. Auflage, 1. Druck 2018

Alle Drucke dieser Auflage sind inhaltlich unverändert und können im Unterricht nebeneinander verwendet werden.

Druck: Mohn Media Mohndruck, Gütersloh

ISBN 978-3-06-011918-9 (Schülerbuch)
ISBN 978-3-06-011936-3 (E-Book)

PEFC
PEFC/04-31-1033

PEFC zertifiziert
Dieses Produkt stammt aus nachhaltig bewirtschafteten Wäldern und kontrollierten Quellen.
www.pefc.de

Inhaltsverzeichnis

Liebe Schülerin, lieber Schüler,

dein neues Biologiebuch ist ein Arbeits-, Informations- und Lernbuch. Im Unterricht wirst du es oft benutzen. Manchmal hast du vielleicht Lust, allein darin zu lesen oder einen Versuch auszuprobieren. Hier erfährst du, wie das Buch aufgebaut ist und wozu seine einzelnen Teile dienen.

Einstiegsseiten

Jedes Kapitel beginnt mit einer solchen Übersicht. Ein großes Einstiegsbild sowie ein kurzer Text, der in ein neues Thema einführt, machen neugierig auf das Kapitel. Weitere Abbildungen geben einen Ausblick auf die kommenden Inhalte. Erste Fragen zeigen dir zudem auf, was du darüber vielleicht schon weißt.

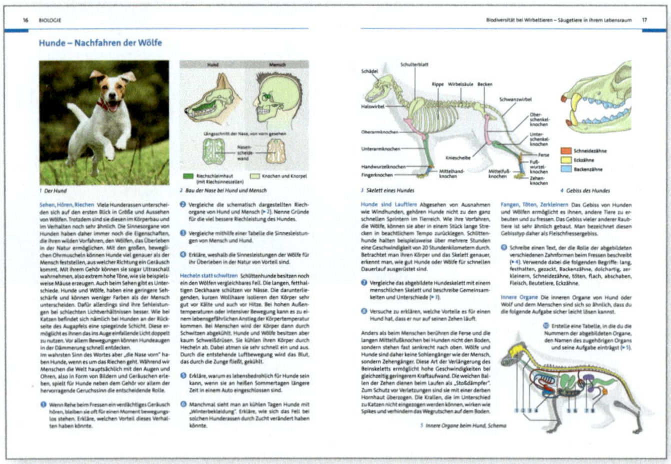

Infoseiten

Das sind die „normalen" Seiten des Kapitels.

Manchmal findest du auf Infoseiten auch grüne Praktikum-Kästen mit kleinen Versuchen zum Inhalt. In orangefarbenen Nachgehakt-Kästen kannst du spannende Zusatzinformationen nachlesen.

▶ Verweis auf Bilder oder andere Seiten im Buch

Die Verweise sind als Lernhilfe gedacht. „Vernetzt" lernt es sich erfahrungsgemäß besonders gut.

Aufgaben für Profis

Das sind Zusatzaufgaben für Leute, die keine Angst vor harten Nüssen haben und gern auch einmal „über den Tellerrand" des Fachs schauen.

> 2 Für Profis: Der mit dem Feuersalamander nah verwandte Alpensalamander lebt in den Bergwäldern der Alpen in Höhen von 500 bis 2000 Metern. Die ein bis zwei Larven bleiben über zwei Jahre im Körper des Weibchens, bis sie als Jungsalamander geboren werden. Stelle eine Hypothese auf, warum die Entwicklung des Alpensalamanders so viel länger dauert als beim Feuersalamander.

Praktikum-Seiten

Hier wirst du selbst aktiv. Mit spannenden Versuchen und Experimenten kannst du den neuen Stoff selbst erforschen. Manchmal wird es ganz schön knifflig und du musst selbst überlegen, wie man etwas durch einen Versuch herausbekommen kann. Um mögliche Gefahren zu vermeiden, musst du dich beim Experimentieren an die Anweisungen der Lehrkraft halten. Gehe zudem immer sorgsam mit den Geräten um. Wenn du gerne zusätzlich zu Hause experimentieren willst, informiere dich im Vorfeld bei deiner Lehrkraft und sprich dies mit deinen Eltern ab.

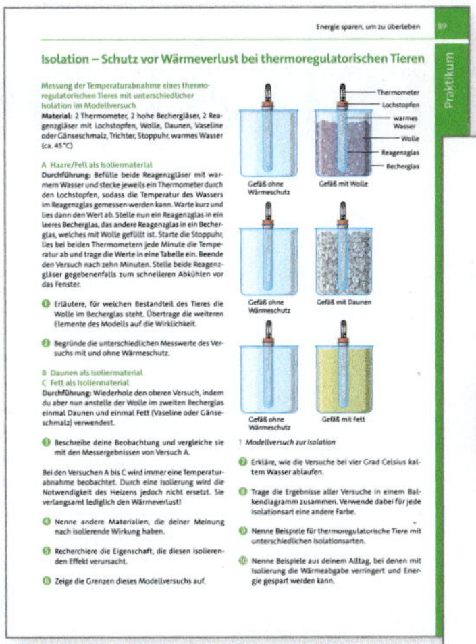

Methoden-Seiten

Beim Forschen gehst du immer nach Plan und mit Methode vor. Diese Seiten stellen Schritt für Schritt die Arbeitsweisen der Naturwissenschaftler vor.

Nachgehakt-Seiten

Dinosaurier, Metamorphose, Beuteltiere – das sind Stichwörter, die auf Infoseiten fallen. Auf den Nachgehakt-Seiten findest du interessante Zusatzinformationen zu solchen Themen.

Lexikon-Seiten

Wie in einem Lexikon gibt es hier kurze Artikel zu den einzelnen Stichwörtern, natürlich mit Bildern. Damit bekommst du rasch eine Übersicht über ein Thema.

Alles klar? – Seiten

Auf der letzten Seite (oder Doppelseite) eines Kapitels findest du übergreifende Aufgaben zum vorangegangenen Thema. Du musst also dein Wissen aus dem ganzen Kapitel parat haben (manchmal sogar aus einem vorangegangenen Kapitel). Dafür merkst du gleich, ob du im Thema wirklich fit bist.

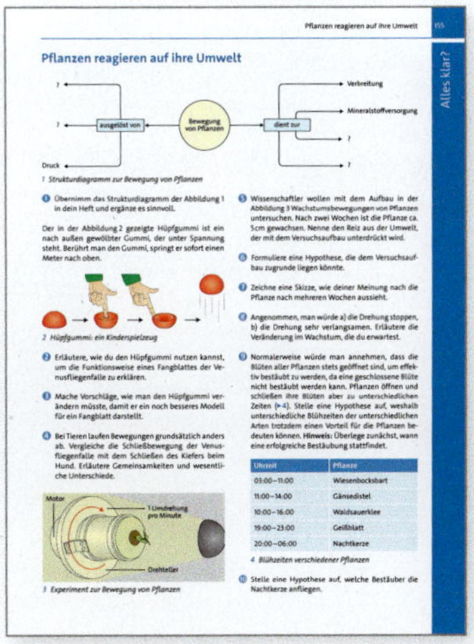

Grundwissen

Besonders wichtige biologische Fachbegriffe und ihre Erklärungen sind am Schluss des Buchs zusammengestellt. Über dieses Grundwissen solltest du am Schuljahresende verfügen.

Biodiversität bei Wirbeltieren

Über eine Million verschiedene Tierarten leben auf der Erde. Man findet sie in der Wüste, in Arktis und Antarktis, in Ozeanen, in Seen und Flüssen, in Wäldern, auf Bergen. Sie können fliegen, schwimmen, tauchen oder unter Wasser atmen, laufen, klettern oder kriechen. Von dieser unüberschaubaren Vielfalt kann dir in diesem Biologiebuch natürlich nur eine ganz kleine Auswahl vorgestellt werden. Hinter ihrer wissenschaftlichen Bezeichnung „Wirbeltiere" verbergen sich faszinierende Lebewesen, die für uns Menschen von großer Bedeutung sind.

1. Betrachte die Tiere auf den Fotos und nenne Gemeinsamkeiten und Unterschiede, die dir auffallen.

2. Beschreibe, was du über die abgebildeten Tiere und ihre Lebensräume weißt.

3. Nenne die einzigartigen Fähigkeiten von Lebewesen, die du auf den Fotos erkennen kannst.

Tiergarten-Rallye

1 Lageplan des Tiergartens

„Max, Anna, Marie, hier sind wir“, ruft Herr Meier laut. „Wir dachten schon, ihr kommt nicht mehr!“ Erleichtert zählt der Biologielehrer seine Klasse durch, dann schleust er die 6a durch den Eingang des Tiergartens. Bevor die Schülerinnen und Schüler allerdings in Gruppen losziehen dürfen, spricht er mit ihnen das Programm der Tiergartenexkursion noch einmal genau durch. „Denkt bitte daran“, erinnert Herr Maier seine Schüler, „auf euren Steckbriefen möglichst viel zu den dort genannten Tierarten zusammenzutragen. Wo ihr die Gehege dieser Tiere findet, ist auf dem Tiergartenplan eingezeichnet (►1). Den Weg kann jede Gruppe selber wählen. Ihr könnt für eure Recherche die Informationstafeln vor den Gehegen nutzen, aber auch eure Handys. Damit könnt ihr auch Fotos von den Tieren für die Präsentation nächste Woche machen. In zwei Stunden treffen wir uns alle an dem Kiosk hier zu einer Abschlussbesprechung.“

Bevor die Gruppen mit ihrer Arbeit beginnen, sprechen sich alle nochmals ab. In der Gruppe B1 übernimmt Anna das Ausfüllen des Steckbriefs, Marie das Fotografieren und Max soll zusätzliche Notizen anfertigen. Um den Weg festzulegen, liest Anna nochmals vor, zu welchen Tieren die Gruppe Informationen sammeln soll: Robbe, Strauß, Bartgeier, Boa, Schwimmwühle, Orangeringelfisch, „Puhh“, stöhnt Max, „das ist ganz schön viel. Da müssen wir uns ja ziemlich beeilen, dass wir das alles schaffen!“

„Dann lass uns gleich anfangen“, sagt Anna. „Schaut mal auf den Plan. Wenn wir so laufen, kommen wir zu der Boa, von dort können wir weiter gehen zu den Straußen als nächstes zu den Orangeringelfischen.

Name: ____________ Datum: ________

Tierart: ____________

Tiergruppe: ____________

Verbreitung: ____________

Lebensraum: ____________

Nahrung: ____________

Gefährdung: ____________

Besonderheiten: ____________

2 Arbeitsblatt zur Tiergarten-Rallye

So müsste es eigentlich ganz gut funktionieren." „Einverstanden", nicken Marie und Max und die Gruppe zieht los.
Nach zwei Stunden Laufen, Fotografieren, Beobachten, Informationstafeln auswerten und eigenen Recherchen mit dem Handy kommen Anna, Max und Marie wieder am Treffpunkt an und werden von Herrn Maier begrüßt. „Hallo, ihr seht ja richtig geschafft aus. Dafür habt ihr jetzt erst einmal Pause, bis alle anderen hier sind."

Nachdem schließlich alle Gruppen wieder am Treffpunkt angekommen sind, schlendern die Schüler gemeinsam zum Ausgang. Bevor sie den Heimweg antreten, zählt Herr Maier nochmals durch und verabschiedet die 6a in das Wochenende. „Wenn Ihr wollt, könnt ihr euch ja schon einmal Gedanken zu der Präsentation am Montag machen und eure Fotos dafür ausdrucken. Aber jetzt kommt erst einmal alle gut nach Hause!"

1. Beschreibe den Weg, auf dem Annas Gruppe die für sie vorgesehenen Tierarten abgelaufen haben könnte. Erstelle mithilfe einer Internetrecherche die zugehörigen Tiersteckbriefe. Verwende dabei die Vorlage, die Herr Maier für seine Klasse vorbereitet hat (▸ 2).

2. Für ihre Präsentation sollen die Schüler der 6a die von ihnen beobachteten Tiere nicht einfach in der Reihenfolge ihres Wegs durch den Tiergarten vorstellen, sondern in sinnvollen Gruppen zusammenfassen. Beschreibe und begründe, wie die Schüler dabei vorgehen könnten.

3. Tiergärten erfüllen verschiedene Aufgaben. Beschreibe die wichtigsten dieser Aufgaben. Nutze dabei die Homepages verschiedener Tiergärten.

4. In eingen Tiergärten kann man Tierarten, die unter Tierschutz stehen, bestaunen. Nenne Gründe, die für und gegen die Haltung dieser Tierarten in Zoos sprechen.

5. Begründe, warum ein Tiergarten nur eine begrenzte Auswahl an Tierarten halten kann.

Am nächsten Schultag erklärt Herr Maier, wie die Steckbriefe ausgewertet und präsentiert werden sollen. „Jede Gruppe sichtet zuerst ihre Steckbriefe, korrigiert und ergänzt sie, falls erforderlich. Danach setzt sich immer eine A-Gruppe mit einer B- und einer C-Gruppe zusammen. Gemeinsam gestaltet ihr dann ein großes Plakat für eure Präsentation. Dabei sollt ihr die verschiedenen Tierarten den anderen Schülern zu sinnvollen Gruppen zusammenfassen. Eure Ideen müsst ihr natürlich dann auch bei eurem Vortrag den anderen erklären und begründen. Für die Präsentation der Steckbriefe liegen hier vorne große Papierbahnen aus. Wenn ihr fertig seid, befestigt die Bahnen bitte mit Klebeband an den markierten Flächen. Wenn ihr möchtet, könnt ihr auch eure ausgedruckten Fotos von den Tieren auf den Plakaten befestigen. Während der Pause informiert sich jede Gruppe bei einem Rundgang über die Ergebnisse und Präsentation der anderen Gruppen. Jede Gruppe stellt dann im zweiten Teil der Doppelstunde ihr Ergebnis den anderen vor.“ Nach der Zwischenpause starten die Gruppen mit ihren Vorträgen. Eine Gruppe hat, wie auf Plakat 1 zu sehen, bei ihrer Präsentation die Tierarten auf dem Plakat nach der Art ihrer Ernährung angeordnet. Annas Gruppe hat die verschiedenen Tierarten, wie auf Plakat 2 zu sehen ist, angeordnet. Die Ergebnisse einer anderen Gruppe sind auf Plakat 3 dargestellt. „Ihr habt ganz toll gearbeitet“, lobt Herr Maier nach Abschluss der Präsentationen seine 6a. „Ganz interessant ist natürlich, wie unterschiedlich ihr eure Tiere auf den Plakaten angeordnet habt.“ „Und wer hat jetzt die beste Anordnung?“, fragt Anna neugierig. „Alle“, lacht Herr Maier. „Aber wie ist denn das möglich?“, will Anna ganz enttäuscht wissen. „Robben, Pinguine, Seepferdchen gehören doch nicht zusammen, oder etwa doch?“ „Immer schön langsam“, antwortet Herr Maier. „Um deine sehr gute Frage zu klären, haben wir jetzt über ein halbes Jahr Zeit im Biologieunterricht. Und wer weiß, Anna, vielleicht kann ich dich bis dahin ja überzeugen, dass die Anordnung der Steckbriefe auf den anderen Plakaten genauso sinnvoll ist, wie die eurer Gruppe. Dazu müssen wir uns aber erst einmal mit dem Körperbau und der Lebensweise verschiedener Tierarten beschäftigen. Damit wir es dabei ein bisschen leichter haben, starten wir mit Tieren, von denen ihr vermutlich schon einiges wisst. Einige von ihnen leben nämlich schon seit Tausenden von Jahren mit uns zusammen.“

6 Vervollständige die drei Plakate jeweils mit allen 18 Tieren aus Abbildung 1. Begründe, warum alle drei Zuordnungen sinnvoll sind.

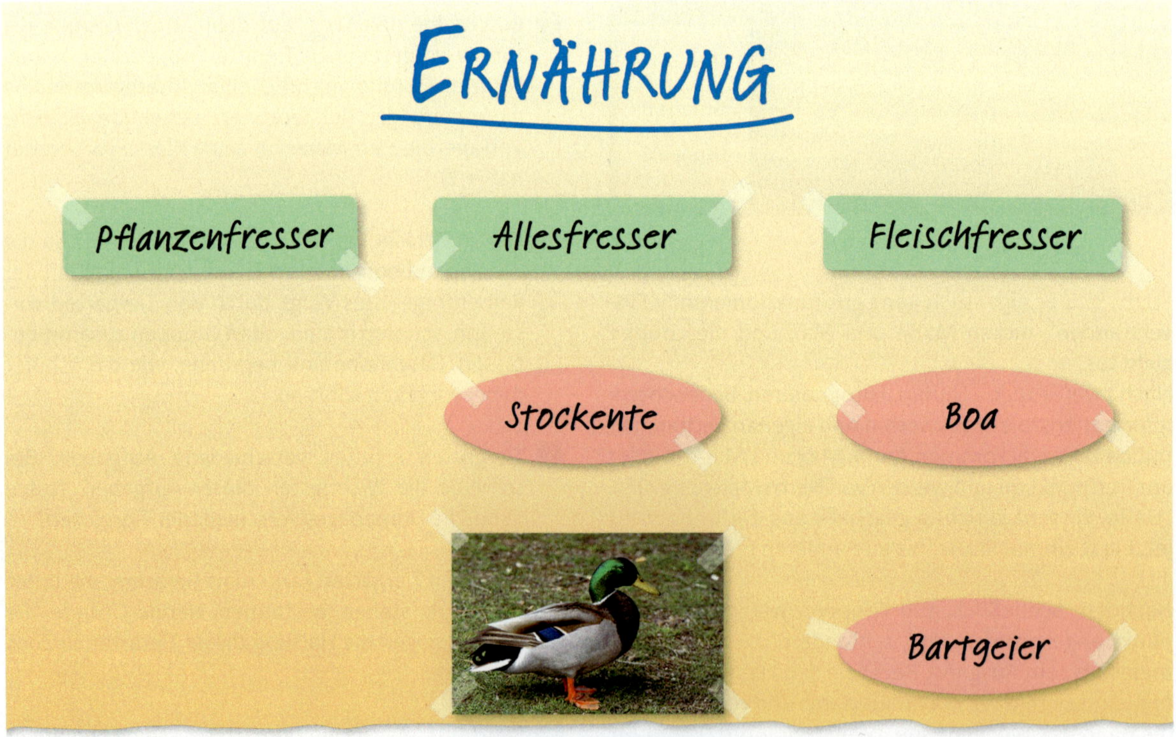

3 Plakat 1

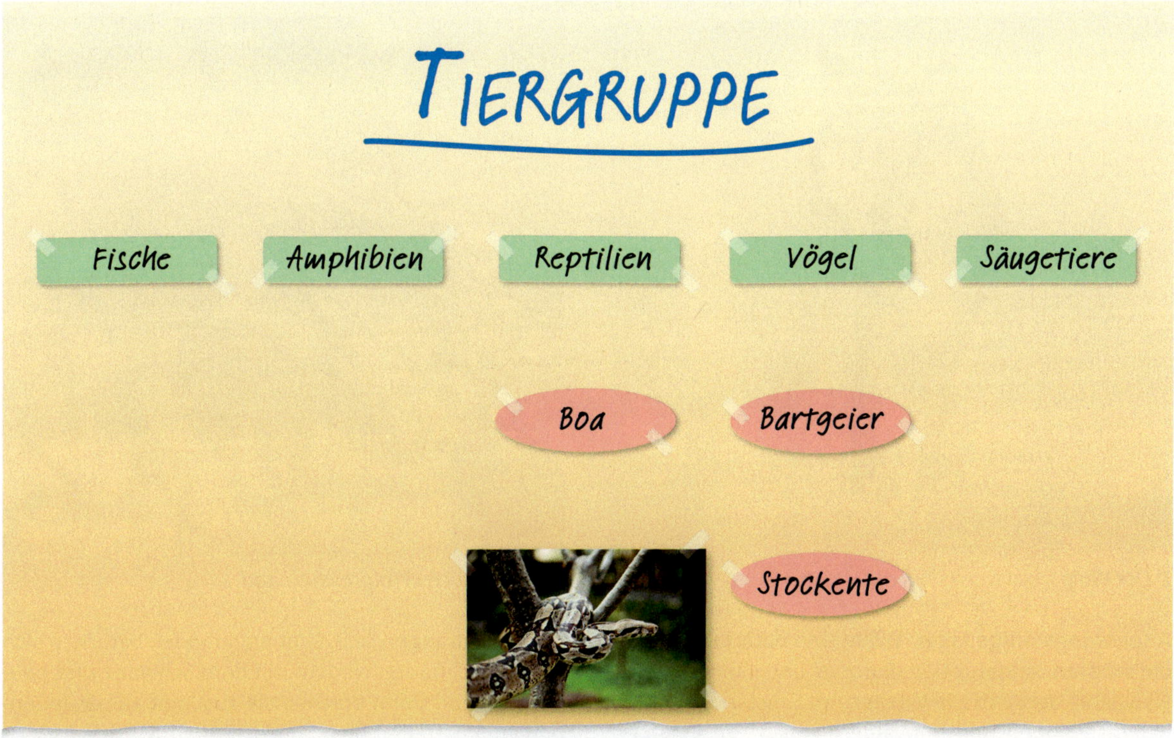

4 *Plakat 2*

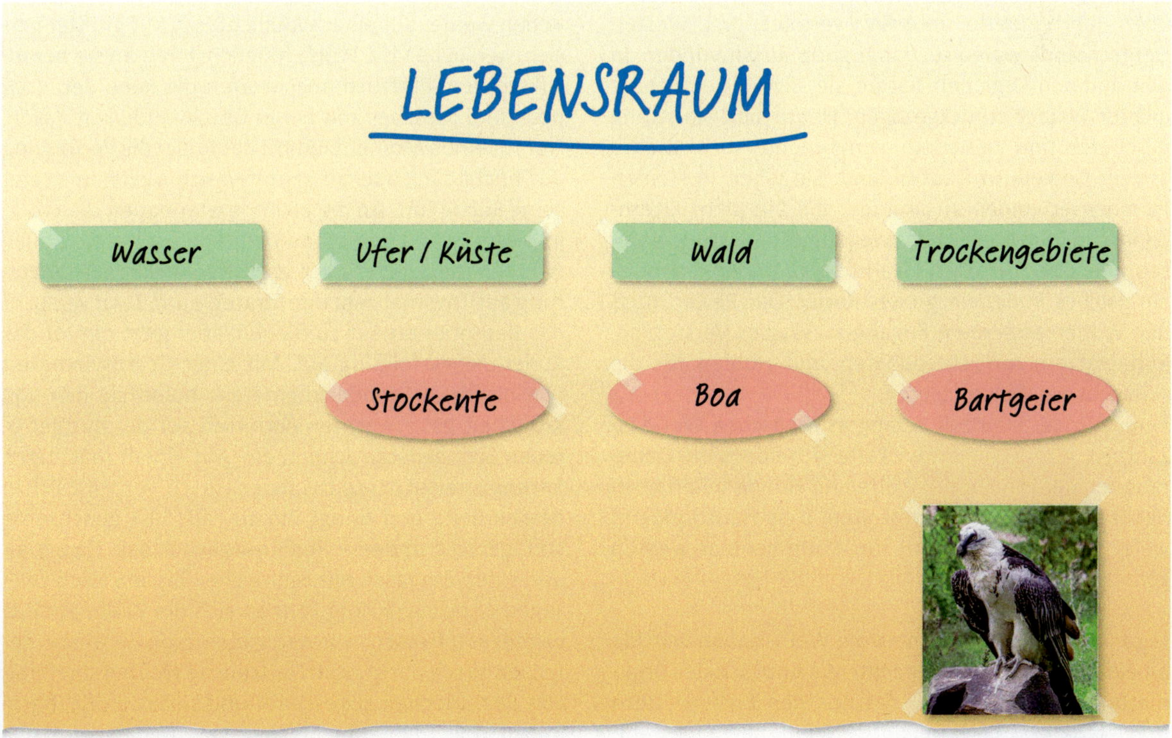

5 *Plakat 3*

Wölfe – Jäger im Lebensraum Wald

1 Der Wolf

2 Wölfe nach erfolgreicher Jagd

Anpassungsfähige Jäger Wölfe sind nach Braunbären die größten Landraubtiere Europas und können in den Eiswüsten der Arktis, in Wüsten, im Grasland, in Hochgebirgsregionen und in Wäldern leben. Sie kommen aber auch in dichter besiedelten Gebieten vor, wenn sie dort genügend Nahrung und Rückzugsmöglichkeiten finden. In Nord- und Mitteleuropa wurden Wölfe über Jahrhunderte intensiv verfolgt. Im Westen Deutschlands waren sie daher ganz verschwunden. In den anderen Regionen hatten sie sich in den Schutz dichter Wälder zurückgezogen. Heute sind sie streng geschützt und besiedeln zunehmend auch wieder andere Gebiete in Deutschland. Sie leben in kleinen Familienverbänden zusammen, die aus dem Elternpaar und ihren ein- bis zweijährigen Nachkommen bestehen. Um genügend Nahrung zu finden, benötigt ein solches Rudel ein großes Revier. Das Revier muss den Wölfen außerdem Zugang zu Wasser, Verstecken, Ruheplätzen, Aussichtspunkten und Höhlen für die Aufzucht der Welpen bieten.

Bereits in der Steinzeit gelang es Menschen Wölfe zu zähmen. Aus diesen entwickelte sich über viele Generationen der Haushund. Wölfe und Hunde teilen noch heute so viele Gemeinsamkeiten, dass Haushunde in vieler Hinsicht als Modell für Wölfe benutzt werden können.

Jagd im Rudel Es ist Winter, die Wölfe haben den Tag an einem Ruheplatz verbracht. Mit Anbruch der Dämmerung wird das Rudel, das aus den beiden Eltern und sechs ein- bis zweijährigen Jungtieren besteht, unruhig. Die Tiere drängen sich dicht aneinander, berühren sich mit der Schnauze, wedeln mit dem Schwanz und heulen im Chor. Dann brechen sie zur Jagd auf. Stundenlang durchstreifen sie trotz des eisigen Windes und des dichten Schneetreibens im Trab ihr Revier und versuchen Beute aufzuspüren. Mit einem Mal hat das Rudel eine frische Witterung aufgenommen. Eine Gruppe von Rehen weidet auf einer Waldlichtung. Mit größter Vorsicht versuchen die Wölfe möglichst nah an sie heranzukommen. Plötzlich aber werfen die Rehe den Kopf hoch und preschen mit hoher Geschwindigkeit davon. Nur für einen Moment nimmt das Rudel die Verfolgung auf, bricht dann aber ab, sammelt sich wieder und setzt seine Suche fort. An die 20 Kilometer haben die Wölfe in dieser Nacht nun schon zurückgelegt, jetzt endlich nehmen sie wieder eine erfolgversprechende Witterung auf. Diesmal geht ihre Strategie auf. Zwar versucht das Beutetier erneut zu fliehen, aber jetzt nimmt das Rudel die Verfolgung auf. Mit einer Geschwindigkeit von bis zu 50 Stundenkilometern holen sie den von Krankheit geschwächten Rothirsch auf der hartgefrorenen Schneedecke schnell ein. Mit einem mächtigen Sprung erreicht der Leitwolf den Hirsch, verbeißt sich in dessen Seite und bringt ihn zu Fall. Fast gleichzeitig springen die anderen Rudelmitglieder den Hirsch an und töten ihn rasch mit zahlreichen Bissen. Nach zwei Tagen ohne Jagderfolg können sich die Wölfe endlich wieder satt fressen. Nur wenig bleibt von dem erbeuteten Rothirsch übrig. Auch Fleischreste werden sorgfältig von den Knochen abgeschabt und selbst große, harte Knochen werden aufgebrochen, um an das nahrhafte Knochenmark zu gelangen.

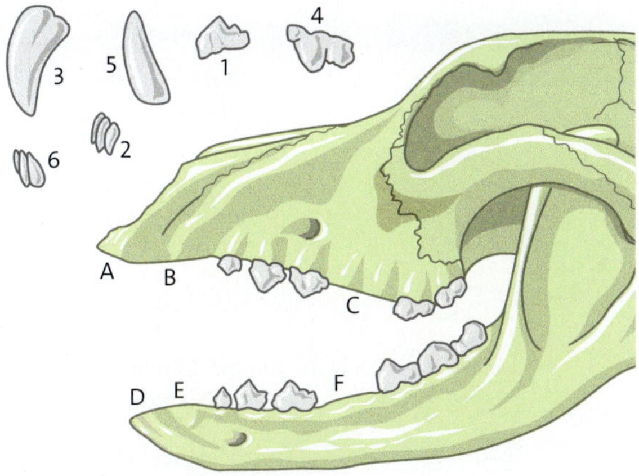

3 unvollständiges Wolfsgebiss

1 Modellartig sind ein Gebiss und verschiedene Typen von Zähnen abgebildet (▶ 3). Wähle dir geeignet erscheinende Zahntypen aus und platziere sie so in den mit Buchstaben markierten Abschnitten, dass ein funktionierendes Wolfsgebiss entsteht. Begründe deine Vorgehensweise.

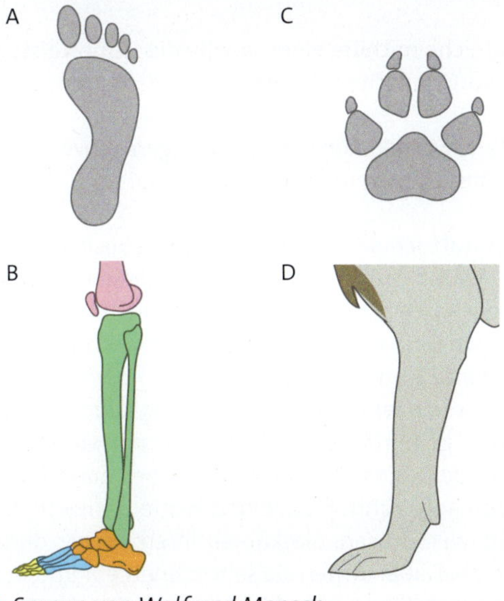

4 Spuren von Wolf und Mensch

2 Bild A zeigt den Fußabdruck eines Menschen (▶ 4). Bild B zeigt den Bau des Fußskeletts. Erkläre, wie der Fußabdruck zustande kommt.

3 Bild C zeigt den Fußabdruck eines Wolfes (▶ 4). Beschreibe den Fußabdruck. Versuche durch Vergleich mit den anderen Abbildungen das Fußskelett des Wolfes ähnlich wie bei einem Strichmännchen stark vereinfacht zu skizzieren.

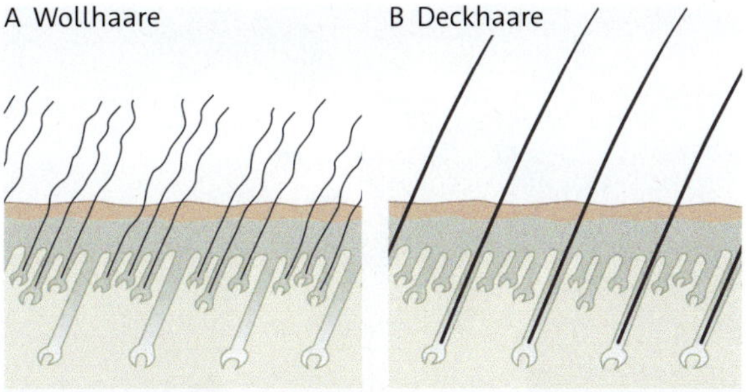

5 Haartypen beim Wolf (Längsschnitte durch die Haut)

4 Die Abbildung 5 zeigt zwei unterschiedliche Haartypen im Fell des Wolfes.

A Führe die beiden Darstellungen A und B in einer gemeinsamen Skizze zusammen.

B Im Gegensatz zu den Wollhaaren sind die Deckhaare mit einer wasserabweisenden Schicht überzogen. Stelle eine Hypothese auf, welche Funktionen die unterschiedlichen Haartypen im Fell des Wolfes erfüllen.

6 Umriss eines Wolfs

7 Umriss eines Wohnhauses

5 Vergleiche, wodurch sowohl die Raumtemperatur eines Wohnhauses (▶ 7) als auch die Körpertemperatur eines Wolfes (▶ 6) über die Jahreszeiten hinweg konstant gehalten werden. Gehe dabei auch auf den Schutz vor Hitze und Kälte ein wie z. B. das Lüften im Sommer und erkläre den jeweiligen Energie- beziehungsweise Nahrungsbedarf.

Hunde – Nachfahren der Wölfe

1 Der Hund

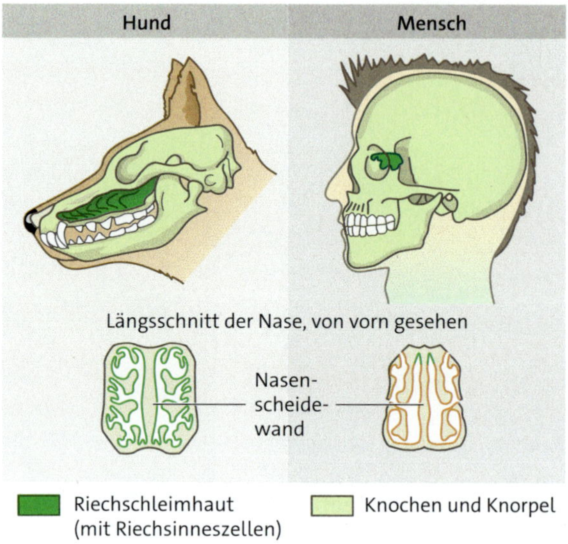

2 Bau der Nase bei Hund und Mensch

Sehen, Hören, Riechen Viele Hunderassen unterscheiden sich auf den ersten Blick in Größe und Aussehen von Wölfen. Trotzdem sind sie diesen im Körperbau und im Verhalten noch sehr ähnlich. Die Sinnesorgane von Hunden haben daher immer noch die Eigenschaften, die ihren wilden Vorfahren, den Wölfen, das Überleben in der Natur ermöglichen. Mit den großen, beweglichen Ohrmuscheln können Hunde viel genauer als der Mensch feststellen, aus welcher Richtung ein Geräusch kommt. Mit ihrem Gehör können sie sogar Ultraschall wahrnehmen, also extrem hohe Töne, wie sie beispielsweise Mäuse erzeugen. Auch beim Sehen gibt es Unterschiede. Hunde und Wölfe, haben eine geringere Sehschärfe und können weniger Farben als der Mensch unterscheiden. Dafür allerdings sind ihre Sehleistungen bei schlechten Lichtverhältnissen besser. Wie bei Katzen befindet sich nämlich bei Hunden an der Rückseite des Augapfels eine spiegelnde Schicht. Diese ermöglicht es ihnen das ins Auge einfallende Licht doppelt zu nutzen. Vor allem Bewegungen können Hundeaugen in der Dämmerung schnell entdecken.
Im wahrsten Sinn des Wortes aber „die Nase vorn" haben Hunde, wenn es um das Riechen geht. Während wir Menschen die Welt hauptsächlich mit den Augen und Ohren, also in Form von Bildern und Geräuschen erleben, spielt für Hunde neben dem Gehör vor allem der hervorragende Geruchssinn die entscheidende Rolle.

1. Wenn Rehe beim Fressen ein verdächtiges Geräusch hören, bleiben sie oft für einen Moment bewegungslos stehen. Erkläre, welchen Vorteil dieses Verhalten haben könnte.

2. Vergleiche die schematisch dargestellten Riechorgane von Hund und Mensch (► 2). Nenne Gründe für die viel bessere Riechleistung des Hundes.

3. Vergleiche mithilfe einer Tabelle die Sinnesleistungen von Mensch und Hund.

4. Erkläre, weshalb die Sinnesleistungen der Wölfe für ihr Überleben in der Natur von Vorteil sind.

Hecheln statt schwitzen Schlittenhunde besitzen noch ein den Wölfen vergleichbares Fell. Die langen, fetthaltigen Deckhaare schützen vor Nässe. Die darunterliegenden, kurzen Wollhaare isolieren den Körper sehr gut vor Kälte und auch vor Hitze. Bei hohen Außentemperaturen oder intensiver Bewegung kann es zu einem lebensgefährlichen Anstieg der Körpertemperatur kommen. Bei Menschen wird der Körper dann durch Schwitzen abgekühlt. Hunde und Wölfe besitzen aber kaum Schweißdrüsen. Sie kühlen ihren Körper durch Hecheln ab. Dabei atmen sie sehr schnell ein und aus. Durch die entstehende Luftbewegung wird das Blut, das durch die Zunge fließt, gekühlt.

5. Erkläre, warum es lebensbedrohlich für Hunde sein kann, wenn sie an heißen Sommertagen längere Zeit in einem Auto eingeschlossen sind.

6. Manchmal sieht man an kühlen Tagen Hunde mit „Winterbekleidung". Erkläre, wie sich das Fell bei solchen Hunderassen durch Zucht verändert haben könnte.

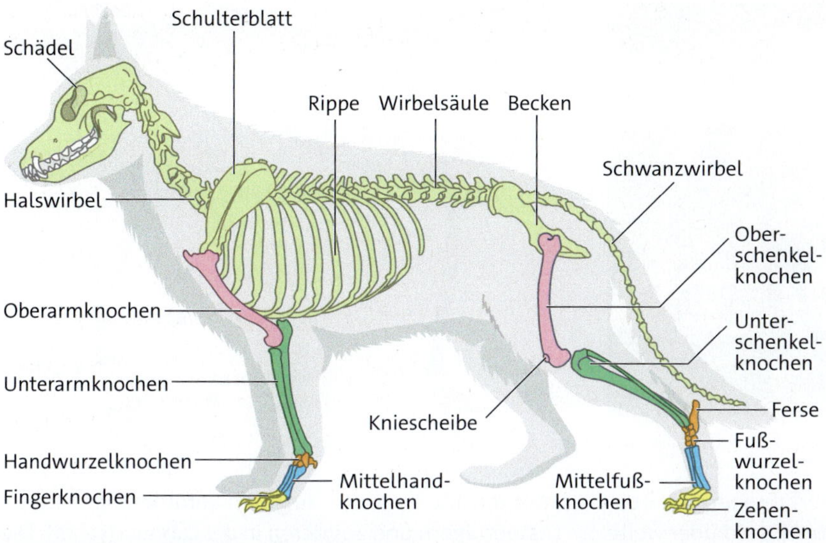

3 Skelett eines Hundes

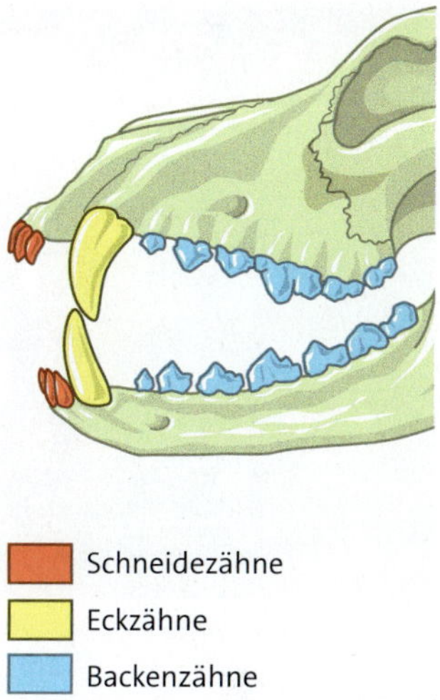

4 Gebiss des Hundes

Hunde sind Lauftiere Abgesehen von Ausnahmen wie Windhunden, gehören Hunde nicht zu den ganz schnellen Sprintern im Tierreich. Wie ihre Vorfahren, die Wölfe, können sie aber in einem Stück lange Strecken in beachtlichem Tempo zurücklegen. Schlittenhunde halten beispielsweise über mehrere Stunden eine Geschwindigkeit von 20 Stundenkilometern durch. Betrachtet man ihren Körper und das Skelett genauer, erkennt man, wie gut Hunde oder Wölfe für schnellen Dauerlauf ausgerüstet sind.

7. Vergleiche das abgebildete Hundeskelett mit einem menschlichen Skelett und beschreibe Gemeinsamkeiten und Unterschiede (▸ 3).

8. Versuche zu erklären, welche Vorteile es für einen Hund hat, dass er nur auf seinen Zehen läuft.

Anders als beim Menschen berühren die Ferse und die langen Mittelfußknochen bei Hunden nicht den Boden, sondern stehen fast senkrecht nach oben. Wölfe und Hunde sind daher keine Sohlengänger wie der Mensch, sondern Zehengänger. Diese Art der Verlängerung des Beinskeletts ermöglicht hohe Geschwindigkeiten bei gleichzeitig geringerem Kraftaufwand. Die weichen Ballen der Zehen dienen beim Laufen als „Stoßdämpfer". Zum Schutz vor Verletzungen sind sie mit einer derben Hornhaut überzogen. Die Krallen, die im Unterschied zu Katzen nicht eingezogen werden können, wirken wie Spikes und verhindern das Wegrutschen auf dem Boden.

Fangen, Töten, Zerkleinern Das Gebiss von Hunden und Wölfen ermöglicht es ihnen, andere Tiere zu erbeuten und zu fressen. Das Gebiss vieler anderer Raubtiere ist sehr ähnlich gebaut. Man bezeichnet diesen Gebisstyp daher als Fleischfressergebiss.

9. Schreibe einen Text, der die Rolle der abgebildeten verschiedenen Zahnformen beim Fressen beschreibt (▸ 4). Verwende dabei die folgenden Begriffe: lang, festhalten, gezackt, Backenzähne, dolchartig, zerkleinern, Schneidezähne, töten, flach, abschaben, Fleisch, Beutetiere, Eckzähne.

Innere Organe Die inneren Organe von Hund oder Wolf und dem Menschen sind sich so ähnlich, dass du die folgende Aufgabe sicher leicht lösen kannst.

10. Erstelle eine Tabelle, in die du die Nummern der abgebildeten Organe, den Namen des zugehörigen Organs und seine Aufgabe einträgst (▸ 5).

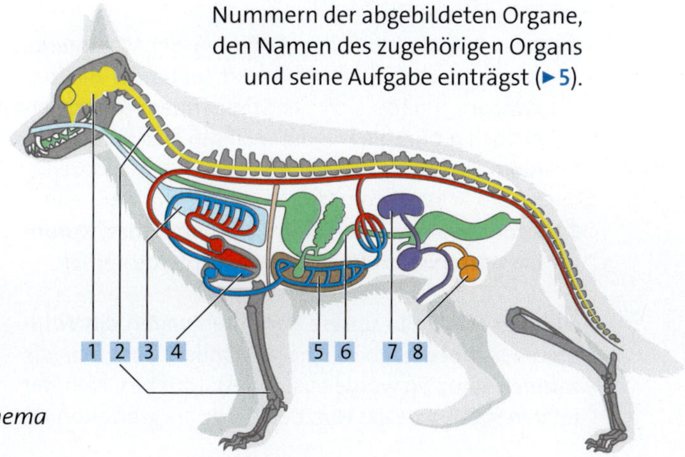

5 Innere Organe beim Hund, Schema

Das Pferd – ein Steppenbewohner

1 Przewalskipferde

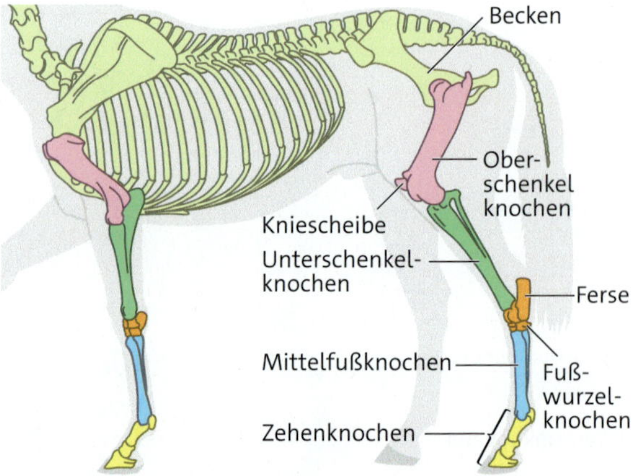

2 Bein- und Rumpfskelett eines Pferdes

Wilde Pferde Das Wildpferd als Vorfahre unserer heutigen Pferde war während der letzten Eiszeit über weite Teile Europas und Asiens verbreitet. Eisfreie Gebiete waren von einer Steppenlandschaft geprägt. Diese baumlose Graslandschaft bot kaum Versteckmöglichkeiten und große Temperaturunterschiede zwischen Tag und Nacht – eine besondere Herausforderung für Thermoregulatoren. Sommertrockenheit und Winterkälte war dafür verantwortlich, dass das Nahrungsangebot starken Schwankungen unterlag. Pferde mussten daher zum Teil große Entfernungen bei der Nahrungssuche zurücklegen. Durch ihre langen, schlanken Beine waren sie gut an einen ausdauernden, schnellen Lauf **angepasst**. Dabei berührten die Wildpferde den Boden nur mit der Spitze einer einzigen, starken Zehe, die von einer harten Hornkapsel, dem Huf, umgeben ist (▸2). Sie gehören somit zu den Zehenspitzengängern und Huftieren.
Mit steigenden Temperaturen entstanden aus den Steppen zum großen Teil Wälder, sodass die Wildpferde als typische Steppenbewohner fast ganz verschwanden.

1 Erläutere die Vorteile von Hufen.

2 Die Urpferde als frühe Vorfahren der Wildpferde waren in etwa fuchsgroß und lebten in dichten Wäldern. Pferde sind als Steppentiere jedoch erheblich größer. Begründe, weshalb dies im Lebensraum Steppe von Vorteil ist.

3 Informiere dich im Lexikon oder im Internet, warum die letzten Wildpferde Przewalskipferde heißen.

Nutztier Pferd Für unsere Vorfahren waren die Wildpferde Jagdbeute, ehe sie herausfanden, dass man sie zähmen kann. So wurde aus dem Wildtier im Lauf der letzten 5000 Jahre das Nutztier Pferd. Ihre große Körperkraft machte sie fortan zu guten Beförderungsmitteln, Lastenträgern und Zugtieren in der Landwirtschaft. Die Erfindung von Autos und Traktoren führte schließlich zur Ablösung der Arbeitspferde.

4 Nenne Beispiele für die heutige Nutzung der Pferde.

Leben in der Herde In Freiheit würden Pferde ohne ihre Herde kaum überleben. Diese besteht aus einer Familiengruppe meist miteinander verwandten Stuten und ihren Fohlen. Zeitweise ist auch ein Hengst dabei.
Innerhalb der Herde gibt es eine feste Rangordnung. Eine erfahrene Leitstute führt die Herde auf der Suche nach guten Futter- und Wasserstellen. Sie entscheidet auch, ob die Herde flieht oder nicht. Pferde sind wie ihre wilden Vorfahren schreckhafte Fluchttiere und bei Gefahr immer bereit, sofort loszurennen. Der Leithengst beschützt die Herde und achtet darauf, dass kein Tier zurückbleibt. Er ist es auch, der sich mit den Stuten paart, die einmal im Jahr, meist im Frühjahr, ein Fohlen bekommen können. Die Jungtiere sind Nestflüchter. Das bedeutet, dass neugeborene Fohlen kurz nach der Geburt schon selbstständig sind. Nach 30 Minuten stehen sie aufrecht und nach einer Stunde saugen sie bereits am Euter der Mutter. Pferde, die auf der Weide in einer Herde stehen, fühlen sich relativ sicher. Die Gemeinschaft bietet allen Tieren Schutz vor Angreifern. Wenn die Gruppe ausruht, bleiben einige Pferde wach, um bei Gefahr die anderen zu warnen.

5 Für Profis: Erläutere, inwiefern die Gemeinschaft allen Tieren mehr Schutz vor Angreifern bietet.

6 Stelle die typischen Angepasstheiten von Pferd und Wolf an ihre Lebensweise und Lebensräume in Form einer Tabelle gegenüber.

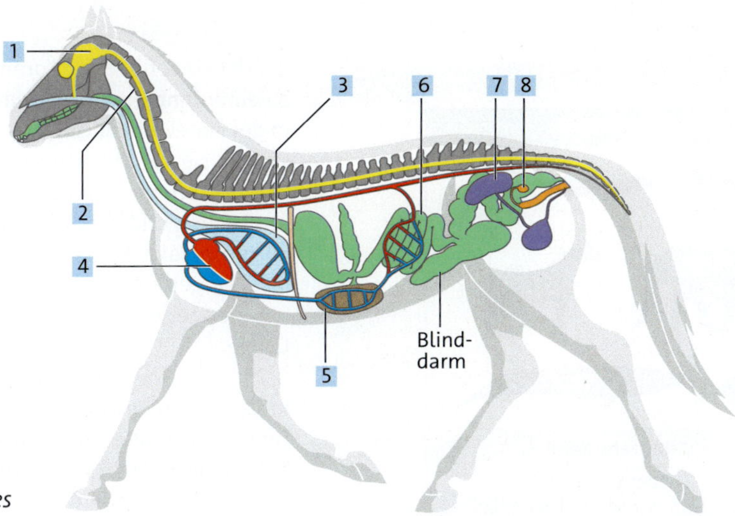

3 Innere Organe des Pferdes

Ernährung Pferde sind reine Pflanzenfresser, die sich vorwiegend von Gras ernähren. Da ihr Magen relativ klein ist, müssen sie ihre Nahrung in vielen kleinen Portionen aufnehmen. Vom Magen gelangt der Nahrungsbrei in den über 30 Meter langen Darm, in dem die Hauptverdauung stattfindet. Besonders wichtig bei der Verdauung ist der Blinddarm (►3). Er fasst rund 33 Liter und beinhaltet unzählige Kleinstlebewesen, die bei der Verdauung des Pflanzenmaterials helfen.

7 Vergleiche die inneren Organe bei Hund und Pferd. Benenne die Organe, die beide gemeinsam haben.

Mit allen Sinnen Für wild lebende Pferde war es lebenswichtig bei Gefahr schnell ausreichenden Abstand zu einem möglichen Feind zu schaffen. Pferde neigen deshalb dazu, beim geringsten Anzeichen einer Bedrohung zu flüchten. Bei der Wahrnehmung möglicher Gefahren spielen die Sinnesorgane natürlich eine wichtige Rolle.

8 Der Geruchssinn ist bei Pferden sehr gut ausgebildet. Das ist auch für die Verständigung untereinander wichtig. Erkläre, inwiefern die weiten Nasenöffnungen, Nüstern genannt, dazu beitragen können.

9 Pferde haben einen gut entwickelten Tastsinn und sind am ganzen Körper empfindlich für Berührungen. Erkläre, welche Vorteile damit verbunden sind.

10 Pferde können ihre Ohrmuscheln um fast 180° drehen. Erkläre, welcher Vorteil damit verbunden ist.

11 Vergleiche die beiden Gesichtsfelder in Abbildung 4 und erkläre, warum die Lage der Augen am Kopf für beide Lebewesen eine Angepasstheit an ihre Lebensweise ist.

12 Um Pferde an unerwünschtem Scheuen zu hindern, setzt man ihnen manchmal Scheuklappen auf. Diese Augenklappen decken den ganzen seitlichen Sichtbereich ab. Erkläre den Sinn dieser Maßnahme.

13 Stelle eine Hypothese auf, warum Pferde unter natürlichen Bedingungen Hindernissen ausweichen, anstatt sie zu überspringen.

14 Wölfe, Hunde und Pferde gehören zur Gruppe der Säugetiere. Zähle gemeinsame Kennzeichen auf und vergleiche diese anschließend mit denen auf Seite 20.

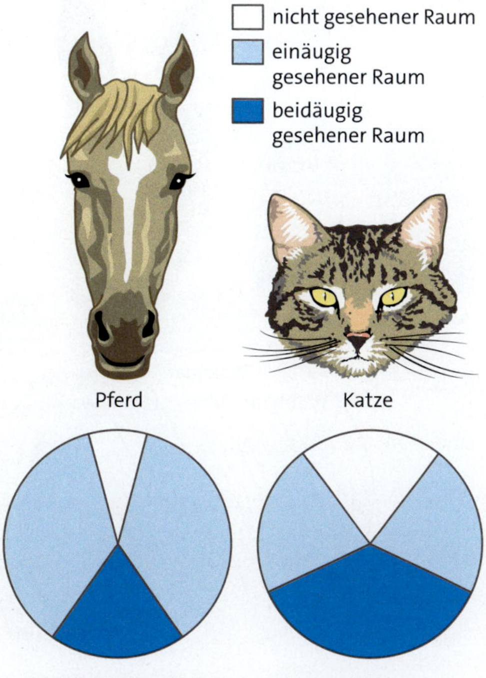

4 Gesichtsfeld eines Pferdes und einer Katze

Säugetiere auf einen Blick

1 Vielfalt der Säugetiere

Gemeinsame Merkmale Säugetiere gehören zu den Wirbeltieren und sind trotz ihrer großen Vielfalt in Körperbau und den unterschiedlichsten Lebensräumen, die sie bewohnen, durch gemeinsame Merkmale gekennzeichnet.

Bei der Fortpflanzung kommt es bei allen Säugetieren zu einer **inneren Befruchtung**. Sie bringen ihre Jungen in der Regel lebend zur Welt, betreuen sie intensiv und **säugen** sie mit Milch aus ihren Milchdrüsen. Sie betreiben **Brutpflege**. Fast alle besitzen ein isolierendes Fell aus Haaren und halten als **Thermoregulatoren** ihre Körpertemperatur konstant.
Alle Säugetiere und damit auch der Mensch haben einen doppelten Blutkreislauf und eine leistungsfähige **Lunge**.

Im Zuge ihrer Entwicklungsgeschichte haben die Säugetiere nahezu alle Lebensräume besiedelt und sich dabei in eine Vielzahl von Formen aufgeteilt. Das befähigt sie, die Herausforderungen des jeweiligen Lebensraums zu meistern.
Zusammenlebende Säugetiere bilden oft eine feste Rangordnung aus und können sich untereinander auf vielfältige Art und Weise verständigen.

1. Betrachte Abbildung 1 und benenne die als Schattenrisse dargestellten Säugetiere. Nenne weitere Beispiele für Säugetiere in möglichst unterschiedlichen Lebensräumen.

2. Recherchiere, inwieweit die gemeinsamen Merkmale der Säugetiere auf die auf Seite 21 vorgestellten Tiere zutreffen.

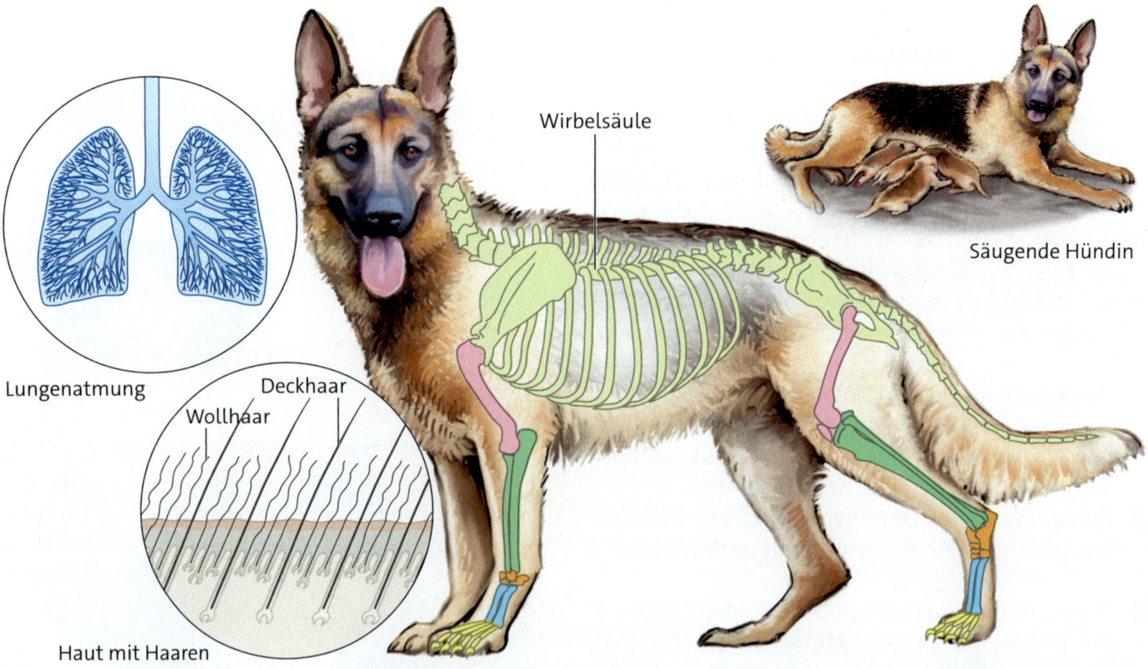

2 Merkmale der Säugetiere

Vielfalt der Säugetiere

Der Blauwal

Das größte lebende Tier der Welt ist der Blauwal. Bei einem Gewicht von durchschnittlich etwa 130 Tonnen kann ein ausgewachsener Blauwal bis zu 33 Meter lang werden. Als Bartenwal besitzt der Blauwal kein Gebiss, sondern riesige Hornplatten, die ihm zur Filterung seiner Nahrung aus dem Wasser dienen. Täglich nimmt er damit Tonnen von Plankton und kleinen Fischen auf. Obwohl sie permanent im Wasser leben, müssen Blauwale als Lungenatmer alle zwei bis drei Minuten zum Luftholen auftauchen.

Die Fledermaus

Fledermäuse gehören zu den wenigen Säugetieren, die fliegen können. Mit ihren Flughäuten zwischen den Fingerknochen sind sie hervorragende Flieger, dafür aber kaum in der Lage, sich auf andere Weise fortzubewegen. Einige Fledermausarten fressen Insekten, andere Früchte, Nektar oder Pollen. Als nachtaktive Tiere können sie ihre Beute kaum sehen und müssen auf ein Ultraschall-Ortungssystem zurückgreifen. Hierbei senden sie hohe Pfeiftöne aus und schätzen am Echo die Position ihrer Beute ein.

Der Maulwurf

Die tag- und nachtaktiven Einzelgänger leben in einem umfangreichen Gangsystem unter der Erde. Mit den zu Grabschaufeln umgebildeten Vordergliedmaßen graben die streng geschützten Säuger dicht unter der Erdoberfläche und suchen Insekten. Die nahezu blinden Tiere haben hervorragende Tasthaare, ein gutes Gehör und ihre Fellhaare können sich in alle Richtungen drehen. So können sie sich mühelos in ihren Gängen bewegen.

Das Gürteltier

Gürteltiere gehören einer sehr alten Gruppe von Säugetieren an. Den Namen verdanken die Gürteltiere ihren gürtelähnlichen Ringen aus Knochen- und Hornplatten. Bei Gefahr rollen sich einige zusammen. Die vorwiegend in Südamerika beheimateten Gürteltiere sind nachtaktive Einzelgänger. Sie leben von kleinen Insekten und wirbellosen Tieren, die sie mit ihrer klebrigen und langen Zunge erbeuten. Tagsüber verstecken sie sich in Erdhöhlen.

Der Mäusebussard – ein Jäger im Lebensraum Luft

1 *Der Mäusebussard*

2 *Das Weibchen füttert die Jungen.*

Reichweite und Schnelligkeit Durch ihre Fähigkeit, den Luftraum zu nutzen, können sich Vögel von allen Tieren am schnellsten fortbewegen und die größten Entfernungen zurücklegen. Etwa 10 000 verschiedene Arten leben auf allen Kontinenten und in allen Ozeanen der Welt. Hummelkolibris, die kleinsten unter ihnen, messen nur wenige Zentimeter und wiegen kaum zwei Gramm, der Wanderalbatros dagegen hat eine Flügelspannweite von knapp vier Metern. In Deutschland leben etwa 250 Arten in vielen verschiedenen Lebensräumen, wie Hecken, offenen Feldlandschaften, Wäldern, Küsten, Gewässern oder auch Städten. Manche Vogelarten sind tagaktiv, andere nachtaktiv. Nur wenige sind reine Vegetarier, der größte Teil nimmt zusätzlich tierische Nahrung wie Würmer, Schnecken oder Insekten auf. Nur eine kleine Gruppe von wenigen Arten, wie beispielsweise der Waldkauz und der Mäusebussard lebt ausschließlich von der Jagd auf andere Vögel und Tiere.

Der Mäusebussard Fast bewegungslos sitzt der Mäusebussard an einem nasskalten Märztag auf einem Zaunpfosten. Von hier aus kann er die angrenzende Wiese gut überblicken. Nicht die kleinste Bewegung im halbhohen Gras entgeht ihm. Plötzlich dreht er den Kopf, richtet sich auf und startet. Mit ausgebreiteten Flügeln gleitet er jetzt, wie ein Flugzeug im Landeanflug, zielsicher abwärts. Noch bevor er den Boden berührt, bohren sich seine langen dolchartigen Krallen in den Körper der Wühlmaus. Mit dem Schnabel reißt er anschließend Stücke aus seiner Beute, die er auf diese Weise mit Haaren und Knochen fast ganz verschlingt.
Nur wenig später erreicht der Bussard das von ihm und seiner Partnerin schon seit Jahren genutzte Nest am Waldrand. Beide Vögel verbringen jetzt die Jagdpausen immer häufiger damit, den Horst für die Aufzucht der Nachkommen herzurichten und auszubessern. Einige Tage nach der Paarung, legt das Weibchen drei Eier ab.

Bis die Küken nach etwa fünf Wochen schlüpfen, wird das brütende Weibchen vom Männchen mit Nahrung versorgt. Danach muss der Familienvater Schwerstarbeit leisten. Zusätzlich zu seiner Partnerin muss er nun auch noch die hungrigen Küken mit genügend Nahrung versorgen. Ständig ist er daher auf der Jagd nach Mäusen, Maulwürfen, Fröschen oder Eidechsen. Nach einigen Tagen kann das Weibchen die Jungvögel bei gutem Wetter auch eine Weile alleine lassen und das Männchen bei der Nahrungsbeschaffung unterstützen (► 2).

Die Jungen verlassen das Nest Nach etwa 6 Wochen ist das Federkleid der Jungvögel so weit entwickelt, dass sie das Nest verlassen können. Eine ganze Weile aber müssen die Altvögel die jungen Bussarde noch mit Futter versorgen, bis diese ganz auf eigenen Füßen stehen und davonziehen. Die Chancen der jungen Bussarde, im Alter von drei Jahren selbst ein Revier zu besetzen und Nachkommen zu haben sind allerdings gering. Im ersten Lebensjahr kommt fast jeder zweite, im zweiten Lebensjahr jeder dritte Jungvogel ums Leben.

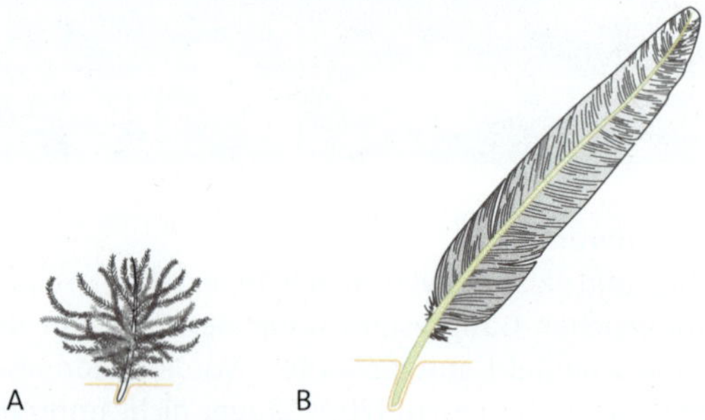

3 *Verschiedene Federtypen*

1 Beschreibe den Bau der abgebildeten Federn A und B. Erkläre, welche Bedeutung Federtyp A und Federtyp B für Vögel besitzen könnten.

2 Vergleiche die Körperbedeckung des Wolfes und des Mäusebussards. Beschreibe Gemeinsamkeiten und Unterschiede.

3 Halte etwas abgeschnittenes Haar, ein kleines Stück Feder und einen abgeschnittenen Fingernagel in eine Kerzenflamme und vergleiche den jeweils entstehenden Geruch. Erkläre, welche Rückschlüsse sich aus deiner Beobachtung ziehen lassen.

4 Der Schnabel des Mäusebussards

4 Beschreibe die Form des Schnabels beim Mäusebussard. Erläutere, welchen Vorteil diese Art von Schnabel für die Lebensweise des Mäusebussards hat. Nenne andere, dir bekannte Vogelarten, die einen ähnlich gebauten Schnabel besitzen und beschreibe ihre Lebensweise.

5 Wolf und Mäusebussard sind Jäger. Vergleiche ihre Jagdmethode, die dabei hauptsächlich genutzten Sinnesorgane, das Töten und das Zerkleinern der Beute.

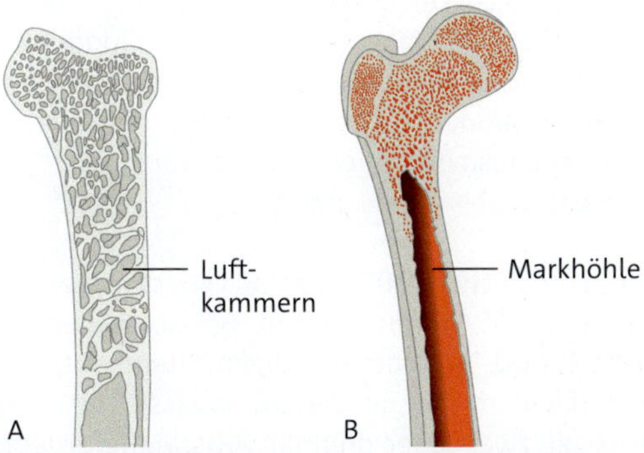

5 Knochen von Mäusebussard A und Mensch B

6 Beschreibe das Knocheninnere bei Mäusebussard und Wolf. Erkläre, welchen Vorteil der Knochentyp A im Lebensraum Luft haben könnte.

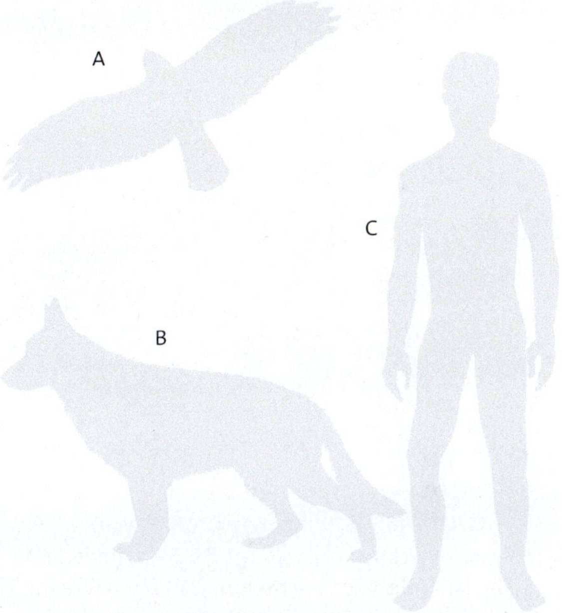

6 Körperumriss von Mäusebussard A, Wolf B und Mensch C

7 Übertrage den Umriss des Menschen (▸6) in dein Heft. Skizziere anschließend ähnlich wie bei einem Strichmännchen die Grundkonstruktion eines menschlichen Skeletts und beschrifte sie. Zeichne eine vergleichbare Skizze für einen Mäusebussard und einen Wolf. Vergleiche die drei Skizzen und erkläre dabei Unterschiede und Gemeinsamkeiten.

8 Vergleiche die dir bekannten Vorgänge der Fortpflanzung beim Wolf und beim Mäusebussard. Nenne Unterschiede und Gemeinsamkeiten

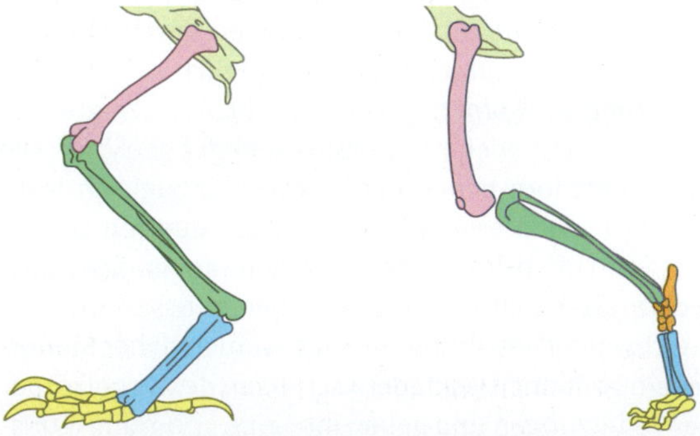

7 Beinskelett von Mäusebussard und Wolf

9 Vergleiche das abgebildete Beinskelett eines Vogels mit dem eines Wolfes. Beschreibe Gemeinsamkeiten und Unterschiede.

Federn

1 Federn

Verschiedene Tiergruppen zeichnen sich durch das Vorhandensein von Flügeln aus, die ihren Besitzern meist das aktive Fliegen ermöglichen und so Vorteile verschaffen. Sieht man einen Vogel, so erkennt man immer sofort seine Beine. Doch wo sind seine „Arme"? Aus den Vordergliedmaßen sind im Verlauf von Generationen immer leistungsfähigere Flügel entstanden, die ebenso wie die gesamte Körperoberfläche von Federn bedeckt sind.

Nur Vögel haben Federn Federn bilden die Tragfläche der Vogelschwingen. Diese bestehen aus toten, verhornten Zellen. Wie Hornschuppen und Haare werden sie von der Haut gebildet. Sie können durch Muskeln bewegt werden. Obwohl sie ursprünglich wohl nur der Isolierung des Körpers gegen Kälte dienten, zeigten sie sich für verschiedene Zwecke als sehr gut geeignet: Die **Schwungfedern** bilden die leichte und zugleich feste Tragfläche und ermöglichen den gesteuerten Durchtritt von Luft beim Fliegen. Mit den langen Schwanzfedern lässt sich die Flugbahn beeinflussen und die Geschwindigkeit abbremsen. Sie werden daher **Steuerfedern** genannt. **Deckfedern** schützen den Vogelkörper vor Verletzungen und geben ihm eine strömungsgünstige Form, sodass er der Luft wenig Widerstand entgegensetzt. **Daunenfedern** unter den dachziegelartig angeordneten Deckfedern umhüllen den Körper und bilden ein Luftpolster. So sind Vögel wirkungsvoll gegen Kälte geschützt.

Federn statten ihre Träger zudem mit Farben aus, die sowohl zur Tarnung gegen Feinde als auch als Mittel der Kommunikation dienen. Durch ihre Eignung für ganz verschiedene Zwecke haben die Federn entscheidend dazu beigetragen, dass die Vögel den Lebensraum Luft so erfolgreich nutzen konnten. Sie sind zu ihrem „Markenzeichen" geworden und genügen, um ein Lebewesen eindeutig den Vögeln zuzuordnen.

Gefiederpflege und Mauser Vögel pflegen vor allem Schwung- und Steuerfedern sehr sorgfältig. Sie bringen verschobene Federn wieder in die richtige Lage und schließen Lücken in den Fahnen, indem sie mit dem Schnabel mehrfach an den Fahnenrändern entlangfahren. Viele Vogelarten besitzen zusätzlich eine **Bürzeldrüse**. Mit dem Schnabel verteilen die Vögel das Fett aus der Drüse im Gefieder, das dadurch geschmeidig und wasserabweisend bleibt.

Tauben haben etwa 4000 einzelne Federn, die zusammen lediglich 15 Gramm wiegen. Bei Schwänen sind es leicht 25000. Trotz der ständigen Pflege nutzt sich das Federkleid im Lauf der Zeit ab, sodass es bei vielen Arten sogar zwei- oder dreimal vollständig erneuert werden muss. Diesen Federwechsel bezeichnet man als **Mauser**.

1 Ordne die einzelnen Federtypen aus dem Text nach Möglichkeit den Federn in Abbildung 1 zu.

Die Amsel – vom scheuen Waldbewohner zum lärmenden Stadtvogel

Jeder kennt die Amsel. Als häufige Vogelart kommt sie in unseren Siedlungen vor. Sie lebt in Gärten und Parks bis in unsere Großstädte hinein. Die Amsel war zu Beginn des vorletzten Jahrhunderts noch ausschließlich als scheuer Waldvogel bekannt und ist innerhalb weniger Jahrzehnte in die Kernbereiche von Städten und Siedlungen vorgedrungen. Ihr ursprünglicher Lebensraum sind unterholzreiche, feuchte Wälder mit lockerem Boden und ausreichenden Regenwurmvorkommen. Offensichtlich fanden sie in Städten günstigere Bedingungen als in Wäldern, sodass die Zahl der Brutpaare innerhalb von Siedlungen bald größer wurde als in vergleichbar großen Waldgebieten.

Fortpflanzung Amseln lassen sich das ganze Jahr gut beobachten. Sie suchen ihre Nahrung am Boden, wo sie als **Allesfresser** mit ihrem pinzettenartigen Schnabel Regenwürmer, Schnecken und Beeren finden. Mit Beginn der Brutzeit ab März singen die pechschwarzen Männchen von einer erhöhten Singwarte aus. **Singvögel** verfügen über einen zusätzlichen Kehlkopf. Dieses Stimmorgan ermöglicht den **Gesang**, der verschiedene biologische Aufgaben hat. Das Männchen lockt damit Weibchen an und zeigt anderen Männchen die Reviergrenzen auf. Sagen einem Weibchen ein Männchen und das von ihm verteidigte Revier zu, bleibt es dort und es folgt die **Balz**. Das Amselmännchen umwirbt das Weibchen dabei mit typischen Körperbewegungen und seinem **Balzgesang**. Den Abschluss der Balz bildet die **Paarung**. Ist im Revier ein geeigneter Platz für ein Nest gefunden, beginnt das Weibchen mit dem **Nestbau**. Die Nestmulde besteht aus angefeuchteter Erde, dünnen Zweigen und Moos. In das fertige Nest legt das Weibchen vier bis fünf blaugrüne, rostrot gesprenkelte Eier, die es allein bebrütet.

Brutpflege Nach etwa 14 Tagen schlüpfen die nackten, blinden Jungvögel. Als **Nesthocker** sind sie völlig hilflos und auf ihre Eltern angewiesen. Solange die Jungvögel noch unbefiedert sind, bleibt das Weibchen im Nest und wärmt sie. In dieser Zeit bringt das Männchen das Futter heran. Nach weiteren zwei Wochen verlassen die jungen Amseln das Nest. Sie werden flügge. Zunächst bleiben sie im Revier der Eltern und werden noch einige Tage gefüttert, ehe sie sich ihre Nahrung selbst suchen. Die Altvögel beginnen dann mit der nächsten Brut. Bis zu fünf Bruten sind so bei Stadtamseln im Jahr zu beobachten.

Überwinterung Wenn Amseln genügend Nahrung finden, können sie im Winter auch sehr tiefe Temperaturen überstehen. Viele Waldamseln überwintern als **Teilzieher** in Südeuropa, während sich die meisten Stadtamseln wie **Standvögel** verhalten.

1. Die Revierverteidigung kostet das Männchen Zeit und Energie. Erkläre die Vorteile dieses Verhaltens.

2. Beschreibe ein Experiment, mit dem du herausfinden kannst, ob die Hauptaufgabe des Reviergesangs in der Anlockung von Weibchen oder im Fernhalten fremder Amselmännchen besteht.

3. Erkläre, wie man die Reviergrenzen benachbarter Amselreviere bestimmen könnte.

4. Mäusebussard und Amsel gehören zur Gruppe der Vögel. Zähle gemeinsame Kennzeichen auf und vergleiche diese anschließend mit denen auf Seite 26.

1 Amselmännchen

2 Amselweibchen

Vögel auf einen Blick

1 Vielfalt der Vögel

Gemeinsame Merkmale Vögel gehören zu den Wirbeltieren und sind trotz ihrer großen Vielfalt in Körperbau und den unterschiedlichsten Lebensräumen, die sie bewohnen, durch gemeinsame Merkmale gekennzeichnet.

Vögel haben eine verhornte Haut mit **Federn** und bewegen sich typischerweise fliegend fort. Zusätzlich erfordert das Fliegen zu Flügeln umgewandelte Vordergliedmaßen, eine strömungsgünstige Körperform und einen stabilen, jedoch möglichst leichten Rumpf. Die **Lunge** der Vögel ist besonders leistungsstark. Vögel gehören wie Säugetiere zu den **Thermoregulatoren**. Das Halten einer nahezu konstanten Körpertemperatur wird durch isolierende Daunenfedern erheblich erleichtert. Alle Vogelarten besitzen typischerweise einen Schnabel ohne Zähne. Bei der Fortpflanzung kommt es bei allen Vögeln zu einer **inneren Befruchtung**. Die Weibchen legen hartschalige Eier, die bebrütet werden. Nach dem Schlüpfen sind die Jungtiere entweder Nesthocker oder Nestflüchter, werden aber im Rahmen der **Brutpflege** intensiv von den Eltern betreut.

1. Benenne die mit Nummern versehenen Bestandteile des Vogelskeletts (▶ 2).

2. Betrachte Abbildung 1 und benenne die als Schattenrisse dargestellten Vögel. Nenne weitere Beispiele für Vögel in möglichst unterschiedlichen Lebensräumen.

3. Recherchiere, inwieweit die gemeinsamen Merkmale der Vögel auf die auf Seite 27 vorgestellten Tiere zutreffen.

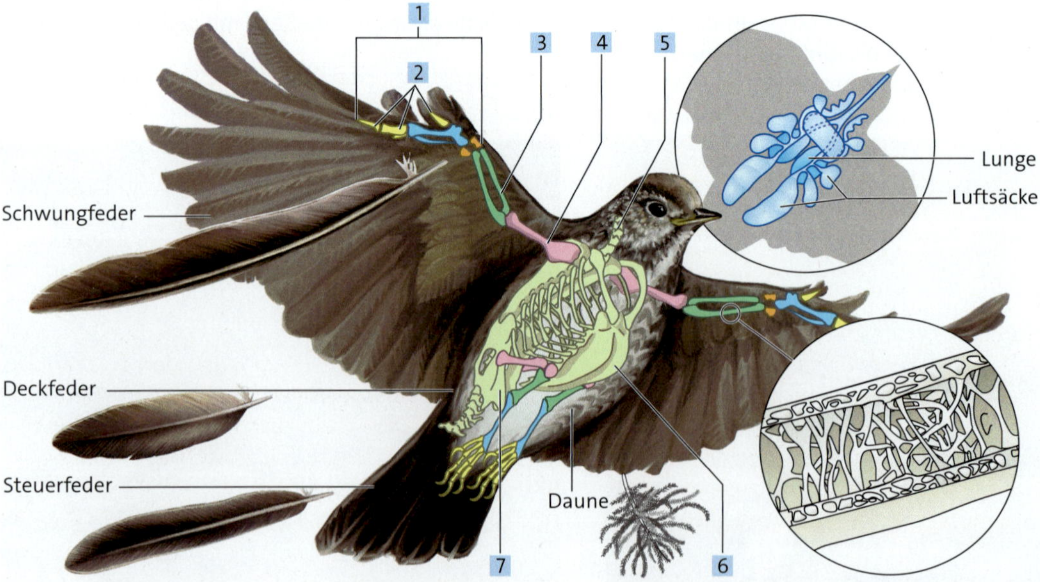

2 Merkmale der Vögel

Vielfalt der Vögel

Der Strauß

Er ist der größte lebende Vogel auf der Erde. Da er seine Flugfähigkeit verloren hat, zählt man ihn zu den Laufvögeln. Nachdem er wegen seiner Federn, seines Fleisches und seines Leders stark bejagt wurde, kommt er heute nur noch in Teilen Afrikas vor. Die Männchen können bis zu 2,80 Meter groß und 150 Kilogramm schwer werden. Seine 1,40 Meter langen Beine verhelfen dem Strauß zu Spitzengeschwindigkeiten von 90 Kilometern pro Stunde.

Der Uhu

Als größte einheimische Eulenart besitzt der Uhu eine Flügelspannweite von bis zu 1,70 Meter. Uhus sehen ihre Welt vorwiegend in schwarz-weiß. Dafür sind ihre großen, nach vorne gerichteten Augen aber viel lichtempfindlicher als die des Menschen. Wie alle Eulen kann auch der Uhu seine Augäpfel nicht bewegen. Seine 14 Halswirbel ermöglichen es ihm aber, den Kopf bis zu 270 Grad zu drehen. Er hat also fast eine Rundumsicht.

Die Bienenelfe

Dieser nur sechs Zentimeter große Kolibri ist ein wahrer Flugkünstler. Mit den beweglichen Flügeln kann die Bienenelfe bis zu 50 Mal pro Sekunde schlagen. Dadurch ist es ihr möglich auf der Stelle fliegen, um zum Beispiel Blütennektar zu trinken. Bienenelfen sind durch ihre besondere Flugtechnik sogar in der Lage rückwärts zu fliegen. Bei Nachwuchs lassen sich die Weibchen zur Nahrungssuche aus dem Nest fallen und gleiten dabei blattähnlich zu Boden. Damit wird Nesträubern das Finden des versteckten Nestes sehr erschwert.

Der Kaiserpinguin

Der Lebensraum der flugunfähigen Kaiserpinguine ist die Antarktis. Dort leben sie zu Tausenden in Kolonien. Zum Schutz gegen die eisige Kälte rücken die Tiere eng zusammen und wechseln ständig ihre Plätze. Sie bilden einen großen Kreis, in dessen Mitte es relativ warm ist. Die äußeren Pinguine wandern langsam von der windigen zur windstillen Seite und von außen nach innen. Kaiserpinguine sind hervorragende Taucher. Sie können bis zu 265 Meter tief und etwa 20 Minuten lang tauchen.

Die Zauneidechse – ein flinker Räuber

1 Zauneidechsenmännchen beim Sonnen

Aufgewärmt durch den Tag Noch etwas schwerfällig kriecht die Zauneidechse aus ihrem Schlupfloch, nimmt einige Tautropfen mit ihrer Zunge auf und verharrt dann auf einem besonnten Felsvorsprung. Dabei flacht sie ihren Körper möglichst stark ab. Nahezu bewegungslos setzt sie sich so der immer intensiver werdenden Sonnenstrahlung aus (▶1). Jetzt erst kann die Jagd auf Insekten oder Spinnen, ihre Hauptnahrung, beginnen.

1 Beschreibe das Verhalten der Eidechse vor dem Beutefang und versuche das Verhalten zu erklären.

Züngelnd auf Jagd Eidechsen können gut hören und sehen. Bei der Jagd nutzen sie aber vor allem ihren guten Geruchssinn. Dafür schnellt ihre Zunge immer wieder aus dem Maul und wieder zurück. Bei diesem Züngeln nehmen sie Duftstoffe auf und führen sie zum Gaumen. Dort hat die Echse zwei Ritzen mit vielen Riechsinneszellen, in welche die gespaltene Zunge (▶2) perfekt hineinpasst.
Glückt die Jagd, wird das Beutetier mit dem Fanggebiss aus kleinen, spitzen Zähnen festgehalten, mit den schwachen Kiefern zerquetscht und dann unzerkaut geschluckt.

2 Erkläre, wie die Eidechse mithilfe ihrer gespaltenen Zunge die Richtung riechen kann, in die ein mögliches Beutetier gelaufen ist.

2 Zauneidechse haben eine gespaltene Zunge.

3 Zauneidechse beim Schlüpfen aus dem Ei

Fortpflanzung Ende April wird das paarungsbereite Weibchen von einem Männchen umworben, das jetzt an den Seiten auffallend grün gefärbt ist. Taucht ein weiteres Männchen auf, versucht es den Gegner durch Aufrichten zu vertreiben. Gelingt dies nicht, beißen und schütteln sich die Rivalen gegenseitig, verletzen sich aber nicht. Der Sieger paart sich mit dem Weibchen. Hierbei überträgt er die Spermienzellen in den Körper des Weibchens, wo die Befruchtung der Eizellen stattfindet. Wie bei den Säugetieren und Vögeln spricht man von einer inneren Befruchtung. Die bis zu 12 Eier der Eidechse haben eine zähe, pergamentartige Schale. Das Weibchen vergräbt sie an einem sonnigen Platz im Boden. Nach etwa zwei Monaten schlüpfen die daumenlangen Zauneidechsen (▶3). Sie sind sofort selbstständig und werden von den Eltern nicht betreut.

3 Bewerte die Tatsache, dass sich Eidechsen im Gegensatz zu Vögeln und Säugetieren nicht um ihre Nachkommen kümmern, also keine Brutpflege betreiben.

Rüstung aus Hornschuppen Echsen sind durch Hornschuppen, die ihren gesamten Körper wie ein leichter, flexibler Panzer bedecken, vor Verletzungen geschützt.

4 Die Hornschuppen der Echsen können nicht mitwachsen. Erläutere, wie die Zauneidechse dennoch größer werden kann (▶4).

4 Zauneidechse beim Häuten

Die Kreuzotter – schnell auch ohne Beine

1 Eine Kreuzotter schlängelt sich durch das Moor

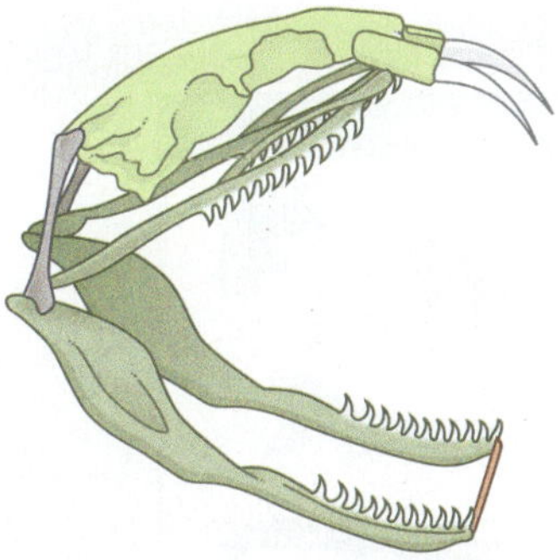

2 Kreuzotterschädel original/schematisch

Die Kreuzotter in ihrem Lebensraum Kreuzottern kommen an Waldrändern, in Heidemooren, aber auch in höheren Lagen vor. Wie bei Eidechsen entspricht ihre Körpertemperatur der ihrer Umgebung. Sie sind also thermokonform. Daher „tanken" sie bei niedrigen Außentemperaturen durch ein Sonnenbad Wärme. Sind die Außentemperaturen sehr hoch, suchen sie schattige Stellen auf. Kreuzottern sind zwar wie die meisten Schlangen taub, ihr Gehör hat aber eine andere Aufgabe übernommen: Es ist zu einem hoch empfindlichen Messinstrument für Bodenerschütterungen geworden. Auch ohne Gliedmaßen kann sich die Kreuzotter schnell durch Schlängeln bewegen. Dabei stoßen sich ihre verschiedenen Windungen seitlich von Steinen oder Stängeln ab und sorgen so für Vortrieb. Ist das Gelände glatt und eben, wendet die Kreuzotter eine andere Kriechtechnik an: Sie presst einen in Windungen gelegten Körperabschnitt gegen den Boden, während sie den Rest des Körpers vorschiebt oder nachzieht.

1 Sind die Hände kalt, zum Beispiel im Winter, kannst du deine Finger nur langsam bewegen. Grundsätzlich laufen Reaktionen im Körper bei niedrigerer Körpertemperatur langsamer ab. Erkläre, warum sich Echsen und Schlangen bei niedrigen Außentemperaturen vor der Jagd durch ein Sonnenbad aufwärmen.

Fortpflanzung Während der Paarungszeit im Mai führt der Geruchssinn die Männchen zu paarungsbereiten Weibchen. Oft finden Rivalenkämpfe zwischen den Männchen statt. Der Sieger überträgt dann Spermienzellen in den Körper des Weibchens. Im Herbst kommen die nur fingerlangen Kreuzottern zur Welt. Sie schlüpfen kurz vorher – noch im Körper des Weibchens – aus den Eiern. Kreuzottern sind also lebend gebärend.

2 Für Profis: Kreuzottern können in kühleren Regionen vorkommen als Zauneidechsen. Erkläre, welche Eigenschaft dies möglich macht.

Ernährung Kreuzottern machen Jagd auf Mäuse und Frösche. Sobald Beute in Reichweite ist, beißt die Otter mit den Giftzähnen zu und zieht den Kopf wieder zurück. Züngelnd folgt sie der Geruchsspur der flüchtenden Maus. Nach kurzer Zeit entfaltet das Schlangengift seine Wirkung. Die Kreuzotter verschlingt die Maus im Ganzen. Dafür muss sie ihr Maul sehr weit öffnen können. Das wird hauptsächlich durch einen zusätzlichen „Scharnierknochen" am Kiefergelenk und den zweiteiligen, nur mit einem dehnbaren Band zusammengehaltenen Unterkiefer ermöglicht.

3 Zeitungsartikel aus den Nürnberger Nachrichten:

> **Kreuzottern am Hafen sorgen für Diskussionen**
>
> *Schlangen bevölkern den Hang an der Schleuse Eibach – Hunde gebissen*
>
> **NÜRNBERG** – Sieben erschlagene Kreuzotter am Hafen sorgen für heftige Diskussionen: Während Naturschützer Anzeige wegen Verstoßes gegen den Artenschutz erstattet haben, ängstigen sich Anwohner um ihre Gesundheit.

Informiere dich über Auswirkungen eines Kreuzotterbisses und die Gefährdung der Kreuzotter. Diskutiert und bewertet in der Klasse mögliche Lösungsansätze für das im Artikel beschriebene Problem.

4 Etwa 170 Mio. Jahre lang besiedelten Dinosaurier, Flugsaurier und Fischsaurier nahezu alle Lebensräume. Recherchiere entsprechende Beispiele und erläutere die vorherrschende Theorie, die das Massensterben der damaligen Dinosaurier erklärt.

5 Zauneidechsen und Kreuzottern gehören zur Gruppe der Reptilien. Zähle gemeinsame Kennzeichen auf und vergleiche diese anschließend mit denen auf Seite 30.

Reptilien auf einen Blick

Reptilien

Artenzahl: 10 272

Lebensraum:
an Land und Wasser

größter Vertreter:
Leistenkrokodil bis 8,23 m

kleinster Vertreter:
Kugelfingergecko ca. 3 cm

1 Vielfalt der Reptilien

Gemeinsame Merkmale Reptilien gehören zu den Wirbeltieren und sind trotz ihrer großen Vielfalt in Körperbau und den unterschiedlichsten Lebensräumen, die sie bewohnen, durch gemeinsame Merkmale gekennzeichnet.

Aufgrund ihrer Fortbewegung durch schlängelndes Kriechen werden Reptilien auch als Kriechtiere bezeichnet. Bezüglich typischer Baumerkale unterscheidet man Schildkröten, Krokodile und die große Gruppe der Schuppenkriechtiere zu denen die Echsen und Schlangen gehören. Reptilien sind in Entwicklung und Lebensweise unabhängig vom Wasser. Dies ermöglicht ein schützender Panzer aus **Hornschuppen**. Als Landtiere atmen sie entsprechend mit einer **Lunge**. Reptilien sind **thermokonform**. Daher entspricht ihre Körpertemperatur der ihrer Umgebung.
Bei der Orientierung spielt neben den Augen der Geruchssinn eine wichtige Rolle. Viele Reptilien nehmen mit der Zunge Duftstoffe auf. Alle Reptilien haben eine **innere Befruchtung**. Die Eier sind durch eine **pergamentartige Schale** vor Austrocknung geschützt. Die aus den Eiern schlüpfenden Jungtiere ähneln den erwachsenen Tieren und werden nicht weiter versorgt. Einige Kriechtiere, zum Beispiel die Kreuzotter, sind lebendgebärend.

1. Betrachte Abbildung 1 und benenne die als Schattenrisse dargestellten Reptilien. Nenne weitere Beispiele für Reptilien in unterschiedlichen Lebensräumen.

2. Recherchiere, inwieweit die gemeinsamen Merkmale der Reptilien auf die auf Seite 31 vorgestellten Tiere zutreffen.

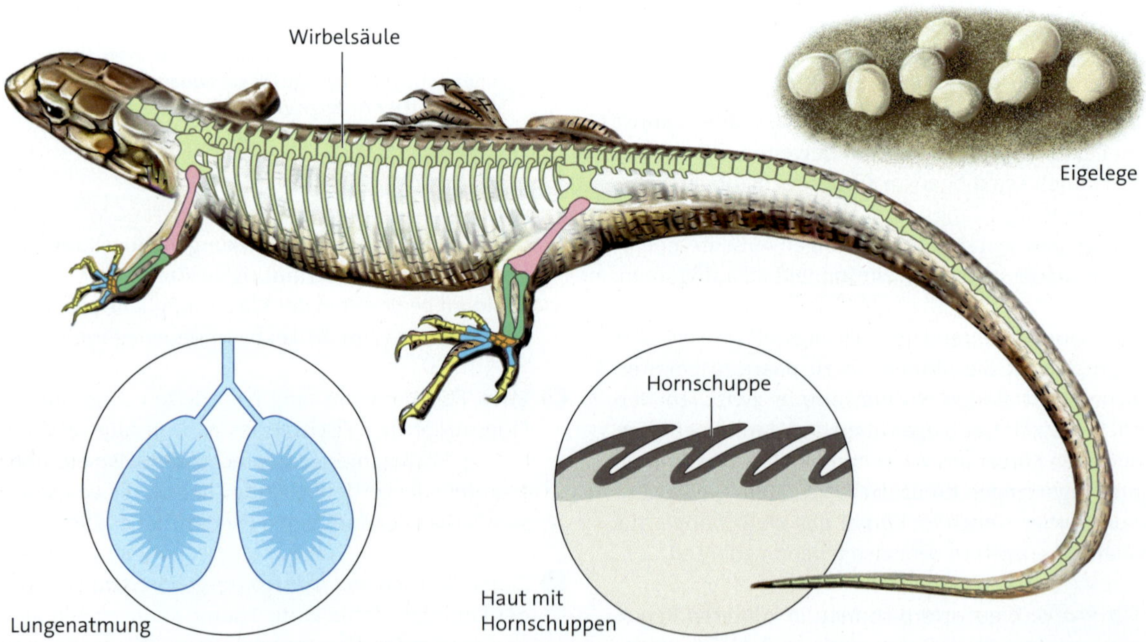

2 Merkmale der Reptilien

Vielfalt der Reptilien

Die Ringelnatter

Sie ist eine einheimische Schlange, die vorwiegend im Wasser auf Beutejagd geht und nicht nur schwimmen und tauchen, sondern auch klettern kann. Die meist über einen Meter lange Schlange lebt an Seen, Teichen und in anderen Feuchtgebieten. Dort erbeutet sie Frösche und kleinere Fische. An zwei hellen Flecken seitlich am Kopf und den runden Pupillen kann man sie von der Kreuzotter unterscheiden. Die Ringelnatter ist nicht giftig. Bei Gefahr kann sie sich mithilfe ihrer Stinkdrüsen und Zischlauten verteidigen.

Das Nilkrokodil

Die größten gemessenen Vertreter waren über sechs Meter lang, zumeist ist aber eine Länge von drei bis vier Meter typisch. Trotz ihres Namens sind sie in fast ganz Afrika verbreitet. Gut getarnt liegen sie im Wasser und lauern auf ihre Beute, die sie blitzschnell packen und unter Wasser ziehen. Die Weibchen betreiben intensive Brutpflege. Sie bewachen die verscharrten Eier, helfen den Jungen nach dem Schlüpfen an die Erdoberfläche, transportieren sie vorsichtig im Maul ins Wasser und verteidigen sie.

Die Blindschleiche

Trotz ihrer Gestalt gehört die einheimische Blindschleiche nicht zu den Schlangen, sondern zu den Echsen. Wie diese kann sie den Schwanz abwerfen und am Skelett sind noch Schulter- und Beckengürtel erkennbar. Die Blindschleiche lebt in Wiesen und Wäldern und ernährt sich von Regenwürmern, Schnecken und Insekten. Eine in einem Zoo gehaltene Blindschleiche wurde 54 Jahre alt. In der Natur ist ihre Lebensdauer aufgrund zahlreicher Fressfeinde und der Bedrohung durch den Menschen meist viel kürzer.

Die Echte Karettschildkröte

Sie gehört zu den Meeresschildkröten. So unbeholfen sie sich an Land fortbewegt, so elegant gleitet sie durch das Wasser. Ihre Eier vergräbt sie im Sand tropischer Strände. Ihre großen, wie bei allen Schildkröten auf Knochenplatten aufliegenden Hornplatten, die von Gelborange in Dunkelgrau übergehen, werden heutzutage immer noch zur Herstellung von Kämmen und Brillengestellen verwendet. Trotz intensiver Schutzmaßnahmen ist sie nach wie vor vom Aussterben bedroht.

Teichfrösche – zwischen Wasser und Land

1 Teichfrosch auf der Lauer

2 Kaulquappe

Der Teichfrosch An Weihern und Teichen kann man den Teichfrosch oft am Uferrand beobachten. Als Amphibie (von griechisch amphi: auf beiden Seiten und bios: Leben) ist er nicht vollständig an das Land angepasst, sondern stark vom Wasser abhängig – er bewohnt beide Lebensräume. Meist hält er reglos Ausschau nach Insekten, Spinnen, Schnecken oder Würmern. Ist die Beute nahe genug, schleudert er blitzschnell seine klebrige Klappzunge nach ihr und schluckt sie dann unzerkaut hinunter. Als typisches Feuchtlufttier zieht er sich an sehr heißen Tagen in ein kühles oder feuchtes Versteck zurück. Über seine dünne, reich durchblutete und drüsenreiche Haut, die ihm neben seiner Lunge als Atmungsorgan dient, würde er sonst in kurzer Zeit lebensgefährlich viel Wasser verlieren.

Durch seine grüne Körperfarbe und die dunklen Flecke ist der Teichfrosch gut vor seinen Fressfeinden wie Ringelnatter, Graureiher oder Weißstorch getarnt. Dennoch kann er sich oft nur durch Wachsamkeit und rasche Flucht schützen. Dann springt er mithilfe seiner langen Hinterbeine mit einem weiten Satz ins Wasser und verbirgt sich im Schlamm.

1 Begründe anhand geeigneter Skizzen, welchen Vorteil die Position und die Form seiner Augen dem Teichfrosch bieten. Nenne andere Tierarten mit vergleichbaren Eigenschaften.

Überwinterung Den Winter verbringen die Tiere tief in der Erde, auf dem Grund des Teiches oder im Bodenschlamm. Da sie wie alle Amphibien thermokonform sind, fallen sie dort in eine Kältestarre. Mit steigenden Temperaturen im März werden sie wieder aktiv und wandern zurück in ihr Sommerquartier. Oft werden sie dabei beim Überqueren von Straßen von Autos getötet.

Fortpflanzung Ende Mai beginnt die Paarungszeit. Durch lautes Quaken versuchen die Männchen sowohl Weibchen anzulocken, als auch ihr Revier gegenüber Artgenossen zu verteidigen. Ist ein paarungsbereites Weibchen gefunden, umklammert das Männchen es mit den Vorderbeinen. Im Wasser gibt das Weibchen einzelne Laichballen aus einigen hundert Eiern ab. Nahezu gleichzeitig gibt auch das Männchen die Spermienzellen ins Wasser, sodass eine äußere Befruchtung stattfinden kann. Die Eier sind von einer Gallerthülle umgeben. Diese quillt im Wasser sofort auf, wodurch die Eier miteinander verkleben und an den Pflanzen haften bleiben.

Entwicklung Nach etwa drei Wochen schlüpfen die Jungen, die sich in ihrem Bau und ihrer Lebensweise deutlich von ihren Eltern unterscheiden (▶2). Man spricht in einem solchen Fall von **Larven**. Bei Froschluchen wie dem Teichfrosch nennt man die Larven **Kaulquappen**. Sie raspeln als Pflanzenfresser mit ihren scharfen Hornzähnchen Teile von Wasserpflanzen ab. Zudem atmen sie mithilfe gut durchbluteter, dünner Hautlappen im Kopfbereich. Mit diesen sogenannten Außenkiemen nehmen sie Sauerstoff aus dem Wasser auf. Innerhalb einiger Wochen verändert sich das Aussehen der Larven und wird dem eines Frosches immer ähnlicher: Die Kiemen verlagern sich nach innen, Hinterbeine und danach auch Vorderbeine entstehen, der Ruderschwanz wird kürzer. Am Ende gleichen die Jungtiere in Körperbau und Ernährungsweise vollständig den erwachsenen Teichfröschen.

2 Beschreibe den Körperbau des Teichfrosches mithilfe der Informationen dieser Doppelseite. Stelle in einer Tabelle die Angepasstheiten an das Land beziehungsweise an das Wasser gegenüber.

Richtig suchen im Internet

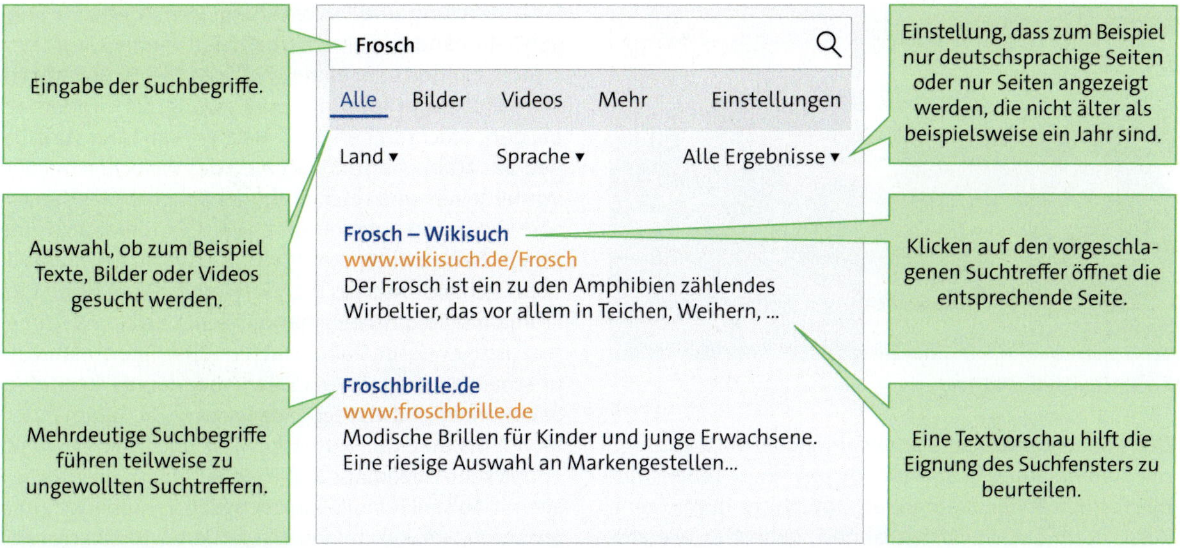

1 Suchmaschine im Internet

Suchmaschinen Für die Recherche im Internet gibt es Programme, die das World Wide Web nach deinen eingegebenen Begriffen durchsuchen und dir eine Liste ihrer Suchergebnisse anzeigen. Die meisten dieser Suchmaschinen sind ähnlich wie in Abbildung 1 aufgebaut. Grundsätzlich gilt jedoch: Suchmaschinen können nicht denken. Sie zeigen Internetseiten an, die in irgendeiner Weise deinen Suchbegriff enthalten. Daher ist es oft sinnvoll gleich mehrere passende Suchbegriffe gleichzeitig einzugeben. Denn so wird deine Suche genauer und die Chance das Gesuchte zu finden steigt.

1. Angenommen du möchtest wissen, woher Feuersalamander ihren Namen haben. Recherchiere einmal nur mit dem Suchbegriff *Feuersalamander* und einmal mit den Suchbegriffen *Feuersalamander* und *Name*. Bewerte die unterschiedlichen Ergebnisse.

Achtung Werbung Zudem müssen die vorderen Plätze nicht unbedingt die besten Treffer für deine Suchanfrage sein. Viele Webseiten sind so programmiert, dass sie möglichst weit oben angezeigt werden. Dazu gehört oft Werbung. Sie lässt sich jedoch an der Kennzeichnung „Anzeige“ oder „Werbung“ leicht erkennen.

Wahr oder falsch Leider ist nicht alles was im Internet steht wahr. Jeder Nutzer hat die Möglichkeit, eigene Texte, Bilder oder Filme im Internet zu veröffentlichen. Von Tatsachen, Meinungen, erfundenen Beiträgen oder auch Fehlinformationen kann alles dabei sein. Daher solltest du mehrere Internetseiten zu deinem Suchbegriff vergleichen.

Wikis Wikis sind lexikonartige Internetangebote, bei denen das Mitmachen im Vordergrund steht: Viele Autoren können hier neue Artikel anlegen oder bestehende korrigieren. Eine tolle Idee, aber auch hier gilt: jeder Eintrag ist nur so gut wie seine Autoren. Manche Einträge enthalten Fehler und andere werden sogar absichtlich falsch dargestellt.

Copyright Oft ist es sehr verlockend, im Internet gefundene Texte oder Bilder für ein Referat oder eine Präsentation zu verwenden. Aber Achtung: fremde Inhalte darf man nicht als seine eigenen darstellen – jeder Text, jedes Bild, jedes Musikstück und jedes Video gehören Personen, deren Rechte durch das Gesetz geschützt sind. Verwendest du solche Inhalte, solltest du immer sagen, warum du sie ausgewählt und eventuell verändert hast. Du musst in jedem Fall ihre Quelle nennen. Du solltest sie nicht (digital) ohne Erlaubnis des Urhebers verbreiten. Am besten du fragst deinen Lehrer um Rat.

2. Amphibien sind die weltweit am stärksten gefährdeten Wirbeltiere. Auch in Deutschland steht mehr als die Hälfte der Amphibien auf der Roten Liste der gefährdeten Tierarten. Einige Forscher machen die Verwendung von Pestiziden dafür verantwortlich. Recherchiere weiterführende Informationen hierzu. Wähle für deine Suchanfrage geeignete Suchbegriffe.

3. Für eine gezielte Suche im Internet sind oftmals sogenannte Suchoperatoren hilfreich. Recherchiere Beispiele für solche Suchoperatoren und probiere sie anhand eigener Fragestellungen zu Amphibien aus.

Feuersalamander – Bewohner kühler Laubwälder

1 Der Feuersalamander

Der Feuersalamander Laubwaldreiche Mittelgebirge mit klaren, sauberen Bächen sind geeignete Lebensräume für den Feuersalamander. Obwohl er durch seine Körperform einer Eidechse ähnelt, gehört er wie Frösche zu den Amphibien. Im Vergleich zu Fröschen sind Salamander jedoch weniger abhängig vom Wasser, da sie besser an die Bedingungen des Landes angepasst sind.

Feuersalamander verlassen ihre Verstecke in Felsspalten und Baumstümpfen überwiegend nachts, um auf Beutefang zu gehen. Nur bei hoher Luftfeuchtigkeit oder einem Regenguss kann man sie auch tagsüber entdecken. Fast unbeholfen kriechen sie mit den seitlich abstehenden, kurzen Beinen. Körper und Schwanz sind dabei leicht vom Boden abgehoben. Immer wieder legen sie Pausen ein. Währenddessen orientieren sie sich mithilfe der Augen und des guten Geruchssinns und spüren Beutetiere wie Nacktschnecken, Regenwürmer, Spinnen und Insekten auf, die sie dann unzerkaut verschlingen.

Verteidigung Ihren Namen hat diese Salamanderart, da man in früheren Zeiten glaubte, dass man mit einem einzigen von ihnen eine Feuersbrunst löschen konnte. Besonders gefährliche Tiere sollten sie sein, die nur durch Berührung die Früchte eines Baumes oder das Wasser im Dorfbrunnen vergiften könnten.

Diesen Ruf hatten sie, da die etwa 20 Zentimeter langen Tiere bei Gefahr aus Hautdrüsen eine milchige Flüssigkeit absondern, die vermutlich sehr unangenehm schmeckt und bei kleinen Säugetieren und Vögeln sogar tödliche Lähmungen hervorrufen kann. Für den Menschen ist die Flüssigkeit auf der Haut jedoch meist ungefährlich.

1. Begründe, ob Feuersalamander nicht besser vor möglichen Fressfeinden geschützt wären, wenn sie weniger auffällig gefärbt wären. Beziehe dabei andere, vergleichbare Tiere mit ein.

Fortpflanzung und Entwicklung Den Winter verbringen Salamander in einem frostfreien Versteck, zum Beispiel in Höhlen oder einem vermoderten Baumstamm. Im Frühsommer kommt es zur Paarung, die – anders als bei den Froschlurchen und Molchen – an Land stattfindet. Das Männchen umklammert das Weibchen mit den Vorderbeinen und setzt ein Samenpaket ab, das danach vom Weibchen aufgenommen wird. Es findet also eine **innere Befruchtung** statt. In den etwa 30 Eiern entwickeln sich die Embryos bis zum Herbst. Oftmals erst im Frühjahr setzt das Weibchen die Eier in ein klares, sauberes Laichgewässer. Dabei platzt die Eischale auf und die unscheinbar bräunlichen Salamanderlarven schlüpfen. Salamander sind also **lebendgebärend**. Die Salamanderlarven haben einen Ruderschwanz und schon vier voll entwickelte Gliedmaßen. Wie junge Kaulquappen atmen sie mit Außenkiemen. Sie leben jedoch räuberisch und ernähren sich von kleinen Wassertieren. Nach etwa vier bis fünf Monaten verlassen die Jungsalamander das Wasser und suchen einen geeigneten Lebensraum auf.

Gefährdung In manchen Regionen kann man Feuersalamander bei geeignetem Wetter im Wald beobachten. In vielen Teilen Deutschlands werden sie jedoch selten. Das Abholzen von Laubwäldern, die Zerstörung kleiner Quelltümpel, Gewässerverschmutzung, aber auch der zunehmende Straßenverkehr sind die Hauptursachen für ihren bedrohlichen Rückgang.

2. Für Profis: Der mit dem Feuersalamander nah verwandte Alpensalamander lebt in den Bergwäldern der Alpen in Höhen von 500 bis 2000 Metern. Die ein bis zwei Larven bleiben über zwei Jahre im Körper des Weibchens, bis sie als Jungsalamander geboren werden. Stelle eine Hypothese auf, warum die Entwicklung des Alpensalamanders so viel länger dauert als beim Feuersalamander.

2 Der Alpensalamander

3. Teichfrösche und Feuersalamander gehören zur Gruppe der Amphibien. Zähle gemeinsame Kennzeichen auf und vergleiche diese anschließend mit denen auf Seite 36.

Wir bestimmen Amphibien

Wenn du ein Tier oder eine Pflanze nicht kennst, kannst du mithilfe eines Bestimmungsschlüssels die Art schnell herausfinden. Dabei schaut man sich die äußeren Merkmale ganz genau an und entscheidet immer wieder, welches von zwei möglichen Merkmalen vorliegt.

1 Nenne die äußeren Merkmale von Teichfrosch und Grasfrosch mithilfe des Bestimmungsschlüssels (►1).

2 Bestimme die auf dieser Seite abgebildeten Amphibienarten.

3 Alpen- und Feuersalamander wurden im abgebildeten Bestimmungsschlüssel ausgelassen. Vervollständige die Bestimmungshilfe.

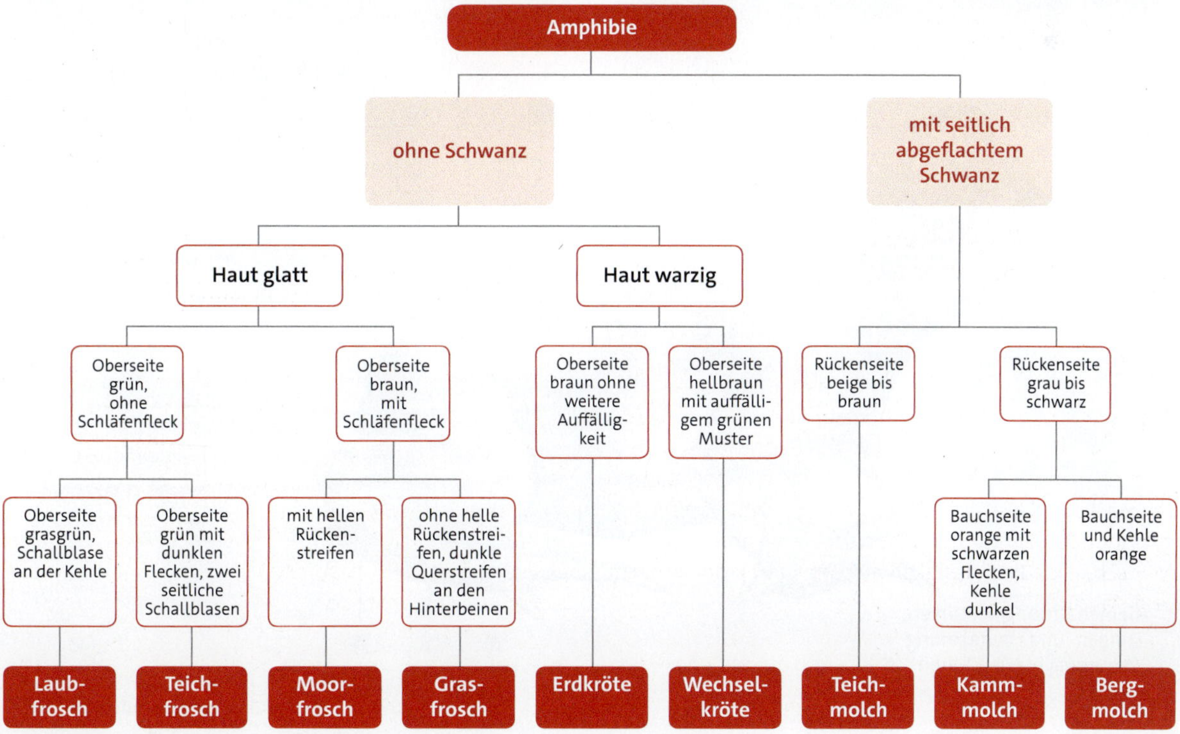

1 Bestimmungsschlüssel für ausgewählte einheimische Amphibienarten

Amphibien auf einen Blick

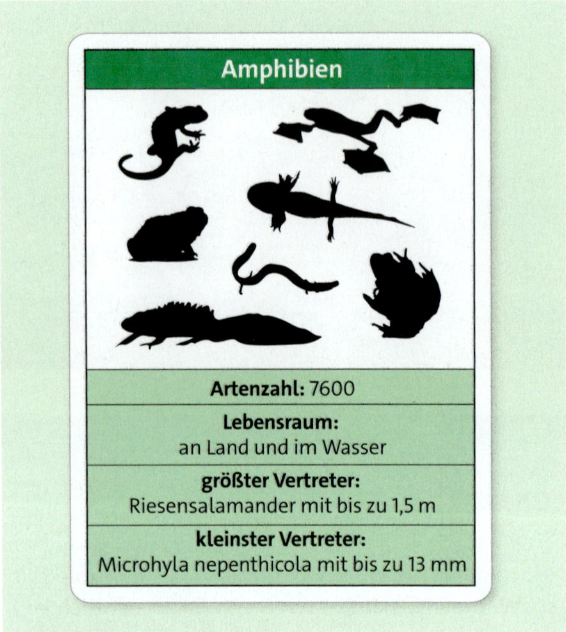

1 Vielfalt der Amphibien

Gemeinsame Merkmale Amphibien gehören zu den Wirbeltieren. Als Feuchtlufttiere leben sie in unterschiedlichen feuchten Lebensräumen. Trotz ihrer Vielfalt im Körperbau, haben sie gemeinsame Merkmale.

Amphibien gehören zu den **thermokonformen** Tieren. Durch ihre **feuchte Haut mit Schleimdrüsen** gelangt der Sauerstoff aus der Luft direkt in die Blutgefäße. Diese **Hautatmung** kann bei Bedarf durch **Lungenatmung** unterstützt werden. Fast alle Froschlurche haben eine **äußere Befruchtung**, bei Schwanzlurchen dagegen findet eine **innere Befruchtung** statt. Für die Entwicklung von **Eiern** und **Larven** sind alle Arten auf Wasser angewiesen. Die Larven atmen während ihrer Entwicklung mit **Außenkiemen**. Das sind gut durchblutete, dünne Hautlappen im Kopfbereich, über die der Sauerstoff aus dem Wasser aufgenommen wird.

1. Betrachte Abbildung 1 und benenne die als Schattenrisse dargestellten Amphibien. Nenne weitere Beispiele für Amphibien in möglichst unterschiedlichen Lebensräumen.

2. Übernimm die Nummern aus Abbildung 2 in dein Heft und ordne ihnen die richtigen Fachbegriffe zu. Begründe, welche Merkmale des Froschskeletts mit dem guten Sprungvermögen zusammenhängen.

3. Recherchiere, inwieweit die gemeinsamen Merkmale der Amphibien auf die auf Seite 37 vorgestellten Tiere zutreffen.

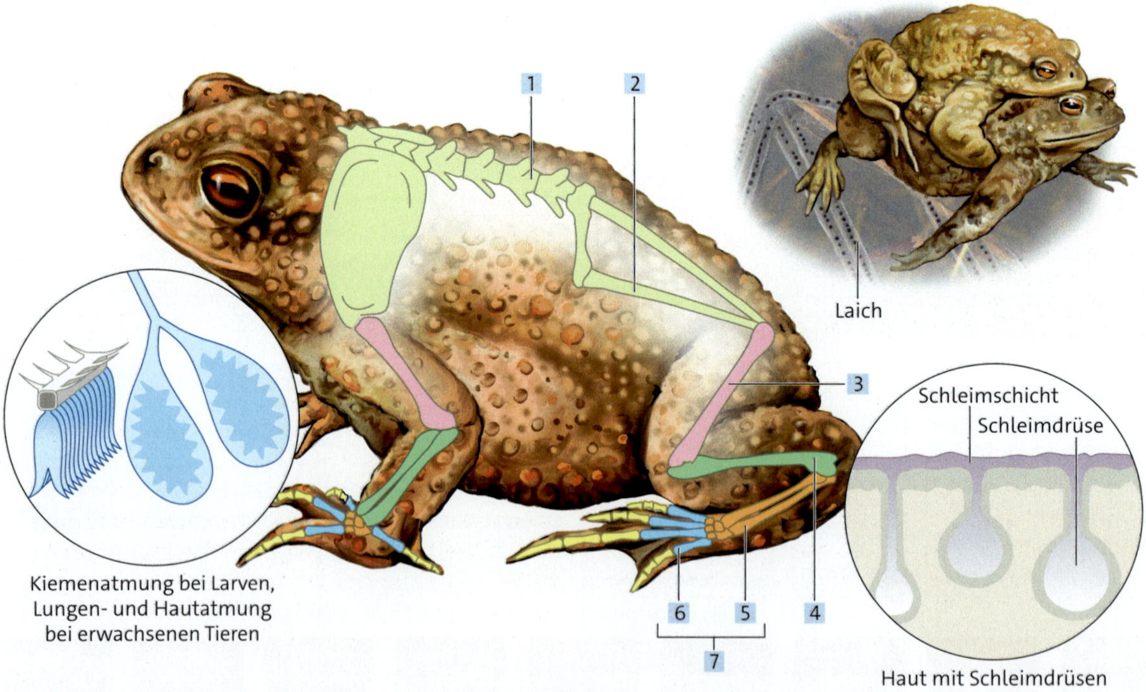

2 Merkmale der Amphibien

Vielfalt der Amphibien

Die Gelbbauchunke

Ein mit etwa vier Zentimetern Größe eher kleiner Vertreter der Froschlurche ist die Gelbbauchunke. Ihre Körperoberseite ist graubraun, die Unterseite jedoch gelb mit schwarzen Flecken. Bei Gefahr macht die Unke ein Hohlkreuz. In dieser sogenannten Kahnstellung ist ihre Bauchseite sichtbar und warnt ihre Fressfeinde vor dem Hautgift, das sie unter Bedrohung absondert. Die starke Gefährdung geht vor allem auf Lebensraumverluste zurück: Gelbbauchunken benötigen zum Beispiel kleine Tümpel oder überdauernde, lehmige Pfützen in unbefestigen Waldwegen.

Der Afrikanische Ochsenfrosch

In einem für Amphibien ungewöhnlichen Lebensraum lebt der Afrikanische Ochsenfrosch – in den Savannengebieten Afrikas. Den größten Teil des Jahres graben sich die bis zu 24 Zentimeter großen Tiere in tiefliegende Erdhöhlen ein, um sich vor der Trockenheit zu schützen. Während der Regenzeit legen die wesentlich kleineren Weibchen ihre Eier in Tümpel. Das Männchen befruchtet sie und bleibt während der gesamten Entwicklung vor Ort. Wenn der Tümpel Gefahr läuft auszutrocknen, baut er Wasserrinnen und sorgt so für das Überleben des Nachwuchses.

Der Schreckliche Pfeilgiftfrosch

Eines der giftigsten Tiere weltweit ist der Schreckliche Pfeilgiftfrosch, der nur in einem recht kleinen Gebiet in Kolumbien vorkommt. Der Regenwaldbewohner lebt dort vor allem auf dem Waldboden in Flussnähe. Von den Chocó-Indianern wurde das Hautgift der Frösche benutzt, um Blasrohrpfeile zu präparieren. Das Gift eines Frosches soll ausreichen, um 100 erwachsene Menschen zu töten. Jedoch produzieren Pfeilgiftfrösche ihr Gift nicht, wenn sie in Gefangenschaft leben. Zur Herstellung des Hautgifts benötigen die Frösche Stoffe, die sie durch das Fressen bestimmter Insekten aufnehmen.

Der Axolotl

Diese mexikanischen Schwanzlurche bleiben ihr Leben lang im Larvenstadium. Die ca. 25 Zentimeter langen Tiere haben daher neben den kurzen Gliedmaßen auch einen seitlich abgeflachten Ruderschwanz und Außenkiemen. Weiterhin besitzen sie die Fähigkeit, ihre Gliedmaßen und die inneren Organe nach Verletzungen vollständig und funktionsfähig zu regenerieren. Axolotl kommen nur im Xochimilco-See bei Mexiko-Stadt vor, werden aber auch gezüchtet und in Aquarien gehalten. Die äußerst anspruchsvolle Tierhaltung sollte jedoch Experten überlassen bleiben.

Die Bachforelle – gegen den Strom

1 Der Bach – Lebensraum der Bachforelle

2 Bachforelle

Fische besiedeln den größten Lebensraum der Erde: das Wasser. Sie leben in Seen, Flüssen und Meeren, in der Tiefsee, in den warmen tropischen Ozeanen und den sehr kalten Gewässern der Arktis. Ein Leben im Lebensraum Wasser erfordert verschiedene spezielle Angepasstheiten, die bei allen Fischen zu finden sind – egal ob der Fisch im Karibischen Meer schwimmt, oder ob er in einem Bach ganz in der Nähe lebt.

Forelle Die einheimische Bachforelle lebt in sauerstoffreichen, sauberen und kalten fließenden Gewässern. Wasser hat einen viel niedrigeren Sauerstoffgehalt als Luft. Kaltes Wasser hat aber einen höheren Sauerstoffgehalt als warmes. Außerdem umströmt das andauernd fließende Wasser natürliche Hindernisse wie Steine, wodurch sich in den Verwirbelungen zusätzlich Sauerstoff im Wasser löst. Bei Wassertemperaturen über 20 °C kann die Bachforelle in einem Bach trotzdem nicht mehr überleben. Wie alle anderen Fische sind auch Forellen **thermokonform**.

Körperbau und Fortbewegung Fische haben **Flossen**. Diese haben unterschiedliche Aufgaben. Mithilfe der kräftigen Schwanzflosse schwimmen Fische durch das Wasser. Sie steuern mit den Brust- und Bauchflossen. Die Rücken- und Afterflosse sorgen dafür, dass die Forelle im Gleichgewicht bleibt. Bis auf die Flossen ist der gesamte Körper der Bachforelle mit **knöchernen Schuppen** bedeckt. Die Forelle wird bis zu 80 Zentimeter groß und besitzt einen lang gestreckten, seitlich abgeflachten Körper. Dieser **stromlinienförmige Körperbau** ist eine hervorragende Angepasstheit, da dadurch der Wasserwiderstand im schnell fließenden Wasser stark verringert wird. Eine Schleimschicht auf den **Schuppen** verringert den Wasserwiderstand weiter. Seitlich am Körper, erkennbar nur durch eine feine Linie von Punkten, liegt ein spezielles Sinnesorgan der Fische, das Seitenlinienorgan. Damit nehmen Fische kleinste Druckveränderungen in ihrer Umgebung wahr und können so z. B. sich nähernde Fische, Feinde oder Artgenossen aus allen Richtungen frühzeitig aufspüren. Wie alle Fische atmet die Bachforelle durch **Kiemen**. Um den im Wasser gelösten Sauerstoff ins Blut aufnehmen zu können, wird das Wasser an der vergrößerten Oberfläche der Atmungsorgane vorbeigeleitet.

Ernährung Die Bachforelle ist ein Raubfisch. Neben kleinen Fischen ernährt sie sich auch von Insekten und Molchen. Ausreichend Nahrung und Sauerstoff in ihrem Lebensraum sind für die Bachforellen, die zur Fortpflanzung stromaufwärts zu den Laichplätzen schwimmen und dafür sehr viel Energie benötigen, sehr wichtig.

Fortpflanzung Im Winter kommt es zu einer **äußeren Befruchtung**: Das Weibchen legt bis zu 1500 Eier, den Laich, in einer kleinen Grube am steinigen Bachboden ab. Anschließend verteilt das Männchen seine milchige Samenflüssigkeit über den Eiern in der Grube. Aus den Eiern schlüpfen im Frühjahr die ein bis zwei Zentimeter großen Fischlarven, die von Beginn ihres Lebens an auf sich alleine gestellt sind.

1. Fasse in wenigen Sätzen die Lebensweise der Bachforelle zusammen. Gehe hierbei auf ihren Lebensraum, ihre Ernährung und Fortpflanzung ein.

Präparation einer Forelle

Material: Präparierschale, Lupe, Pinzette, Präpariernadel, spitze Schere, Papierhandtücher

Sicherheit:

1. Die Anweisungen des Lehrers befolgen – es wird mit scharfen Werkzeugen gearbeitet!
2. Während der Präparation den Arbeitsplatz immer sauber halten.
3. Alle Materialien am Ende sorgfältig säubern und alle Reste nach Anweisung entsorgen.

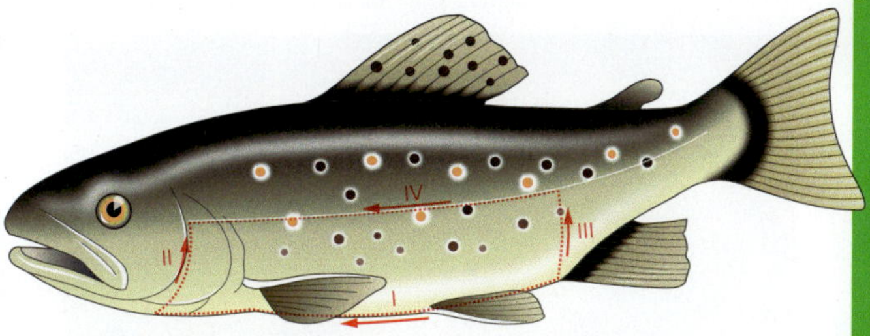

2 Schnittführung

A Äußerer Bau

❶ Betrachte und berühre die Körperoberfläche der Forelle. Beschreibe die Oberflächenbeschaffenheit genau.

❷ Entferne mit der Pinzette vorsichtig eine Schuppe und betrachte sie durch die Lupe.

❸ In der Mitte jeder Körperseite ist das Seitenlinienorgan erkennbar. Vergrößere mit der Lupe und beschreibe deine Entdeckungen.

❹ Fertige eine Skizze des äußeren Baus der Forelle an und beschrifte alle Strukturen, die du von außen erkennen kannst.

B Innerer Bau

Die Schnittführung ist auch in der Abbildung oben rechts gezeigt.

❺ **Schritt 1:** Setze für die Präparation die Schere an der Bauchseite kurz vor dem After flach an und schneide den Fisch bis zum Kiemendeckel auf.

❻ **Schritte 2 und 3:** Schneide als nächstes vom Kiemenbogen bis zur Seitenlinie. Schneide danach vom After aufwärts bis zur Seitenlinie.

❼ **Schritt 4:** Klappe die Bauchseite nach oben und trenne sie ab.

❽ Betrachte die Anordnung der inneren Organe (nimm hierzu auch die untere Abbildung zu Hilfe).

❾ Liste tabellarisch die Organe auf und notiere dazu ihr Aussehen sowie ihrer Beschaffenheit.

❿ Versuche herauszufinden, ob du eine weibliche oder eine männliche Forelle präparierst.

C Zusatzaufgaben für Profis:

⓫ **Kiemenbögen I:** Entferne durch einen kräftigen Zug mit der Pinzette einen Kiemenbogen mit Kiemenblättchen und untersuche die verschiedenen Strukturen genau mit der Lupe oder dem Stereomikroskop. Wenn der Kiemenbogen in einer flachen Schale mit Wasser liegt, dann sind die Strukturen meist besser erkennbar. Skizziere den Kiemenbogen.

⓬ **Kiemenbögen II:** Fische ersticken an Land, obwohl dort wesentlich mehr Sauerstoff zur Verfügung steht als im Wasser. Stelle eine Hypothese für diesen Zusammenhang auf.

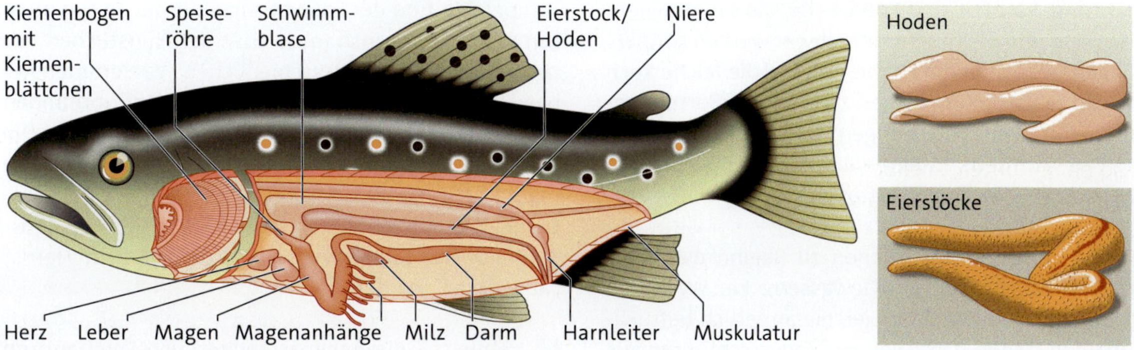

1 Innere Organe einer Forelle

Der Karpfen – angepasst an den Teich

1 Spiegelkarpfen

2 Karpfenteiche in Nordbayern

Der Lebensraum Teich Der Spiegelkarpfen ist eine von mehreren einheimischen Karpfenarten. Er lebt in sauerstoffärmeren, wärmeren Teichen. Ein Teich ist ein stehendes Gewässer, in dem das Wasser nicht oder kaum fließt. Der Karpfen stellt andere Anforderungen an seinen Lebensraum als eine Forelle. So kann er mit wesentlich weniger Sauerstoff auskommen.

Körperbau Auch der Karpfen hat einen stromlinienförmigen Körperbau. Die Form ist aber nicht so stark ausgeprägt wie bei der Forelle. Insgesamt wirkt der Karpfen eher plump, mit einem sehr hohen, gebogenen Rücken. Auch die Körperform steht in einem engen Zusammenhang mit seiner Lebensweise. Da der Karpfen nicht jagt, braucht er nicht unbedingt schnell zu schwimmen. Eine Schwimmblase ermöglicht es ihm, energiesparend im Wasser zu schweben. Ein Karpfen benötigt für die Nahrungssuche weniger Energie und kann daher mit weniger Sauerstoff auskommen. Auch muss er nicht ständig gegen die Strömung anschwimmen.

Ernährung Karpfen sind Friedfische, die bis zu einem Meter lang und 40 Kilogramm schwer werden können. Sie jagen keine anderen Fische. Oft sind die Teiche auch trüb, da die Karpfen mit ihren zwei langen Barteln neben dem Maul im schlammigen Untergrund nach Nahrung wie Würmern, Insektenlarven und pflanzlichem Futter suchen. Sie sind Allesfresser.

Fortpflanzung Karpfen laichen zu Beginn des Sommers in flachen, warmen Gewässern. Ein Weibchen legt ungefähr eine Million Eier, die äußerlich befruchtet werden. Schon nach wenigen Tagen schlüpfen aus den Eiern winzige Fischlarven.

Im späten Herbst, wenn die Wassertemperatur sinkt, beginnen die Karpfen ihre Aktivität zu reduzieren und sich zu Gruppen an tiefen Stellen des Gewässers zusammenzufinden. Den kalten Winter verbringen sie in diesen Gruppen an vor dem Zufrieren geschützten Stellen in Winterruhe. Auf diese Weise sparen sie sehr viel Energie.

Karpfenzucht – ein Fisch als Nutztier Karpfen sind sehr gefragte Speisefische. Deshalb werden sie sehr häufig in künstlich angelegten Teichen gezüchtet. Sehr viele dieser Teiche gibt es in Nordbayern. Auch einzelne Eigenschaften der Karpfen wurden durch die Zucht verändert: So haben viele der Karpfenarten nur noch sehr wenige Schuppen, wodurch die Zubereitung erheblich vereinfacht wird.

Ziel dieser Teichwirtschaft ist es, innerhalb von drei Jahren Karpfen mit einer Größe von ca. 30 Zentimeter und einem Gewicht von ca. 1,5–2 Kilogramm aufzuziehen. Damit die Fische in so kurzer Zeit so stark wachsen, müssen sie optimale Lebensbedingungen haben. Die Temperatur und der Sauerstoffgehalt der Teiche müssen stimmen. Ebenso muss es in den künstlichen Teichen Bereiche mit unterschiedlichen Wassertiefen geben. Vor allem muss ausreichend Futter vorhanden sein. In einem voll besetzten Karpfenteich müssen die Teichwirte daher zufüttern, das heißt, sie geben regelmäßig zur natürlichen Nahrung aus dem Teich z. B. Getreide, Brotstücke oder spezielles Mastfutter ins Wasser. Im dritten Jahr können die Karpfen dann im Herbst „abgefischt“ werden.

1. Vergleiche die Angepasstheiten von Forellen und Karpfen an ihren Lebensraum in einer Tabelle.

Lachse – ein Leben in sehr unterschiedlichen Lebensräumen

Wanderfische Lachse sind ganz besondere Fische. Im Verlauf ihres Lebens müssen sie mit völlig unterschiedlichen Lebensräumen zurechtkommen. Sie verbringen einen Teil ihres Lebens in Süßwasser, einen anderen Teil im Salzwasser der Meere. Auf ihren Wanderungen über mehrere tausend Kilometer sind sie für viele anderen Tiere, zum Beispiel Bären, eine wichtige Nahrungsquelle.

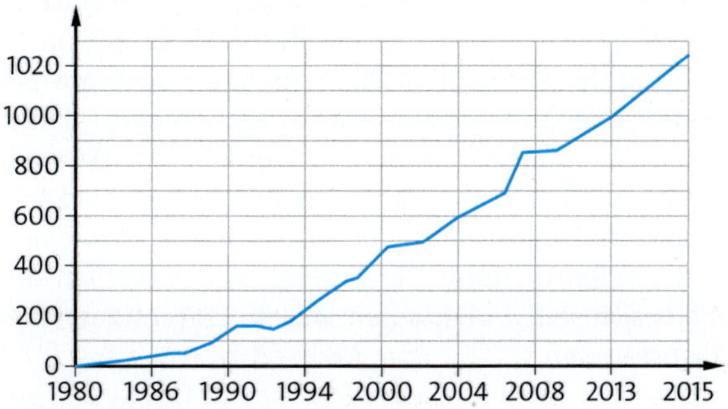

1 Lachsproduktion in Norwegen

Fang und Zucht Lachse sind weltweit die beliebtesten Speisefische. Sie werden daher auch in riesigen Mengen gefangen und außerdem in Lachsfarmen in so genannter „Aquakultur" gezüchtet.

Lachs	Energie (kcal)	Eiweiß (g)	Fett (g)	Natrium (mg)
	230	26	3	60

3 Nährwerte für Alaska-Lachs

Der Lebenszyklus der Alaska-Lachse

1. Im Frühling schlüpfen die Lachse im Laichbett und die Brut beginnt zu schwimmen.
2. Zum Jungfisch herangewachsen, schwimmen einige Arten sofort im Fluss zum Meer, während andere ein bis drei Jahre im Fluss oder See bleiben.
3. Im Meer angekommen, wachsen die Jungfische heran, ernähren sich von Plankton sowie kleinen Fischen und fliehen vor Raubtieren wie Vögeln, Seehunden und Walen.
4. Alaska-Wildlachse wandern tausende von Meilen. Viele Lachse sind nach zwei bis vier Jahren im kalten Seewasser des Nordpazifiks ausgewachsen, wobei diese Zeit je nach Art variiert.
5. Wenn die Lachse ausgewachsen sind, kehren sie jeweils im Sommer durch ihren Heimfinde-Instinkt in die Flüsse ihrer Geburt zurück.
6. An einem optimalen Platz auf dem Flussboden legen die Weibchen eine nach innen gewölbte Fläche an und wählen ein Männchen. Die männlichen Lachse befruchten die Eier sobald das Weibchen laicht. Bald danach sterben die Wildlachse.

4 Lebenszyklus eines Alaska-Lachses

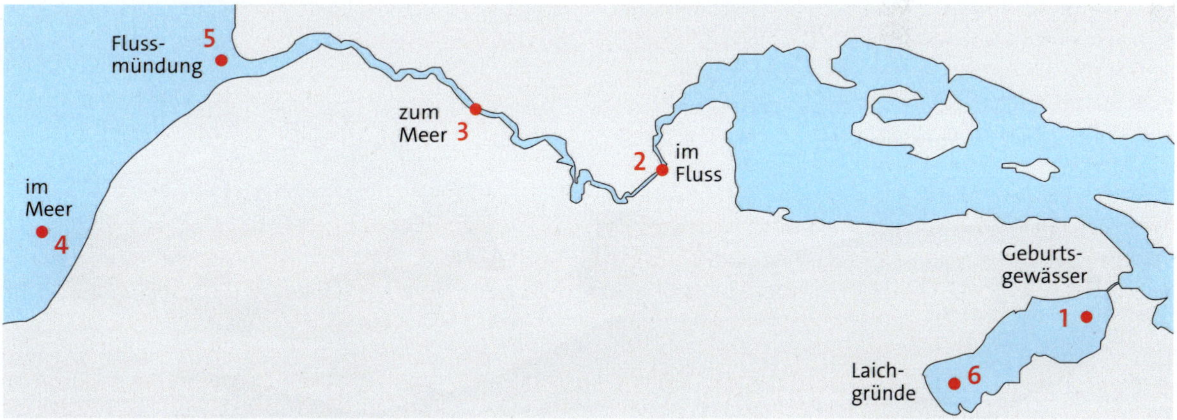

2 Wanderung eines Alaska-Lachses

❶ Übertrage den Lebenszyklus eines Lachses mithilfe von Material 2 und 4 in ein Kreisdiagramm.

❷ Erzeuge mit den Daten aus Material 3 ein Säulendiagramm für die drei Nährstoffe in Lachsen. Beurteile den Beitrag von Lachs zur gesunden Ernährung.

❸ Vor 20 Jahren kostete ein Kilo Lachs im Supermarkt umgerechnet 10 Euro, heute nur noch 5 Euro. Stelle mithilfe von Material 1 eine Vermutung für diese Preisentwicklung auf.

❹ Forelle, Karpfen und Lachs gehören zur Gruppe der Fische. Zähle gemeinsame Kennzeichen auf und vergleiche diese anschließend mit denen auf Seite 42.

Fische auf einen Blick

1 Vielfalt der Fische

Gemeinsame Merkmale Fische gehören zu den Wirbeltieren und sind trotz ihrer großen Vielfalt in Körperbau und den unterschiedlichsten Gewässern, die sie bewohnen, durch gemeinsame Merkmale gekennzeichnet.

Alle Fische haben Flossen zur Fortbewegung. Zusammen mit starken Muskeln und der angepassten stromlinienförmigen Körperform können sie sich optimal im Wasser fortbewegen. Der Körper der Fische ist typischerweise von dachziegelartig übereinander liegenden **knöchernen Schuppen** bedeckt. Die äußere Schleimschicht läßt Fische noch leichter durch das Wasser gleiten und schützt vor dem Eindringen von Krankheitserregern und Verletzungen.

Alle Fische atmen mit Kiemen. Nur aufgrund der starken Oberflächenvergrößerung und der sehr guten Durchblutung der Kiemenblättchen können Fische ausreichend Sauerstoff aus dem Wasser aufnehmen. Da alle Fische **thermokonform** sind, entspricht ihre Körpertemperatur der des umgebenden Wassers. Bei der Fortpflanzung kommt es bei den meisten Fischen zu einer **äußeren Befruchtung**. Die abgelegten **Eier** werden zumeist sich selbst überlassen. Aus ihnen schlüpfen zunächst Larven.

1. Betrachte Abbildung 1 und benenne die als Schattenrisse dargestellten Fische. Nenne weitere Beispiele für Fische in unterschiedlichen Gewässern.

2. Recherchiere, inwieweit die gemeinsamen Merkmale der Fische auf die auf Seite 43 vorgestellten Tiere zutreffen.

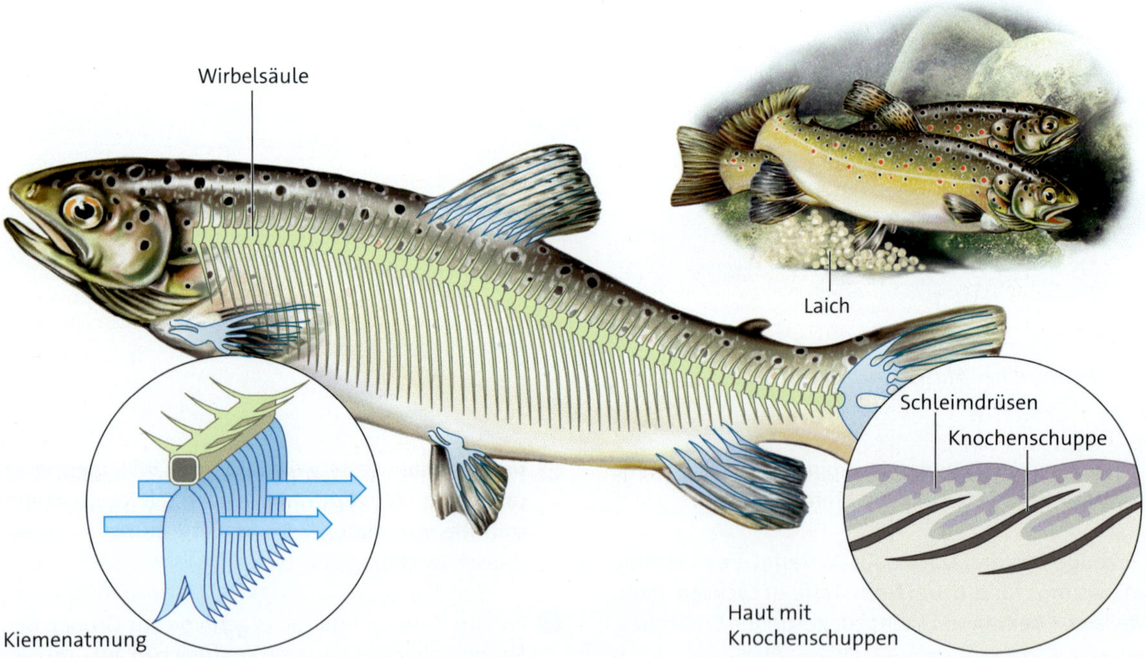

2 Mekmale der Fische

Vielfalt der Fische

Der Hecht

Der einheimische, bis zu 100 Zentimeter lange und 15 Kilogramm schwere und sehr aggressive Raubfisch hält sich gerne in Ufernähe von Fließgewässern, Seen und größeren Teichen auf. Er bevorzugt dort Schilfränder und ähnliche Deckungsmöglichkeiten. Zu seiner Beute gehören viele Fischarten, aber auch Frösche, Vögel und kleinere Säugetiere wie Ratten. Der sehr lang gestreckte Körper ist typischerweise graugrün gefärbt und durchsetzt mit kurzen hellen Streifen.

Der Walhai

Mit einer Länge von bis 15 Metern und einem Gewicht von über zehn Tonnen sind Walhaie die größten auf unserem Planeten lebenden Fische. Sie bevorzugen eine Wassertemperatur zwischen 20 °C und 25 °C und sind weltweit in fast allen warmen, tropischen und subtropischen Meeren verbreitet. Walhaie ernähren sich hauptsächlich von Kleinstlebewesen wie Krebsen und anderen im Meer schwebenden Tieren, die sie aus dem Wasser filtern.

Die Scholle

Der bevorzugte Lebensraum der Scholle ist kühles, salzreiches Meerwasser. Sie lebt in Wassertiefen bis 200 Meter, zum Beispiel in der Nordsee. Die Plattfische suchen nachts nach Nahrung, tagsüber vergraben sie sich oft im Sand. Die Unterseite einer Scholle ist weiß, die Farbe ihrer Oberseite kann sie zur Tarnung der Umgebung anpassen. Zu Beginn ihres Lebens sehen sie aus wie ganz normale Fische. Erst wenn sie einen Zentimeter groß sind, beginnt die langsame Verwandlung zum Plattfisch.

Der Anglerfisch

Wie alle Tiefseefische sind auch Anglerfische an ein Leben in über 500 Meter Meerestiefe angepasst. In der Tiefsee ist die Wassertemperatur immer ungefähr 4 °C, es gibt keine Pflanzen und es ist nahezu vollständig dunkel. Im Laufe der Erdgeschichte haben Tiefseefische wie der Anglerfisch Anpassungen an diesen extremen Lebensraum entwickelt. So besitzen Anglerfische zum Beutefang einen lampenartigen Fortsatz am Kopf. Durch die Bewegung dieses „Köders“ werden Beutefische angelockt.

Wirbeltier – Gleich und doch verschieden

	Fische 	Amphibien 	Reptilien 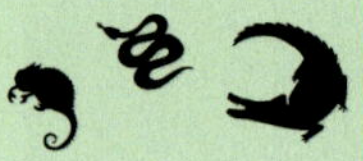	Vögel 	Säugetiere 
Körper-bedeckung				verhornte Haut mit Federn	
Körper-temperatur		thermokonform			
Atmung	Kiemen				
Fortpflanzung			innere Befruchtung		
Individual-entwicklung					lebendgebärend; säugend

1 Gemeinsamkeiten und Unterschiede bei Wirbeltieren

Gemeinsamkeiten und Unterschiede bei Wirbeltieren

Trotz ihrer Gemeinsamkeiten unterscheiden sich die Klassen der einzelnen Wirbeltiere auch grundsätzlich in einigen Merkmalen.

1. Übernimm die Tabelle aus Abbildung 1 im Querformat in dein Heft. Ergänze, welche Merkmale ein Tier jeweils als „Eintrittskarte“ für die verschiedenen Wirbeltierklassen mitbringen muss.

2. Erstelle eine Mindmap, in deren Zentrum der Hund steht (▸2). An die Hauptäste schreibst du Begriffe wie „Blutkreislauf“, „Atmung“, „Körperbedeckung“ und „Fortpflanzung“. An den Verzweigungen der Hauptäste notierst du dann dazu passende Unterbegriffe, zum Beispiel zum Blutkreislauf „Herz“, „Blutgefäße“ … Du kannst deine Mindmap auch mit kleinen Skizzen ergänzen.

3. Beschreibe, was du in deiner Mindmap ändern müsstest, wenn du statt des Hundes einmal ein anderes Säugetier und einmal ein anderes Wirbeltier in die Mitte deiner Mindmap setzt.

4. Nach der Tiergarten-Rallye (▸ S. 12) behauptet Herr Maier, dass alle Gruppen mit ihren Ordnungsvorschlägen recht haben. Begründe mit deinem jetzigen Wissen Herrn Maiers Aussage.

5. Ordne die auf der Seite 45 vorgestellten Wirbeltiere und andere Wirbeltiere, die du kennst, ihrer jeweils passenden Wirbeltierklasse zu. Begründe!

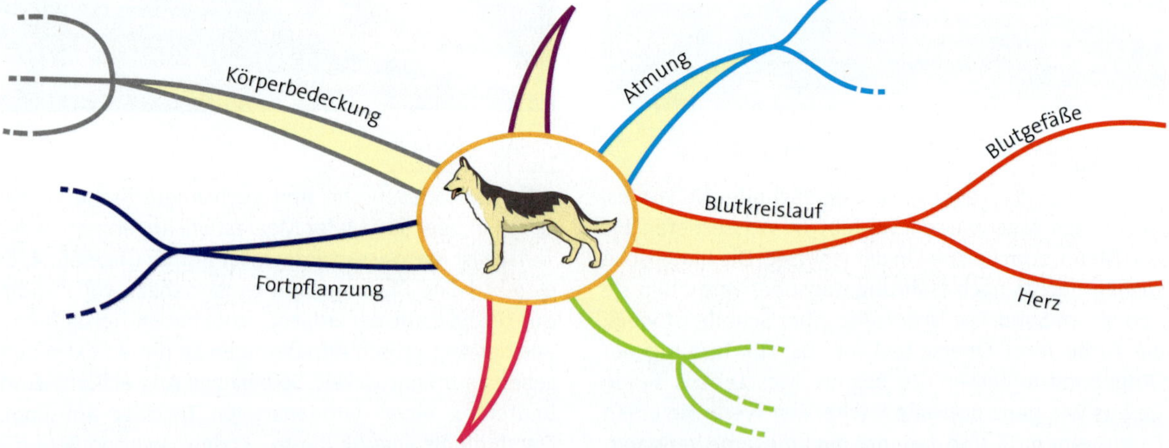

2 Mindmap zu den Merkmalen der Säugetiere

Wirbeltiere in Bayern

Der Europäische Aal

Auch wenn ihr langgestreckter und beweglicher Körper eher an eine Schlange erinnert, gehören Aale nicht zu den Reptilien. Sie besitzen einen durchgehenden Flossensaum und bewegen sich im Wasser schlängelnd vorwärts. Weibchen können eine Körperlänge von bis zu 1,5 Metern erreichen, Männchen werden dagegen nicht einmal halb so groß. Aale können, ähnlich wie Amphibien, Sauerstoff durch die Haut aufnehmen und sind somit in der Lage, sich längere Strecken über Land zu bewegen.

Der Rothirsch

Mit einer Länge von bis zu zwei Metern und einem Gewicht von über 100 Kilogramm gehört der Rothirsch zu den größten Hirscharten. Besonders auffällig ist das große, stark verzweigte Geweih der Männchen, welches zur Paarungszeit im Zweikampf zum Einsatz kommt. Da der Wolf als natürlicher Feind des Rothirsches in Deutschland noch sehr selten ist, müssen die Bestände des Rothirsches vom Menschen durch die Jagd begrenzt werden. Andernfalls könnten Rothirsche große Schäden in Wäldern verursachen.

Das Auerhuhn

Dieses an das Leben im Wald angepasste Wirbeltier ist vor allem durch das auffällige Balzverhalten der Männchen bekannt. Diese können mit einer Körperlänge von einem Meter deutlich größer werden als die Weibchen. Zwischen März und April beginnen sie mit der Balz, wobei die Schwanzfedern weit aufgefächert und aufgestellt werden. Begleitet wird das durch den Balzgesang. Während dieser Zeit sind die Auerhähne sehr aggressiv und greifen sogar Menschen an, die in ihre Reviere eindringen.

Der Nördliche Kammmolch

Mit bis zu 18 Zentimetern ist der Kammmolch ein eher kleiner Vertreter unter den bayerischen Wirbeltieren. Kammmolche sind vor allem in Tümpeln und Weihern anzutreffen, sie kommen mitunter aber auch in ruhigen Seitenarmen von Flüssen vor. Mit ihrem abgeflachten Ruderschwanz können sie sich schlängelnd im Wasser fortbewegen. Zur Paarungszeit wächst dem Männchen ein auffälliger Rückenkamm. Die Weibchen legen Hunderte von gelblichen Eiern in gefaltete Blätter von Wasserpflanzen.

Biodiversität bei Wirbeltieren

Wildschweine sind überaus intelligente und anpassungsfähige Waldbewohner, die zumeist in Gruppen zusammenleben. Ihre Zahl hat sich in Bayern in den vergangenen 40 Jahren mehr als verzehnfacht. Damit ist auch der Schaden für Landwirte gestiegen, da Wildschweine auf Nahrungssuche Teile ihrer Felder umwühlen. Zudem haben auch Unfälle mit Wildschweinen im Straßenverkehr stark zugenommen. Im gleichen Zeitraum hat die Zahl der Kiebitze nicht nur in Bayern stark abgenommen. 2015 wurde die Art auf die Internationale Rote Liste gefährdeter Vogelarten gesetzt.

1 Wildschweine (links), Kiebitz (rechts)

1 Informiere dich über den Lebensraum und die Lebensweise von Wildschweinen und Kiebitzen. Nenne Gründe, warum sich die Anzahl dieser Tiere in den letzten Jahrzehnten so unterschiedlich entwickelt hat.

Im Laufe der Entstehung der Wirbeltiere sind auch einige ungewöhnliche Vertreter, wie zum Beispiel das Schnabeltier, entstanden (▸ 2).

2 Vergleiche die Merkmale des Schnabeltiers mit den Merkmalen a) einer Ringelnatter, b) eines Mäusebussards und c) eines Hundes. Notiere jeweils die gemeinsamen Merkmale. Nutze die Abbildungen 2 und 3 sowie den Steckbrief in Abbildung 4.

3 Begründe, weshalb du Schwierigkeiten hast, das Schnabeltier einer der dir bekannten Wirbeltiergruppen zuzuordnen.

2 Das Schnabeltier, ein ungewöhnliches Wirbeltier

4 In einer Tageszeitung wurde über das Schnabeltier mit folgender Überschrift berichtet: „Die eierlegende Wollmilchente – Säuger, Vogel, Reptil, das Schnabeltier hat von allem etwas." Bewerte diese Überschrift. Erläutere hierbei welche falsche Vorstellung eventuell entstehen könnte.

5 Neben dem Schnabeltier gibt es viele weitere Beispiele für Wirbeltiere, die aufgrund verschiedener Abwandlungen vom Grundbauplan an ihren Lebensraum angepasst sind. Beschreibe diese Abwandlung bei a) dem Blauwal, b) dem Axolotl und c) der Scholle. Nutze dazu die entsprechenden Seiten (21, 37, 43).

3 Verschiedene Merkmale des Schnabeltiers

Steckbrief: Schnabeltier
Das Schnabeltier kommt im Osten Australiens vor, wird bis zu zehn Jahre alt und 50 Zentimeter groß. Es hat einen glatten, biegsamen Schnabel, mit dem es Krabben und Würmer jagt. Sein feines Fell ist stark wasserabweisend. Zur Fortpflanzung legt es Eier mit pergamentartiger Schale ab. Nach dem Schlüpfen werden die Jungen von der Mutter mit Milch gesäugt.

4 Steckbrief zum Schnabeltier

Für einen Schulwettbewerb wollt ihr eine Fotoreportage mit dem Titel „Wirbeltiere im Fokus" gestalten. Der erste Schritt: Es müssen gute Fotos geschossen werden. Außerdem wollt ihr Spannendes über die jeweiligen Tiere herausfinden.

6 Es geht los! Eine Liste mit Tieren und ein Kartenausschnitt der Umgebung (▶ 5) liegen bereit. Ordne in einer Tabelle zu, in welchem Bereich der Karte man die Lebewesen a) bis g) am wahrscheinlichsten findet, und begründe deine Entscheidung. Sind dir die Tiere unbekannt, musst du deren Lebensweise zunächst recherchieren.

a. Mäusebussard
b. Wildkaninchen
c. Rotkehlchen
d. Äsche
e. Blindschleiche
f. Karpfen
g. Laubfrosch

7 Ein Bauer gibt euch einen Tipp: „Wildkaninchen gibt's hier kaum noch. Schaut lieber mal im Stadtpark nach." Stelle eine Hypothese auf, weshalb die Anzahl der Kaninchen im natürlichen Lebensraum zurückgeht, dafür aber in der Stadt in Parks stark steigt.

8 Das Vorkommen der Kaninchen interessiert euch genauer: Entwirf ein Experiment, mit dem man die Fragestellung: „Wie viele Kaninchen leben auf dem Feld beziehungsweise in der Stadt?", untersuchen kann. Notiere mögliche Probleme, die bei der Umsetzung entstehen könnten.

Gesagt, getan. Aus eurem Beobachtungsexperiment aus Aufgabe 8 habt ihr folgende Daten erhalten:

Beobachtung (je) 1h	Stadt	Feld
1.	5	8
2.	24	9
3.	15	7
4.	17	12

9 Stelle die Daten in einem geeignetem Diagramm dar und erläutere die gefundenen Zusammenhänge.

10 Auf dem Feld vor der Waldgrenze (▶ 5) sollen Windkraftanlagen aufgestellt werden. In einem Leserbrief der Tageszeitung wird gewarnt: „Die Windkraftanlagen sind für den Mäusebussard bestandsgefährdend." Beschreibe die Lebensweise des Mäusebussards und finde eine mögliche Erklärung für die Behauptung des Leserbriefes. Erkläre den Begriff „bestandsgefährdend".

11 In einem großen Umweltprojekt wurde in den letzten Jahren ein Teil des Flussuferbereichs zur einem Auwald mit vielen kleinen Seen und Seitenarmen umgestaltet. Erläutere, weshalb sich Umweltschützer dadurch eine Zunahme der Arten versprechen, und welche Wirbeltiere in diesem Lebensraum bevorzugt leben werden.

12 Eure Fotoreportage ist fast fertig. Es fehlen nur noch Informationen zu den Tieren d) und e) aus Aufgabe 6. Recherchiere dazu im Internet und erstelle jeweils einen Steckbrief.

5 Kartenausschnitt

Verwandtschaft der Wirbeltiere und Evolution

Erst langsam setzte sich die Einsicht durch, dass sich die heute lebenden Arten im Verlauf sehr langer Zeiträume aus anderen, früher lebenden Arten entwickelt haben. Heute arbeiten weltweit Paläontologen und Biologen daran, mithilfe von Fossilien diese Entwicklung, die man Evolution nennt, aufzuklären. Daraus entwerfen sie die Geschichte des Lebens. Ein für uns besonders spannender Abschnitt ist dabei die Geschichte der Wirbeltiere.

1. Begründe, welchen heute lebenden Tieren du als Hobbypaläontologe den Tieren auf den Fotos zuordnen würdest.

2. Nenne Bezeichnungen, die auf ausgestorbene Tierarten hinweisen.

Verwandtschaft ermitteln und Übersicht gewinnen durch Ordnen

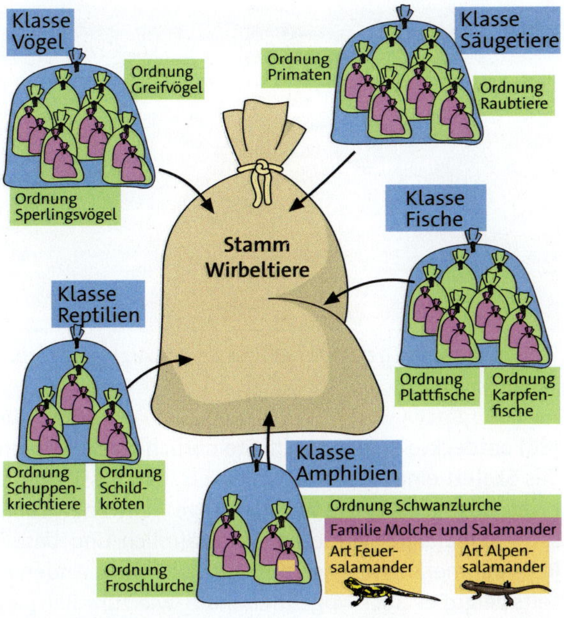

1 Wirbeltiere ordnen

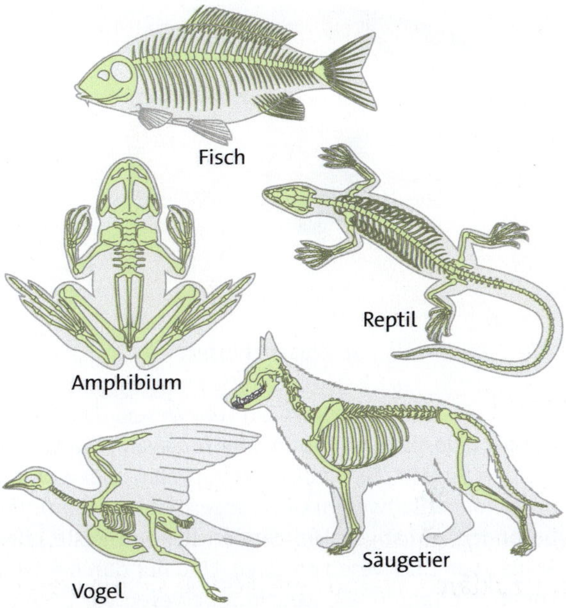

2 Gemeinsamkeiten der Wirbeltiere

Nach Ähnlichkeit ordnen Bereits in der 5. Klasse hast du erfahren, wie Biologen ordnen. Sie fassen Lebewesen zu Gruppen zusammen. Die Mitglieder einer Gruppe sollen dabei einander so ähnlich wie möglich sein.

Beispiel: Alle Tiere, die einen langgestreckten Körper mit vier Gliedmaßen, einen runden Schwanz und eine dünne, feuchte, schwarze Haut mit gelben Flecken besitzen, kann man zur **Art** Feuersalamander zusammenfassen.

Die ganz schwarz gefärbten Alpensalamander unterscheiden sich in einigen Merkmalen von der Art Feuersalamander. Sie bilden eine eigene Art.
Alle Salamander fasst man mit weiteren Molcharten zu einer Gruppe, der **Familie** Molche und Salamander, zusammen. Gemeinsam mit anderen Familien werden sie der **Ordnung** Schwanzlurche zugeordnet. Diese bildet zusammen mit einer anderen großen Ordnung, der Ordnung Froschlurche, die **Klasse** der Amphibien (▶ S. 36).
Auf entsprechende Weise erhält man die Klassen Fische, Reptilien, Säugetiere und Vögel.

1. Recherchiere, was Biologen unter dem Begriff „Art" verstehen.

2. Wenn du die Bauteile der einzelnen Wirbeltierklassen in Abbildung 2 aufmerksam vergleichst, wirst du gemeinsame Merkmale erkennen. Nenne diese Gemeinsamkeiten.

Alle Wirbeltiere sind miteinander verwandt Trotz beträchtlicher Unterschiede fassen die Biologen die Klassen Amphibien, Fische, Reptilien, Vögel und Säugetiere in einer noch umfangreicheren Ähnlichkeitsgruppe zusammen, dem **Stamm Wirbeltiere** (▶1). Dafür ist ein gemeinsames Merkmal, die Wirbelsäule, entscheidend. Wirbeltiere haben außer der Wirbelsäule auch ein Knocheninnenskelett, zwei paar Gliedmaßen, ein von einem Schädel geschütztes Gehirn, ein Rückenmark und ein geschlossenes Blutkreislaufsystem. Diese Gemeinsamkeiten lassen auf einen gemeinsamen Vorfahren, ein „Urwirbeltier", schließen. Aus diesem Urwirbeltier entwickelten sich in den letzten ca. 500 Millionen Jahren nach und nach neue Wirbeltierarten, die jeweils an andere Lebensräume angepasst waren. Aus diesen neu entstandenen Arten entwickelten sich wieder andere Arten und aus diesen wieder andere bis zur heutigen Artenvielfalt der Wirbeltiere. Jede neue Art zeigte Veränderungen oder neue Eigenschaften. „Bewährte Erfindungen" wie die Wirbelsäule, das Linsenauge oder der Blutkreislauf blieben aber bei allen Wirbeltieren erhalten – wenn auch oft in einer an den jeweiligen Lebensraum angepassten Form. Heute gibt es über 67000 Wirbeltierarten. Dies sind nach Schätzungen etwa ein Prozent aller Wirbeltierarten, die im Verlauf der Evolution erschienen sind.

3. Manche Tierarten sind einander ähnlicher als andere. Erkläre dies mithilfe ihrer Abstammungsgeschichte.

Fossilien erzählen die Geschichte des Lebens

1 In Bernstein eingeschlossenes Insekt

2 Bei Solnhofen gefundenes Fossil eines Archaeopterix

Glücksfall Fossilien Kaum ein Lebewesen, das jemals auf der Erde lebte, hat Spuren hinterlassen. Die Körper wurden zersetzt. Selbst Skelette zerfielen oder wurden unter tonnenschwerem Gestein zermahlen. Nur unter besonders günstigen Umständen bleiben Reste oder Spuren von Lebewesen erhalten. Und nur durch solche Fossilien erfahren wir, welche Lebewesen vor unserer Zeit auf der Erde lebten. Aus manchen Abschnitten der Erdgeschichte haben wir bisher nur sehr wenig Fossilien. Oft fehlen so wichtige Teile im Puzzle der Geschichte des Lebens und die Paläontologen können nur einen lückenhaften Stammbaum aufstellen.

Es gibt verschiedene Arten von Fossilien Fossilien können Fußspuren oder auch Knochen und Zähne sein. Durch besondere Umstände kann der gesamte Körper eines Lebewesens konserviert werden. Bekannt sind Mumien, die in Gletschereis, in Mooren oder sehr trockenen Höhlen überdauerten. Auch durch Einschluss in flüssiges Harz, das später zu Bernstein erstarrte, blieben Tiere und Pflanzen erhalten (▸ 1). Fossilien aus weiter zurückliegenden Abschnitten der Erdgeschichte sind jedoch immer Versteinerungen. Sie entstanden vor allem im Bereich von Meeren oder Seen. Tote Tiere sanken auf den Grund des Gewässers und wurden meist mit Schlamm oder Sand bedeckt. Harte Körperbestandteile wie Schuppen, Knochen, Zähne oder Schalen blieben erhalten, Muskeln und andere weiche Gewebe wurden langsam durch Bakterien zersetzt. Im Lauf der Zeit lagerten sich immer mehr Schlamm und Sand über dem entstehenden Fossil ab. Oft bildeten sich mehrere hundert Meter mächtige Schichten. Durch den zunehmenden Druck wandelte sich der anfangs weiche Schlamm und Sand in den unteren Schichten in hartes Gestein um. Die Knochen und anderen Hartteile der Fossilien wurden ebenfalls versteinert und blieben dadurch erhalten. Bekannte Fundstellen für Fossilien in Deutschland sind die Grube Messel bei Darmstadt, Holzmaden in der Nähe von Stuttgart, Solnhofen und Eichstätt in Bayern.

Archaeopteryx – ein weltberühmtes Fossil Im Jahr 1861 entdeckte man in einem Steinbruch bei Solnhofen das Skelett eines kleinen Wirbeltiers. Das Fossil besaß zwei Flügel, Federn und eine lange Schwanzwirbelsäule. Einerseits wirkte es saurierähnlich und besaß Reptilienmerkmale, wie zum Beispiel Zähne. Andererseits zeigte es auch Vogelmerkmale, wie zum Beispiel Schwungfedern und eine nach hinten gerichtete erste Zehe (▸ 2). Da man annahm, es sei der Vorfahr der Vögel, nannte man es Urvogel oder Archaeopteryx (von griechisch archaios: alt, pteryx: Feder). Im Gebiet von Solnhofen und Eichstätt fand man inzwischen weitere Exemplare des Archaeopteryx. Im paläontologischen Museum in München befindet sich ein Exemplar, ein anderes im Jura-Museum in Eichstätt.

1. Wie entstehen Fossilien? Zeichne weitere Einzelbilder der angefangenen Filmleiste:

3 Entstehung von Fossilien – leider ist der Film gerissen ...

2. Du hast an verschiedenen Stellen eines Steinbruchs Fossilien gefunden und möchtest wissen, welches Fundstück älter ist. Begründe deine Überlegungen.

3. Erläutere, inwiefern Fossilienfunde etwas über die Entwicklung von Arten aussagen können.

4. Informiere dich im Internet über die im Text genannten Fossilienfundstellen in Deutschland.

Haustier Hund

1 Spürhund

Erfolg durch Zucht Viele Hunde haben außergewöhnliche Fähigkeiten, die sie von ihren Vorfahren geerbt haben und die sich der Mensch zunutze macht. So hilft zum Beispiel der hervorragende Geruchssinn vieler Hunde – von Wölfen einst zur Orientierung im dichten Wald genutzt – dem Menschen heute beim Auffinden von verschütteten Personen oder Schmuggelware beim Zoll.

1. Beschreibe, welche besondere Eigenschaft von Hunden der Mensch bei den Beispielen auf den Bildern auf dieser Seite jeweils nutzt.

2. Gib weitere Beispiele an, wie Menschen sich Hunde zunutze machen.

2 Rettungshund

3 Blindenhund

4 Familienhund

Haustier Hund Der Hund ist bei uns ein beliebtes Haustier. Viele Menschen verbringen mit ihrem Hund ihre Freizeit. Man kann mit ihm spielen und ihn streicheln.

3. Bevor man sich für einen Hund entscheidet, muss man sich aber sicher sein, dass man die Bedürfnisse des neuen Familienmitglieds auch erfüllen kann. Recherchiere und erstelle eine passende Checkliste.

4. Eine Familie kann sich nicht entscheiden, ob sie ihren Hund beim Züchter kaufen soll oder lieber einem Hund aus dem Tierheim ein neues Zuhause geben will. Erstelle eine Liste mit Vor- und Nachteilen dieser beiden Alternativen für die Familie und das Tier.

5 Schulhund

6 Schlittenhunde

Artgerechte Tierhaltung?

Hühner sind das häufigste Haustier des Menschen und werden von ihm schon seit Jahrtausenden gezüchtet. Von den über 180 Rassen in Europa werden allerdings nur wenige in der industriellen Landwirtschaft genutzt. Bei ihrer Züchtung wurde vor allem darauf geachtet, dass Legehennen mit möglichst wenig Futter viele Eier legen oder Masthühner schnell wachsen.
Allen Hühnern haben jedoch bestimmte angeborene Verhaltensweisen gemeinsam: so ziehen sie sich zur Eiablage in Nester zurück, bebrüten ihre Eier, bevorzugen hochgelegene Schlafplätze und scharren meist am Boden bevor sie nach Futter picken. Hühner sind während der Nahrungssuche zudem sehr wachsam und halten sich gerne in Landschaften auf, in denen sie sich gut vor Feinden verstecken können.

2 *Kleingruppenhaltung*

1. Erstelle ein Info-Plakat zu den in Abbildung 2 bis 5 dargestellten Haltungsformen von Hühnern. Recherchiere dazu, wie viel Platz eine Henne jeweils hat und inwieweit ihre Haltung den oben beschriebenen natürlichen Verhaltensweisen entspricht. Gib dabei auch an, welche Haltungsformen bei uns in Deutschland erlaubt sind.

2. Recherchiere, was der Stempel auf dem Ei (►1) über die Haltungsform des Huhns und seinen Herkunftsort verrät.

3 *Bodenhaltung*

1 *Der Stempel gibt Auskunft über Haltung und Herkunft*

4 *Freilandhaltung*

3. Vergleiche in einem Einkaufsmarkt die Preise von Eiern aus den verschiedenen Haltungen und erkläre die Unterschiede.

4. Für Profis: Eine Tierschutzorganisation fordert dazu auf, nur noch Eier aus Bio-Haltung zu kaufen. Bewerte diese Forderung.

5. Für Profis: Stelle eine Hypothese auf, warum Hühner in Freilandhaltung oft mehr Stress ausgesetzt sind, als Hühner in Bodenhaltung.

5 *Bio-Haltung*

Verwandtschaft der Wirbeltiere und Evolution

1 Wirbeltiere und wirbellose Tiere

1 Für ein Schulplakat zum Thema „Wirbeltiere in unserer Heimat“ hat ein Mitschüler ein paar Fotos aus dem Internet herausgesucht (▶1). Bewerte die Auswahl und begründe, weshalb du ein Foto für geeignet oder für nicht geeignet hälst.

2 Fossil eines Tyrannosaurus rex

Im Jahr 2012 wurde in den USA in Montana ein Fossil des Tyrannosaurus rex gefunden. Das Skelett ist seit 2015 im Museum für Naturkunde in Berlin zu sehen.

2 Erkläre, was ein Fossil ist, und erläutere, wie Fossilien entstehen.

3 Erläutere anhand erkennbarer Merkmale, weshalb der Tyranosaurus rex zu den Wirbeltieren gezählt wird, und ordne ihn einer Wirbeltierklasse zu.

4 Die Abstammungsgeschichte von Lebewesen wird oft durch Stammbäume beschrieben. Schreibe mit der Information aus der Abbildung 3 einen Text über die Evolution der Säugetiere.

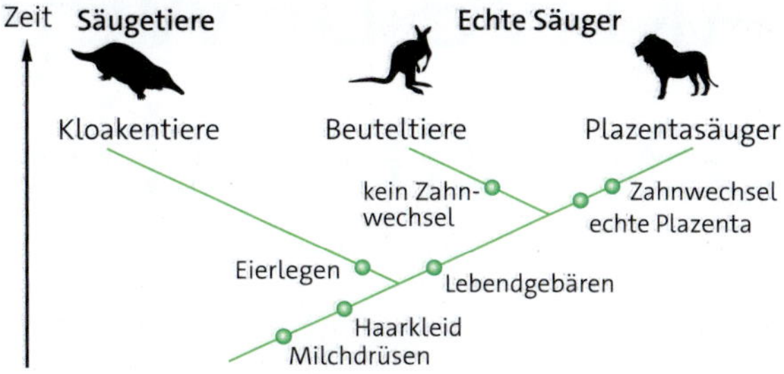

3 Stammbaum der Säugetiere

5 Vergleiche die Abbildung 3 mit dem Stammbaum auf der Seite 51. Mache einen Vorschlag, wie man beide Stammbäume zu einer Grafik zusammenfassen könnte.

6 Das Aufstellen von Stammbäumen ist ein komplizierter wissenschaftlicher Vorgang. Nenne Informationsquellen und Methoden, die Wissenschaftlern beim Aufstellen solcher Stammbäume nutzen.

Zur Besiedlung des Landes war eine pergamentartige Eierschale, die es heute noch bei Reptilien gibt, ein wesentlicher Vorteil gegenüber dem ungeschützten Laich der Amphibien.

7 Erkläre den Vorteil einer pergamentartigen Eischale im Lebensraum Land.

8 Stelle mithilfe der Informationen auf der Seite 52 eine Hypothese auf, wie sich das Merkmal pergamentartige Eier entwickelt haben könnte.

4 Zeichen auf Bio-Produkten

Die Massentierhaltung wird heute von vielen kritisiert. Mittlerweile kann man in fast jedem Supermarkt Bio-Produkte kaufen, die unterschiedlich gekennzeichnet sind, wie zum Beispiel in Abbildung 4.

9 Ist Bio gleich Bio? Recherchiere im Internet weitere Kennzeichnungen für Bio-Produkte und informiere dich über ihre jeweiligen Aussagen zur Tierhaltung.

10 Vergleiche im Supermarkt Preise von Bio- und Nicht-Bioprodukten bei Fisch, Geflügel und Schweinefleisch. Erkläre die Unterschiede.

Aktive Bewegung bei Wirbeltieren

Die Frage, woran man Tiere erkennt, wird meist mit „Tiere bewegen sich" beantwortet. Pflanzen bewegen sich zwar auch, aber dies ist viel weniger augenscheinlich. Die aktive Bewegung von Tieren scheint für das Überleben eines Tieres wichtig zu sein. Tiere bewegen sich, um vor Fressfeinden zu fliehen oder um selbst Nahrung zu suchen oder zu jagen. Um sich erfolgreich fortzupflanzen, müssen Tiere einen Partner finden, ein Revier verteidigen und sich um die Versorgung der Nachkommen kümmern. Für all diese Aktivitäten ist es fast immer nötig, dass sich ein Tier selber aktiv fortbewegen kann, egal ob im Wasser, an Land oder in der Luft.

1. Nenne die verschiedenen Gründe, weshalb sich die abgebildeten Lebewesen bewegen.

2. Ordne die verschiedenen abgebildeten Lebensräume in Gruppen ein und beschreibe die Lebensbedingungen der jeweiligen Lebensräume.

3. Betrachte die abgebildeten Tiere und nenne die Besonderheiten im Körperbau für die Fortbewegung im jeweiligen Lebensraum.

4. Nenne jeweils die Tiergruppe, die typischerweise in der Luft, im Wasser und an Land vorkommt.

5. Nicht-Biologen denken, dass alle im Wasser lebenden Tiere wie Wale, Pinguine, Hechte, Delfine oder Thunfische, Fische sind. Biologen hingegen sehen das anders. Finde Gründe dafür, dass Biologen die genannten Tiere verschiedenen Tiergruppen zuordnen.

Vorteile durch aktive Fortbewegung

1 Katzenmutter trägt ihr Junges weg

„Erfolg im Leben", biologisch betrachtet Ein Lebewesen ist, mit der Biologenbrille betrachtet, dann erfolgreich, wenn es im Laufe seines Lebens eine möglichst große Anzahl an Nachkommen hat. Biologen verstehen unter „Erfolg im Leben haben", dass möglichst viele Erbinformationen eines Lebewesens in der nächsten Generation vorhanden sind.
Um sich jedoch erfolgreich fortpflanzen zu können, muss ein Lebewesen zunächst überleben. Hierfür muss es Informationen aus der Umwelt aufnehmen und zweckmäßig darauf reagieren, zum Beispiel in Form einer Bewegung.

1. Stell dir vor, die oben abgebildete Katze wäre durch den Zauberspruch des Zauberers Immobilus plötzlich bewegungsunfähig. Beschreibe die Probleme der Katze, die sich nun nicht mehr bewegen kann.

Auf der Suche nach Nahrung Ohne aktive Bewegung müssten Tiere warten, bis Essbares zufällig in ihre Nähe kommt. Durch Bewegung erhöhen sie die Wahrscheinlichkeit, Nahrung zu finden. Deshalb schreitet der Weißstorch im See umher. Wenn er einen Frosch entdeckt hat, erbeutet er ihn so wie in der Abbildung.

2 Weißstorch fängt Frosch

Aus der Sicht des Frosches ist die **aktive Flucht** vor dem Beutegreifer, dem Storch, überlebenswichtig.
Da im Winter für ihn keine ausreichende Nahrung mehr vorhanden ist, fliegt der Weißstorch jährlich etwa 10 000 Kilometer nach Afrika, um von seinem Brutquartier bei uns in Nordeuropa zu seinem Winterquartier zu kommen.
Auch andere Tiere wandern weit, beispielsweise die Aale, die Lachse oder die Gnus. Da Gnus fast ausschließlich Gras fressen, müssen sie, wenn ein Weideplatz abgefressen ist, in der Serengeti Afrikas bis zu 600 Kilometer weit umherziehen.

3 Kampf ums Revier

Um Nachkommen kümmern Um Nachkommen zu erzeugen, benötigen alle Tiere, die sich geschlechtlich fortpflanzen, einen Partner, der gefunden und umworben werden muss. Außerdem besitzen viele Tiere, so auch die Amsel, ein Revier, das erobert und verteidigt werden muss. Auch die Nachkommen müssen beschützt und versorgt werden. Für all diese Lebensäußerungen ist es vorteilhaft, wenn sich ein Lebewesen aktiv fortbewegen kann. Bei mit GPS-Sendern ausgestatteten Jungwölfen in der sächsischen Lausitz, die ihr Rudel verlassen haben, wurde sogar beobachtet, dass sie in etwa zwei Monaten 1550 Kilometer zurücklegten. Das sind täglich bis zu 70 Kilometer.

2. Um Bewegung ging es auch schon in der fünften Jahrgangsstufe. Erinnere dich und nenne die Organsysteme, die zusammenarbeiten müssen, damit Bewegung möglich ist.

3. Für Profis: Die Verteilung von Früchten erfolgt bei vielen Pflanzen auch durch „Bewegung". Vergleiche die Bewegung der Katze mit der „Bewegung" der Haselnüsse bei ihrer Verbreitung.

Fortbewegung auf dem Land

Lebensbedingungen an Land Die Schwerkraft zieht den Körper eines Tieres in Richtung Erdmittelpunkt. Dadurch ist die Fortbewegung an einen anderen Ort erschwert. Je größer die Masse eines Tieres ist, desto größer ist die Erdanziehungskraft und umso schwieriger die Fortbewegung. Das Tier muss Kraft aufwenden, um der Erdanziehungskraft entgegenzuwirken. Schaut man sich die landlebenden Wirbeltiere an, so findet man verschiedene „Tricks", wie die Tiere diese Erdanziehungskraft überwinden und vorwärts kommen.

1 Landlebende Wirbeltiere: Eidechse und Fuchs

Gliedmaßen tragen und bewegen den Körper Zunächst waren diejenigen Landwirbeltiere im Überlebensvorteil, die ihren Körper vom Boden abheben und nach vorne schieben konnten. Die „Erfindung" der Fortbewegung mithilfe von Gliedmaßen war ein wichtiger Schritt bei der Besiedlung des Landes. Gliedmaßen in Form von vier Beinen heben den Körper vom Boden ab und bewegen ihn vorwärts. Durch die Gliederung in drei Hauptabschnitte – Oberschenkel, Unterschenkel und Fuß – sind die Gliedmaßen ausreichend beweglich. Schulter- und Beckengürtel sorgen für eine stabile Verbindung mit der Wirbelsäule und damit mit dem Rumpf.

Kriechen – der Rumpf hat noch Bodenkontakt Bei den Amphibien und teilweise bei den heute lebenden Reptilien setzen die Gliedmaßen seitlich am Rumpf an und heben ihn deshalb nicht vollständig vom Boden ab. Diese Art der Bewegung bezeichnet man als Kriechen. Die Vorwärtsbewegung wird dabei durch seitliches Durchbiegen der Wirbelsäule unterstützt. Da der Rumpf beim Kriechen teilweise auf dem Boden schleift, geht Bewegungsenergie durch Reibung verloren.

Schlängeln – Kriechen ohne Beine Bei vielen Reptilienarten sind die Gliedmaßen zurückgebildet. Wahrscheinlich wurde aus dem Nachteil „Bodenreibung" ein Vorteil. Tiere, die zufällig keine Gliedmaßen hatten, nutzten die Bodenreibung zur Fortbewegung. Dies ist bei Schlangen und Blindschleichen der Fall. Bei den Blindschleichen sind die Beinansätze sogar noch zu erkennen.

Erfolgskonstruktion Gliedmaßen unter dem Körper Da die Dinosaurier ausgestorben sind, weisen heute nur noch die Vögel und Säugetiere diese Erfolgskonstruktion auf.

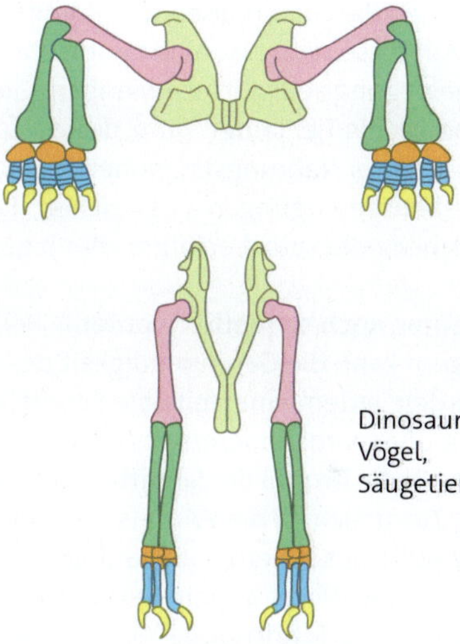

2 Beinstellung Reptil und Säuger

1. Vergleiche die Bilder der Skelettkonstruktion von Reptilien mit denen der frühen Säugetiere und benenne die Unterschiede.

2. Für Profis: Finde diejenige Skelettkonstruktion heraus, die größere Schritte und ein schnelles Laufen ermöglicht. Stelle dafür mit Draht vereinfachte Modelle der beiden abgebildeten Skelettkonstruktionen her (▶ 2). Zeichne die Konstruktion ins Heft und notiere die Ergebnisse.
Drücke mit dem Zeigefinger von oben in der Mitte auf die beiden Drahtkonstruktionen. Benenne diejenige Konstruktion, die den Körper mit geringerem Kraft- und Energieaufwand tragen kann.
Vervollständige dann den folgenden Satz: Je weniger sich der Draht durchbiegt, desto ..., weil ... .

3 Jagender Gepard

Laufen Nur noch die Füße berühren den Boden. Als schnellere und auch energiegünstigere Fortbewegungsform entwickelte sich vor allem bei den Säugetieren das Laufen. Dabei heben die Gliedmaßen den Rumpf ganz vom Boden ab. Auf diese Weise ist eine rasche und ausdauernde Fortbewegung selbst in schwierigem Gelände möglich. Je besser ein Tier laufen kann, desto leichter kann es bei Wasser- oder Nahrungsknappheit in Gebiete mit besseren Lebensbedingungen ausweichen, Fressfeinden entkommen oder selbst erfolgreicher jagen.

Wie können Läufer noch schneller werden? Bei den laufenden Säugern kann die Geschwindigkeit des Laufens erhöht werden, indem einerseits die **Schrittlänge eines Schrittes** größer wird. Andererseits kann auch die Frequenz, das heißt die **Anzahl der Schritte pro Minute**, erhöht werden. Zusätzlich ist die Wirbelsäule der Säuger nicht mehr seitlich, sondern „auf und ab" stärker beweglich. Durch das Mitbewegen der Wirbelsäule kann ein Gepard seine Schrittlänge noch zusätzlich stark vergrößern.

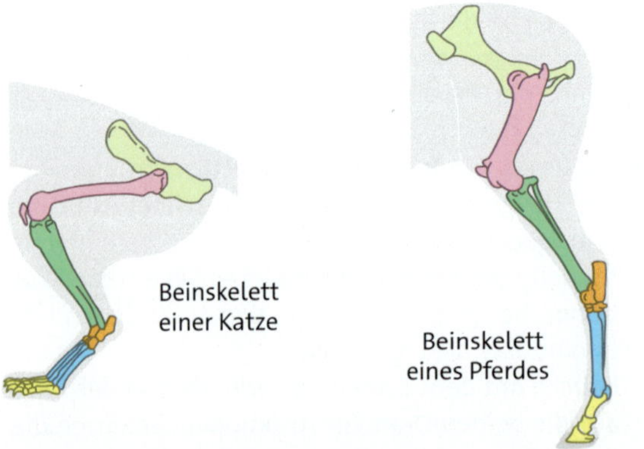

4 Skelett Gliedmaße Pferd und Katze im Vergleich

3 Überlege mithilfe von Abbildung 4, wodurch die Schrittlänge beim Pferd im Vergleich zum Gepard noch größer werden kann. **Tipp:** Benenne den Teil des Fußes, der den Boden berührt.

Die Schrittlänge kann auch durch das **Verlängern der Gliedmaßen** selbst erhöht werden, beispielsweise bei einem Pferd oder einem Zebra. Damit die verlängerten Gliedmaßen der Unpaarhufer nicht instabil werden, sind sie verstärkt oder verwachsen.

Ausdauer oder Geschwindigkeit? Auch bei den Läufern müssen Kompromisse gemacht werden. Die schwere muskulöse Pranke eines Tigers ist eine gute Tötungswaffe. Sie muss jedoch beim schnellen Laufen bewegt werden. Der Tiger kann zwar schnell, aber nicht ausdauernd jagen. Er ist ein Sprinter. Der Hund hingegen hat rumpfnahe, kleinere Muskeln, deren lange Sehnen an den Zehen ansetzen. Die Beine werden wie über Seilzüge bewegt. Dadurch wird der Hund zu einem ausdauernden Langstreckenläufer. Da sich seine Pfoten jedoch nicht als Tötungswaffe eignen, gelingt das Schlagen einer größeren Beute nur im Rudel.

4 Für Profis: Hat ein Gepard auch nach fünf Jagdversuchen keinen Erfolg, muss er in der Regel verhungern. Diskutiere, ob er einen Vorteil hätte, wenn er mehr Energie in Form von Fett speichern würde.

5 Junges Känguru im Sprung

Springen – statt vieler Schritte ein Stück durch die Luft Viele Amphibien- und Säugetierarten können sich mit den Hintergliedmaßen vom Boden abstoßen und springend eine kurze Strecke in der Luft zurücklegen. Je kräftiger ihre Beinmuskeln sind und je länger das Bein ist, desto besser wird der Körper beim Abstoßen beschleunigt und umso weiter ist der Sprung. Alle guten Springer haben daher lange und muskulöse Hinterbeine. Der afrikanische Spitzmaulfrosch schafft bis zu 3,60 Meter weite Sprünge. Kaninchen springen über sieben Meter weit. Kängurus sind vollständig zu einer springenden Fortbewegung übergegangen. Sie bewegen sich nur noch auf zwei Beinen und erreichen mit Sprüngen von mehr als 13 Metern eine Spitzengeschwindigkeit von 65 Kilometern in der Stunde.

Laufvögel

1 Emu, Strauß und Nandu, drei flugunfähige Vögel

Laufvögel – Vögel, die nicht mehr fliegen können Ein ausgewachsener Mäusebussard wiegt 1,4 Kilogramm. Der schwerste flugfähige Vogel der Welt ist die in Mitteleuropa lebende, 16 Kilogramm schwere Großtrappe. Der flugunfähige Afrikanische Strauß hat eine Masse von bis zu 150 Kilogramm. Da stellt sich die Frage, wie es zu der Entwicklung der flugunfähigen Laufvögel gekommen sein könnte.

Die größten flugunfähigen Laufvögel findet man in drei weit voneinander entfernt liegenden Kontinenten. Den **Strauß** in Afrika, den **Nandu** in Südamerika und den **Emu** in Australien. Alle drei können nicht fliegen und haben die folgenden Körpermerkmale:

- Die Knochen ihres Flügelskeletts sind ebenso miteinander verwachsen wie die Flügelknochen flugfähiger Vögel.
- Die Federn dienen lediglich der Wärmeisolation, trotzdem sind die Flügelfedern genauso angeordnet wie die Federn funktionsfähiger Flügel.
- Alle drei besitzen einen Schnabel aus Horn.
- Die Federn sind nicht funktionsfähig, da die Haken an den Strahlen der Federästchen fehlen (▸ S. 66). Es kann keine belastbare Flugflügelfläche gebildet werden.

1 Wie könnten sich die Laufvögel entwickelt haben? Wissenschaftler haben zwei Vermutungen, die überprüft werden müssen: **A:** Laufvögel sind keine echten Vögel und sind von Anfang an gelaufen. **B:** Laufvögel sind Vögel, die in der Geschichte des Lebens ihre Flugfähigkeit verloren haben. Überprüfe die beiden Vermutungen, indem du das Wissen über die Körpermerkmale der flugunfähigen Vögel anwendest.

2 Emu, Strauß und Nandu leben zwar auf verschiedenen Kontinenten, aber alle in offenen Grassteppen oder Halbwüsten. Betrachte die Beine der drei Vögel und erkläre, weshalb sie jedem Säugetier, das sie verfolgt, meist entkommen.

2 Kiwi aus den Wäldern Neuseelands

Kiwis oder **Schnepfenstrauße** sind flugunfähige, nachtaktive Vögel in den Wäldern Neuseelands. Kiwis bewohnen Baue am Boden und leben fast ausschließlich nachtaktiv. Sie ernähren sich sehr vielseitig, zeigen aber eine Vorliebe für Regenwürmer und andere kleine, im Boden lebende Tiere. Besonders auffällig ist, dass sie ihr Revier mit übel riechenden Duftmarken markieren. Das Federkleid der Kiwis ist eine Art grober Pelz, die Strahlen der Federn haben keine Haken mehr und werden zur Spitze hin immer härter, haarartiger und wasserfester. Einige Federn am Schnabelansatz sind borstig und ermöglichen dem Vogel, seinen Weg in der Dunkelheit zu ertasten.

3 Bis auf zwei Fledermausarten gab es auf Neuseeland ursprünglich keine Säugetiere. Diese gelangten erst mit dem Menschen auf die Inseln. Vergleiche die Lebensweise des Kiwis mit der des Dachses und erkläre, wie es zu der Entwicklung des Kiwis in Neuseeland gekommen sein könnte.

INFO: Dachs Nachtaktives räuberisches Säugetier aus der Familie der Marder – bewohnt umfangreiche Baue meist an Hängen von Waldrändern – nutzt seine Schnurrhaare unter anderem zur Orientierung im Dunklen – markiert seine Reviergrenzen mit einem stark riechenden Sekret – ernährt sich je nach Jahreszeit von mehr tierischer oder pflanzlicher Nahrung, häufig aber von Regenwürmern.

Fortbewegung in der Luft

1 Möwe, im Wind stehend

Den Luftraum zur Fortbewegung nutzen Damit ein Lebewesen ohne Energieaufwand in der Luft schwebt, müsste die Masse des Lebewesens genauso groß sein wie die Masse der Luft, deren Platz es einnimmt. Würde die Masse des Lebewesens kleiner sein als die Masse der Luft, deren Raum es einnimmt, so würde es aufsteigen. Da Lebewesen aber aus Zellen bestehen, die in ihrem Inneren Wasser, genauer gesagt Zellplasma, enthalten, kann selbst das allerkleinste Lebewesen nicht in der Luft bleiben. Es würde zu Boden fallen.

Die Schwerkraft überwinden Wir wissen, dass ein Vogel trotz seiner „Leichtbauweise" eine viel größere Masse hat als die Luft, deren Raum er einnimmt. Somit müsste die zum Erdmittelpunkt gerichtete **Erdanziehungskraft** den Vogel auf dem Boden „festhalten" (► 2a). Je größer die Masse eines Lebewesens ist, desto größer ist die wirkende Erdanziehungskraft. Flieger müssen folglich für zusätzliche Auftriebskräfte sorgen. Schlägt die Möwe kräftig genug mit den Flügeln, steigt sie auf und kann sich in der Luft halten. Da die Möwe nicht plötzlich leichter geworden sein kann, muss sie durch die Flügelbewegungen eine nach oben gerichtete Auftriebskraft erzeugt haben. Diese ist größer als die nach unten gerichtete Erdanziehungskraft. Man sagt, der Auftrieb hat sich vergrößert (► 2b).

2 Kräftiger Flügelschlag erzeugt den nötigen Auftrieb

Einmal in der Luft können sich Vögel auch ohne ständigen Flügelschlag in der Luft halten. Möwen beispielsweise „stehen" häufig mit ausgebreiteten Flügeln minutenlang im Wind (► 1). Wie erzeugen sie die dabei notwendige zusätzliche Auftriebskraft? Ein Modellversuch hilft bei der Klärung dieser Frage.

PRAKTIKUM

Modellversuch „Vogelflügel"

Durchführung: Aus Papier und einem Buch stellt man ein einfaches Modell eines Vogelflügels her.

1. Vergleiche den Möwenflügel (► 1) mit dem hergestellten Modell. Formuliere die Forscherfrage, die mit dem Modellversuch beantwortet werden soll.
2. Blase den Modellflügel von vorn an, notiere deine Beobachtungen und leite eine Schlussfolgerung ab.

Genauso wie am Modellflügel könnte der Vorgang bei der Möwe erfolgen:

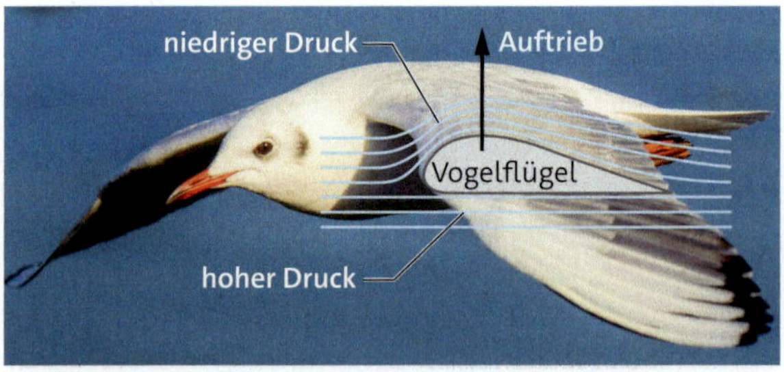

3 Entstehung der dynamischen Auftriebskraft

Der von vorn kommende Wind streicht an den gewölbten Flügeln der Möwe entlang. Es entsteht dadurch eine zusätzliche, nach oben wirkende Kraft, die als **dynamische Auftriebskraft** (von griechisch dynamis: Kraft, Bewegung) bezeichnet wird. Diese wirkt immer senkrecht zur anströmenden Luft. An gewölbten Flügeln, wie bei Vögeln, ist diese viel größer als an flachen Tragflächen. Die Größe der dynamischen Auftriebskraft hängt von der Geschwindigkeit der Luftströmung sowie von Größe, Form, Wölbung und Stellung des Flügels ab.

Flugmethoden Gleitflug, Segelflug, Schlagflug

Eine Amsel, die am Boden nach Nahrung sucht und vor einer Katze flüchtet, muss mit den Flügeln schlagen, um ausreichend Auftriebskraft für den Start zu erzeugen. Steuert sie dagegen von einem Hausdach aus den Rasen an, gleitet sie mit ausgebreiteten Flügeln ohne Flügelschlag herab. Manche Vogelarten, zum Beispiel den Mäusebussard, kann man häufig ohne Flügelschlag sogar aufwärts segelnd beobachten. Vögel und andere fliegende Tiere erzeugen also die Auftriebskraft zum Fliegen je nach Situation auf verschiedene Weise.

1 Gleitflug beim Basstölpel

Gleitflug: energiesparend, aber mit Höhenverlust Die meisten Vögel sind in der Lage, sich mit ausgebreiteten Flügeln durch die Luft zu bewegen, ohne mit den Flügeln zu schlagen. Wenn sie dabei an Höhe verlieren, spricht man von Gleitflug. Gleiten ist eine energiegünstige Flugform, die auch bei völliger Windstille möglich ist. Man kann sie nicht nur bei Vögeln, sondern auch bei manchen Säugetieren, zum Beispiel Flughörnchen, und sogar bei einzelnen Amphibien-, Reptilien- und Fischarten beobachten.

1 Alle Säugetier-, Amphibien- und Reptilienarten, die gleiten können, sind baumlebend. Überlege dir eine Erklärung dafür.

2 Übertrage die Skizze in dein Heft und zeichne den Gleitflug ein für einen Vogel, der
A bei gleicher Flügelfläche schwerer ist.
B bei gleicher Masse eine größere Flügelfläche hat.

2 Segelflug beim Weißstorch

Segelflug: „kostenlos" nach oben Manche Vogelarten, wie beispielsweise Weißstörche (▶2), können nicht nur gleiten, sondern mit ausgebreiteten Flügeln und ohne jeden Flügelschlag sogar nach oben steigen. Bei diesem Segelflug ist logischerweise die Auftriebskraft größer als die Erdanziehungskraft. Der „Trick" besteht darin, eine vorhandene Luftströmung zur Auftriebserzeugung zu nutzen. Wie diese Luftströmung entstehen kann, zeigt der Modellversuch links.

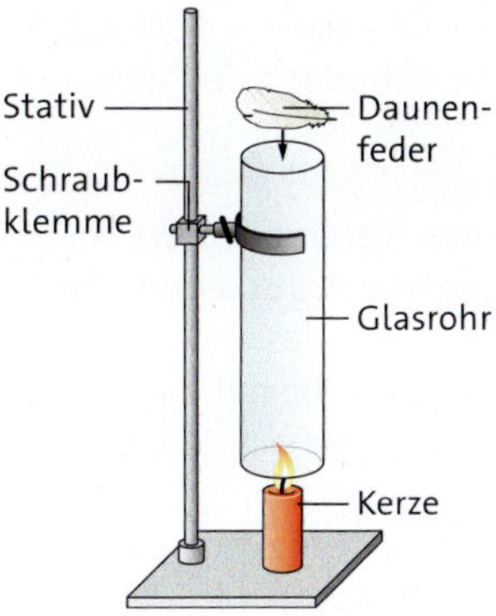

3 Modellexperiment zur Thermik

Die im Glasrohr durch die Kerze erwärmte Luft ist viel wärmer als die Luft in der Umgebung außerhalb des Glasrohres. Infolgedessen steigt die warme Luft im Glasrohr nach oben. Dabei entsteht eine aufsteigende Luftströmung, die als Thermik oder Wärme-Aufwind bezeichnet wird. Diese reißt im Modellexperiment die Daunenfeder mit nach oben. Eben diese aufsteigende Strömung nutzen thermische Segelflieger aus. In der Natur wird sie durch die Sonneneinstrahlung hervorgerufen: Wenn die Sonne den Boden erwärmt, erwärmt sich auch die Luftschicht direkt darüber und steigt auf.
Aufsteigende Luftströmungen oder Aufwinde können aber auch ohne Temperaturunterschiede entstehen. Beispielsweise wenn Wind an einem Hindernis wie einem Hang nach oben abgelenkt wird. Diese aufsteigenden Luftströmungen nutzen Segelflieger wie die Weißstörche auf ihrem Weg nach Afrika oder die Mäusebussarde im Winter aus, um ihre Energiereserven für andere Lebensvorgänge zu „sparen".

Federn

Das Untersuchen ist eine wichtige Methode in der Biologie. Um die Funktion der Schwungfeder zu verstehen, muss man sich die Strukturen der Feder genauer ansehen. Mit Hilfsmitteln wie einer Lupe können auch Strukturen untersucht werden, die mit dem bloßen Auge nicht zu erkennen sind.

So-geht's-Schritte:

1. Betrachtung ohne Hilfsmittel Nimm dazu die Schwungfeder in die Hand und sieh sie dir von allen Seiten genau an.

2. Anfertigung einer Überblicksskizze Schreibe oben auf das Blatt den Namen des Objekts sowie das Datum. Lege die Schwungfeder vor dich hin und skizziere mit Bleistift, was du siehst.

3. Beschriftung der Skizze Beschrifte deine Skizze, indem du zu jedem Bauteil mit dem Lineal einen Strich ziehst und am Rand der Skizze die Namen der Bauteile notierst. Hierfür kann dir die Abbildung der Schwungfeder eine Hilfe sein (▸1).

4. Vergrößerung mit der Lupe Verwende jetzt die Lupe, um feinere Strukturen der Feder zu erkennen. Halte die Lupe vor ein Auge und schließe das andere. Nimm die Feder in die andere Hand und gehe mit der Lupe so nahe an die Feder heran, bis du sie scharf siehst.

5. Untersuchung Zupfe die Federfahne auf der einen Seite auseinander und betrachte sie mit der Lupe. Streiche sie dann wieder zusammen und betrachte sie erneut. Ergänze deine Skizze. Beschreibe deine Beobachtung und erkläre den biologischen Sinn dieser Bauweise mithilfe von Abbildung 1.

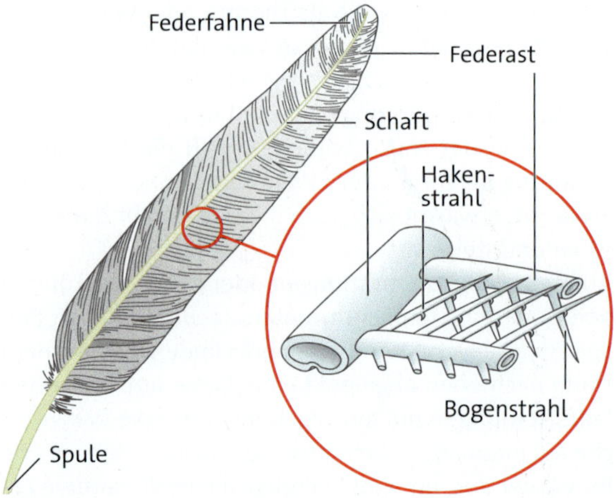

1 Bau einer Schwungfeder

1 Bionik: Die Natur als Ideengeber
Konstruiere auf der Basis deines neuen Wissens einen immer wieder verschließbaren Mechanismus, der an Kleidern angebracht werden kann. Fertige dazu eine Konstruktionsskizze in deinem Heft an.

2 Untersuche eine Daunenfeder und vergleiche sie mit der Schwungfeder. Leite aus dem Bau der beiden Federtypen deren Eigenschaften ab.

3 Zeichne den Umriss eines Vogelkörpers in dein Heft und markiere Stellen am Vogelkörper, an denen Schwungfedern und Daunenfedern zu finden sein sollten.

A Luftdurchlässigkeit einer Schwungfeder

Material: Kerze, Schwungfeder, Strohhalm

Durchführung:
Versuche mit einem Strohhalm eine brennende Kerze auszupusten, während du eine Vogelfeder zwischen den Strohhalm und die Kerze hältst.

4 Notiere die Beobachtung und erkläre diese, indem du das Wissen über den Bau einer Feder einsetzt.

B Halten Federn trocken?

Material: Schwungfeder, Pipette, Wasser, Seifenlauge

Durchführung:
Gib mithilfe der Pipette einige Tropfen Wasser auf die Feder.

5 Beschreibe deine Beobachtung und erläutere, welche Bedeutung dies für Wasservögel hat. Benetze deine Finger mit Seifenlauge und reibe die Feder vorsichtig damit ab. Schüttele sie anschließend trocken und wiederhole den Versuch.

6 Beschreibe die Unterschiede zum ersten Versuch.

Andere fliegende Wirbeltiere

1 Schmucknatter beim Flug

„Fliegende" Schlangen

Der Luftraum bietet mit den vielen fliegenden Insekten ein großes Nahrungsangebot. Außerdem ist Fliegen die beste Möglichkeit, einem jagenden Land- oder Wassertier zu entkommen. Vögel sind, wie du sicher weißt, nicht die einzigen fliegenden Wirbeltiere. Die Schmuckbaumnattern zum Beispiel gleiten bis zu 30 Meter weit von Baum zu Baum. Dabei platten die Schlangen ihren Körper ab, um von Bäumen herab schlängelnd durch die Luft zu gleiten. Sogar lenken können sie im Flug.

3 Fliegender Fisch im Gleitflug

Fliegende Fische

Werden fliegende Fische von Beutegreifern gejagt und zur Flucht gezwungen, durchbrechen die schnellen Schwimmer die Wasseroberfläche und lassen ihre Fressfeinde mithilfe großer Brustflossen im schnellen Gleitflug bis zu 50 Meter weit hinter sich. Allerdings lauern im Luftraum teilweise auch sehr wendige Fregattvögeln auf die Beute. Eine andere Fischart, die kleinen Beilbauchfische, setzten ihre muskulösen Brustflossen außerhalb des Wassers sogar als Schlagflügel ein.

2 Gleitender Wallace-Flugfrosch auf Borneo

Fliegende Amphibien

Flugfrösche nutzen ihre großen Schwimmhäute zum Gleiten. Mithilfe dieser Flughäute zwischen den Zehen können sie bis zu 20 Meter weit gleiten. Der Wallace-Flugfrosch ist nach dem britischen Naturforscher Alfred Russel Wallace benannt, der um die Mitte des 19. Jahrhunderts die ersten Exemplare dieses Flugfroschs nach Europa schickte.

4 Gleithörnchen im südlichen Finnland

Fliegende Säugetiere

Die Gleit- oder Flughörnchen sind Nagetiere, ähnlich wie unsere Eichhörnchen, und somit Säugetiere. Zwischen ihren Vorder- und Hinterbeinen spannt sich eine Gleithaut. Diese wirkt wie ein Gleitschirm, wenn sie von einem Ast springen. Gleithörnchen besitzen einen langen, breiten und buschigen Schwanz, der als Steuer dient. Sie können Strecken von bis zu 50 Meter zurücklegen.

1. Beschreibe, wie die Tragfläche bei den abgebildeten Tieren jeweils zustande kommt.

2. Vergleiche die Tragflächen von Gleithörnchen und Fledermaus (► S. 21).

3. Für Profis: Erkläre, welche Rolle die Schwanzflosse beim fliegenden Fisch für den Auftrieb spielt.

4. Nenne Gründe, warum Vögel für gewöhnlich bessere Flieger sind, als die hier abgebildeten Tiere.

Fortbewegung im Wasser

1 Der Weiße Hai hat eine Stromlinienform.

2 Karpfen in seinem Lebensraum

Energie sparen durch die Körperform Für Menschen ist Schwimmen eine kraftraubende Fortbewegungsart. Beobachtet man jedoch Fische in einem Aquarium, scheinen sie ohne große Anstrengung im Wasser vorwärts zu kommen. Messungen haben ergeben, dass Menschen bei gleicher Schwimmgeschwindigkeit tatsächlich ungefähr 30-mal so viel Energie benötigen wie vergleichbar große Fische. Ein Grund dafür ist natürlich, dass menschliche Arme und Beine, selbst bei Spitzenathleten, nie so wirksam arbeiten wie Fischflossen. Aber auch der große Widerstand, den das Wasser allen Lebewesen entgegensetzt, die sich in ihm fortbewegen, spielt eine große Rolle. Wie Fische diesen Widerstand durch ihre Körperform verringern, lässt sich durch einen einfachen Versuch zeigen.

PRAKTIKUM

Welche Körperform hat den geringsten Wasserwiderstand?

1. Stelle eine Hypothese auf, welche Körperform wohl den geringsten Wasserwiderstand hat.

2. Überlege dir ein Experiment, um deine Hypothese zu überprüfen. Wähle dazu aus folgendem Material deine benötigten Gerätschaften aus:
   Waage, Knete, Büroklammern, zwei mit Wasser gefüllte Standzylinder, Stativ mit zwei Klemmen, Bindfaden, Gewicht mit Haken, Stoppuhr

3. Halte die Versuchsergebnisse in einer Tabelle fest. Welche Körperform eignet sich am besten für die Fortbewegung im Wasser? Begründe deine Aussage.

4. Erkläre, ob die Knete-Stückchen für diesen Versuch gleich schwer sein müssen.

Energie sparen durch glatte Oberflächen Bei den meisten Fischarten sind die Schuppen von einer dünnen, mit Schleim bedeckten Hautschicht überzogen. Als Schmiermittel verringert der Schleim die Reibung zwischen Fischkörper und Wasser um mehr als die Hälfte und erleichtert so das Vorwärtskommen erheblich. Zusätzlich schützt der Schleim auch vor dem Befall durch krankheitserregende Bakterien und Pilze.

Wirksamer Antrieb durch Flossen Fische treiben ihren Körper durch schlängelnde Körperbewegungen und vor allem durch ihre Flossen an. Dabei wird das Wasser zur Seite und nach hinten weggedrückt. Der Fischkörper gleitet nach vorn. Schnelle und ausdauernde Schwimmer wie Forelle, Lachs oder Thunfisch bewegen sich hauptsächlich durch kraftvolle Schläge von Schwanz und Schwanzflosse vorwärts. Das für die Schwanzschläge nötige Durchbiegen des Körpers wird durch mächtige Muskelpakete bewirkt. Die übrigen Flossen dienen vor allem zur Stabilisierung im Wasser, zum Steuern, Bremsen und zu langsameren, genau kontrollierten Bewegungen.

5. Stellt euch zu zweit hintereinander auf. Die Arme des Vorderen ahmen die Bewegungen der Brustflossen, die des Hinteren die der Bauchflossen nach. Bewegt nun eure Arme so, wie der Karpfen seine Flossen bewegen müsste, um
   A einmal langsam und einmal schnell nach rechts zu schwimmen,
   B auf der Stelle zu wenden und
   C rückwärts zu schwimmen.

6. Der Hecht ist ein Jäger, der seine Beute auf kurzer Strecke blitzschnell erbeutet (► S. 43). Erkläre, wie dies durch die weit hinten liegenden Brust- und Afterflossen unterstützt wird.

Andere schwimmende Wirbeltiere

1 Schwimmender Kammmolch

Schwimmende Amphibien

Auch Amphibien wie Frösche und Molche sind gute Schwimmer. Molche drücken das Wasser mit schlängelnden Bewegungen ihres Körpers und ihres langen Schwanzes nach hinten weg. Wie den Fischen hilft ihnen die schleimbedeckte Körperoberfläche sowie ihre Stromlinienform, den Wasserwiderstand zu verringern. Bei Fröschen erkennt man ihre Stromlinienform erst, wenn sie langgestreckt durch das Wasser gleiten (▶ 2). Den Schwung dafür erzeugen sie, indem sie ihre langen, starken Hinterbeine schnell durchstrecken. Dabei drücken sie sich mit ihren großen Schwimmhäuten am Wasser ab.

2 Stromlinienform eines Wasserfrosches

Vom Land ins Wasser – Lebensraumänderung mit Folgen

Auch bei Reptilien, Vögeln und Säugetieren gibt es Arten, die ganz oder teilweise im Wasser leben. Ihre Vorfahren waren an Land lebende Tiere, die sich zunehmend von im Wasser vorhandener Nahrung ernährten. Diejenigen, die an den Lebensraum Wasser besser angepasst waren – sich beispielsweise im Wasser ohne größeren Energiebedarf schneller fortbewegen konnten –, hatten zum Beispiel bei der Jagd Vorteile und damit auch mehr Nachkommen mit diesen vorteilhaften Eigenschaften. Im Lauf vieler Millionen Jahre entstanden so bei ihnen zahlreiche Angepasstheiten an das Leben im Wasser.

3 Das Nilkrokodil ist ein schneller Schwimmer.

Schwimmende Reptilien

Das Nilkrokodil ist mit bis zu 6,5 Metern Länge das größte Krokodil Afrikas. Es bewohnt Gewässer in ganz Afrika und ernährt sich größtenteils von Fischen. Beim Schwimmen bewegt sich das Krokodil schlängelnd vorwärts. Die Vorderbeine werden hierbei an den Körper gedrückt, um eine Stromlinienform zu erhalten. Mit seinem kräftigen, seitlich abgeflachten Ruderschwanz kann es bis auf 35 Stundenkilometer beschleunigen. Nilkrokodile können so auch große Säugetiere wie Zebras erbeuten, wenn diese zum Trinken ans Wasser kommen oder auf Nahrungssuche Flüsse und Bäche durchqueren.

4 Pinguine sind ausgezeichnete Schwimmer.

Schwimmende Vögel

Pinguine schlagen beim Schwimmen unter Wasser mit ihren Flügeln, ähnlich wie andere Vögel beim Fliegen. Als schnelle und wendige Schwimmer erbeuten sie vor allem Fische, die sie noch unter Wasser verschlucken. Pinguine können bei Sprüngen aus dem Wasser sogar Höhen von bis zu 1,80 Metern überwinden. Auch beim Tauchen zeigen manche Pinguine erstaunliche Leistungen: Kaiserpinguine tauchen zum Beispiel über 500 Meter tief und bleiben dabei bis zu 20 Minuten unter Wasser. Durch ihre kurzen Beine bewegen sie sich an Land meist watschelnd fort. Auf dem Eis können sie auch gut vorwärtskommen, indem sie auf dem Bauch bergab schlittern.

Ideen aus der Natur – Bionik

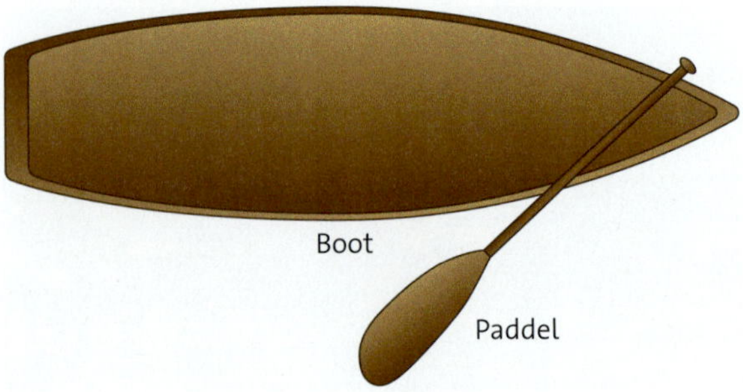

1 Boot und Paddel

❶ Betrachte Abbildung 1 und erkläre, was den Menschen der Steinzeit vermutlich als Vorbild für die ersten Boote und Paddel gedient hat.

Vorbild Natur Vermutlich nahmen sich schon die Jäger der Steinzeit beim Bau ihrer Boote die Natur als Vorbild. Aber auch in vielen anderen Bereichen kann der Mensch von der Natur etwas lernen. In Jahrmillionen sind bei Tieren und Pflanzen vielfältige Angepasstheiten entstanden, mit denen sie die unterschiedlichsten Lebensbedingungen und Lebensweisen erfolgreich bewältigen. Naturwissenschaftler und Ingenieure versuchen daher gezielt, durch Beobachtung und Untersuchung von Lebewesen, Ideen für die Lösung technischer Probleme zu gewinnen. Dieser Wissenschaftszweig wird Bionik (von Biologie und Technik) genannt und ist ein vielversprechendes Forschungsgebiet, von dem man sich überraschende Erkenntnisse erhofft.

Beispiel Hafthaare Geckos und Spinnen können an Wänden und Decken laufen. Möglich machen das unzählige kleinste Nanohärchen auf ihren Sohlen (► 2).
Dieses Prinzip bietet in der Technik sehr viele Anwendungsmöglichkeiten für jede Art von Befestigungen, wiederverwendbare selbsthaftende Folien oder sogar Kletter-Roboter für Inspektionen in engen Kabel- und Rohrleitungsschächten.

2 Nanohärchen an der Fußsohle geben dem Gecko Halt.

3 Vorbild Adler und Flugzeugflügel mit Winglet

Beispiel aufgebogene Flügelenden Flugzeuge mit wie bei Vögeln gewölbtem Flügelquerschnitt haben genug Auftrieb, um aufzusteigen. Doch große Luftwirbel an den Flügelenden bremsen und erhöhen den Treibstoffbedarf. Viele Vögel vermeiden solche Luftwirbel, indem sie ihre Flügelenden auseinanderspreizen. Bei Flugzeugen kann man mit aufgebogenen Flügelenden tatsächlich eine ähnliche Wirkung erzielen (► 3) und so den Treibstoffverbrauch um rund fünf Prozent senken.

4 Yacht mit Riblet-Folie und Vorbild Haihaut

Beispiel Haihauteffekt Lange dachte man, dass glatte Oberflächen weniger Reibung erzeugen. Die Haut von schnell schwimmenden Haien ist aber nicht glatt, sondern weist feine Rillen auf (► 4). Experimente zeigen, dass dadurch viele kleine Wasserwirbel an der Hautoberfläche entstehen. Bei glatter Haut würden sich zwar weniger, aber deutlich größere Wasserwirbel bilden und den Haikörper stärker bremsen. Inzwischen hat man Folien entwickelt, deren Oberfläche der Haihaut ähnelt (Riblet-Folien). Damit beklebte Schiffe werden schneller, und Flugzeuge, die mit einer Lackierung mit Riblet-Struktur-Lack lackiert sind, verbrauchen im Jahr bis zu 200 Tonnen weniger Treibstoff.

❷ Schwimmanzüge mit Riblet-Oberflächenstruktur führten zu einer Flut an Schwimmrekorden. Heute sind solche Anzüge verboten. Bewerte diese Entscheidung der Sportverbände.

Fortbewegung bei Wirbeltieren

1 Vervollständige die Sätze mithilfe der Begriffe aus der Auswahl.

I	*Das Fortbewegen mit Gliedmaßen ist besonders energiesparend wenn ...*
II	*Tiere bewegen sich fort, um ...*
III	*Zu den Fortbewegungsstrategien an Land zählen ...*
IV	*Das Fliegen der Vögel wird ermöglicht durch ...*
V	*Die Schwanzflosse bei Fischen dient meist ...*

Auswahl: Flugbewegungen, Nahrung suchen, sich fortpflanzen, Kriechen, vor Fressfeinden fliehen, Laufen, Flügelform, Springen, Gliedmaßen unter dem Körper, Vortrieb

2 Ordne anhand der Form der Gliedmaßen die in der Abbildung 1 gezeigten Lebewesen den verschiedenen Fortbewegungsarten zu.

3 Erläutere anhand der körperlichen Merkmale, welche Lebensräume die Tiere aus Abbildung 1 bewohnen.

Hecht und Karpfen sind beides Fische, die in heimischen Seen leben (siehe Seite 40 und 43). Im Gegensatz zum Karpfen ist der Hecht ein Raubfisch, der aus seinem Versteck hervorschnellt, um andere Fische zu jagen.

4 Vergleiche die Köperform beider Fische in Hinblick auf die Stromlinienform.

5 Hecht und Karpfen sind an ihre Lebensweise angepasst. Erläutere mithilfe des Diagramms, weshalb die Stromlinienform für den Hecht eine wesentlich größere Rolle spielt (▶ 2).

Der Luchs ist nach Bär und Wolf das größte Landraubtier Europas. Nachdem er in Deutschland fast ausgerottet wurde, versucht man heute durch Wiederansiedlungsprogramme die Rückkehr des Luchses zu ermöglichen.

6 Wissenschaftler möchten nun herausfinden wie viele Luchse es gibt und wo sie sich aufhalten. Nenne mithilfe der Abbildung 4 die Techniken, die dafür eingesetzt werden, und beschreibe deren Vor- und Nachteile.

7 Erläutere, weshalb es für die Wissenschaftler wichtig ist zu erfahren, in welchen Bereichen sich wie viele Luchse bewegen.

1 Unterschiedliche Fortbewegungsstrategien

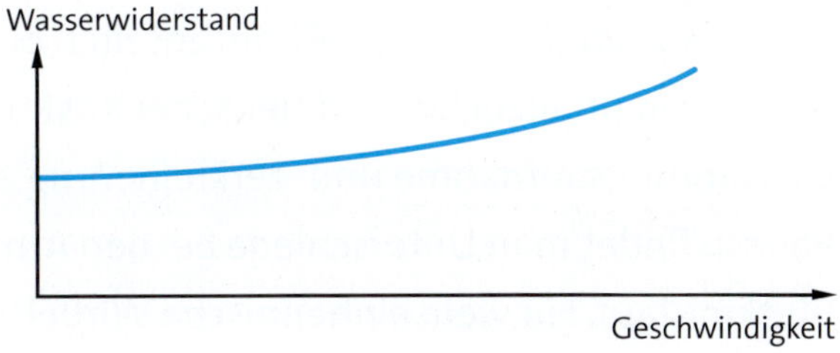

2 Wasserwiderstand und Geschwindigkeit

3 Der Luchs

4 Verschiedene Möglichkeiten zur Luchserfassung

Stoffaufnahme für Energieversorgung und Wachstum

Ob Mäusebussard, Fischadler oder Barsch, Braunbär oder Galapagos-Leguan – alle Tiere benötigen Baustoffe und Energie für Lebensvorgänge. Daher müssen sie Nährstoffe und Sauerstoff in den Körper aufnehmen. Die Jäger unter ihnen beziehen ihre Nährstoffe aus dem Fleisch erbeuteter Tiere. Andere leben von Pflanzenteilen oder ernähren sich als Allesfresser von pflanzlicher und tierischer Kost. Je nach Nahrungsart erfolgt die Nahrungsaufnahme und -zerkleinerung auf verschiedene Weise. Ebenso findet man Unterschiede bei den Atmungsorganen und dem Blutkreislauf. Für viele einheimische Wirbeltierarten stellt die Energieversorgung im Winter eine besondere Herausforderung dar.

5 *Kernbeißer mit seinem Muskelmagen*

6 *Eichhörnchen mit Nuss*

Samen öffnen – ein Aufwand, der sich lohnt In den Pflanzensamen sind Proteine, Fette und Kohlenhydrate in konzentrierter Form als „Startkapital" für den Pflanzenembryo gespeichert. Der Embryo ist durch eine Samenschale geschützt, die auch die Nährstoffe mit umschließt. Unter den Wirbeltieren sind nur Vögel und Säugetiere in der Lage, diese hochwertigen, aber sehr widerstandsfähigen „Energiepakete" zu öffnen. Tauben und Hühner weichen aufgepickte Samen im Kropf ein. Der Kropf ist eine Erweiterung der Speiseröhre, die bei den meisten Vögeln vorkommt.
Finken und andere Körnerfresser können kleinere Samen mit ihrem kegelförmigen Schnabel öffnen.

Dem größten einheimischen **Finkenvogel**, dem Kernbeißer, gelingt es sogar, auf diese Weise Kirschkerne zu zerbrechen. Eine dem Kauen der Säugetiere vergleichbare gründliche Zerkleinerung der Samen findet bei vielen Körnerfressern jedoch erst im unteren Teil des Magens, dem **Muskelmagen**, statt. Der Muskelmagen wird aufgrund seiner Aufgabe manchmal auch als Kaumagen bezeichnet. Durch reibende Bewegungen der dicken, muskulösen Magenwände werden grob zerkleinerte oder aufgeweichte Samen fein zermahlen. Durch die gründliche mechanische Zerkleinerung können die Enzyme im Dünndarm die Nährstoffmoleküle besser angreifen und in kleinere Moleküle zerlegen.

Mit einer besonderen Technik öffnet der Eichelhäher Nussfrüchte wie Eicheln und Haselnüsse, um an die Samen zu kommen. Er hält sie mit den Füßen fest und beißt sie auf oder zertrümmert mit dem Schnabel die Schale.

3 Manche Vögel schlucken Steinchen, sogenannte Magensteinchen. Erkläre dieses angeborene Verhalten bei Vögeln.

4 Meisen fressen im Sommer vor allem Insekten und andere Kleintiere, im Winter vorwiegend Samen. Biologen haben herausgefunden, dass sich im Herbst der Meisenmagen an die Nahrungsumstellung anpasst. Erläutere, was sich dabei verändern könnte.

Unter den Säugetieren sind es vor allem Angehörige der Ordnung **Nagetiere**, wie das Eichhörnchen und verschiedene Mäusearten, die an das Zerkleinern von Nussfrüchten und Samen angepasst sind. Ihre wichtigsten Werkzeuge sind dabei je zwei lange, meißelförmige Nagezähne in Ober- und Unterkiefer, die unseren Schneidezähnen entsprechen. Eichhörnchen können damit auch die härteste Nuss knacken. Da die Nagezähne ständig nachwachsen, bleiben sie trotz starker Beanspruchung immer voll funktionsfähig.

5 Der abgebildete Nagezahn ist auf der Vorderseite mit Zahnschmelz überzogen, die Rückseite besteht aus Zahnbein. Beschreibe die Zahnform, beurteile die Härte der beiden Materialien und erläutere den biologischen Sinn.

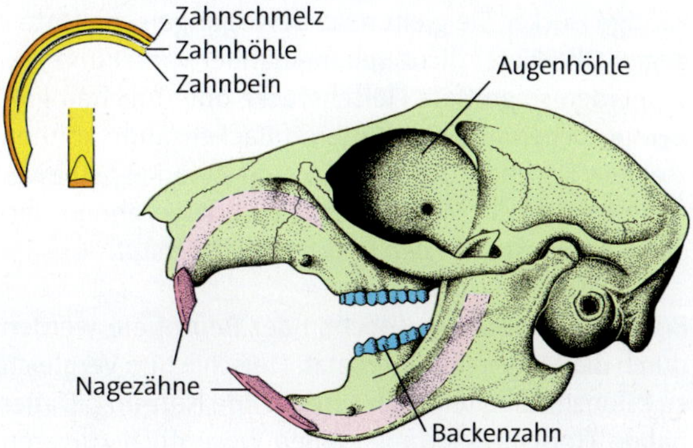

7 *Schädel und Gebiss eines Eichhörnchens*

Räuber – von anderen Tieren leben

1 Löwen haben ein Raubtiergebiss.

2 Grizzlybären sind Allesfresser.

Beute jagen Noch hat die Herde Zebras nicht bemerkt, dass sich in dieser weitgehend deckungslosen Landschaft einige Löwinnen über mehrere hundert Meter geduckt an sie herangeschlichen haben. Da sie nicht so schnell laufen können wie Zebras, mussten sie sich bis auf etwa 30 Meter heranpirschen. Längst haben die Jägerinnen die Herde eingekreist und sich für ein bestimmtes Tier entschieden. Aufgrund des Körperbaus können sie mit über sechs Meter langen Sprüngen schnell beschleunigen. Sie verbeißen sich mit ihren langen Eckzähnen, auch Fangzähne genannt, in ihre Beute, reißen sie zu Boden und töten sie mit einem Biss in die Kehle.

1. Recherchiere die Jagdmethoden von Wölfen, Geparden und Luchsen. Beschreibe, welche Angepasstheiten für die Jagd jeweils von Vorteil sind.

Beute fressen Nach dem Jagderfolg kommt die Rangfolge im Rudel zum Tragen. Das Männchen darf zuerst fressen, es folgen die ranghöchsten Weibchen, zuletzt die Jungen. Löwen haben wie die meisten Säugetiere ein fest im Knochen verankertes Gebiss und kräftige Kaumuskeln. Die vorderen Backenzähne im Ober- und Unterkiefer, die sogenannten Reißzähne, besitzen scharfkantige Höcker. Sie gleiten bei Bewegungen von Unter- gegen Oberkiefer dicht nebeneinander vorbei und zerschneiden so größere Fleischstücke oder brechen größere Knochen auf. Die hinteren Backenzähne können kleinere Knochen durch Druck und eine Raspelbewegung zermalmen. Mit den flachen Schneidezähnen werden Fleischreste von den Knochen abgeschabt.

Beute verdauen Die Knochen der Beutetiere werden durch die Magensäure zersetzt. Fleisch ist im Vergleich zu Pflanzen eine leicht zu verdauende Nahrung. Daher haben Fleischfresser auch einen wesentlich kürzeren Darm als Pflanzenfresser.

Allesfresser Grizzlybären ernähren sich wie die meisten Bären von Pflanzen, Pilzen und dem Fleisch von Beutetieren. Sie sind also Allesfresser.
Sie haben zwar im Vergleich zu anderen Fleischfressern einen verlängerten Darm, können aber nährstoffarme Pflanzen längst nicht so gut verwerten wie Wiederkäuer. Sie bevorzugen daher Früchte, Beeren, Nüsse und andere leicht verdauliche Pflanzenteile wie Wurzeln oder frische Triebe.
An fleischlicher Nahrung nehmen sie unter anderem Insekten und deren Larven zu sich, die trotz ihrer geringen Größe eine erhebliche Rolle als Fett- und Proteinquelle spielen. Zudem erbeuten sie Lachse, Vögel und Nagetiere wie Lemminge oder Wühlmäuse. Grizzlys jagen aber auch große Tiere wie Elche, Rentiere und Bisons. Bei der Jagd helfen ihnen ihr ausgeprägter Geruchssinn und das ausgezeichnete Gehör.

2. Nenne die einzelnen Bestandteile des Verdauungssystems und beschreibe ihre Aufgabe.

3. Erläutere, wie sich Beutetiere vor ihren natürlichen Feinden schützen können.

4. Bilde zu dem Begriff „Darm“ eine je-desto-Aussage.

5. In „Brehms Tierleben“, einem zoologischen Nachschlagewerk“ aus dem 19. Jahrhundert, wird der Wolf als „schlau und listig“ und „ungemein blutrünstig“ bezeichnet. Das Hausschaf hingegen wird als ein „ruhiges, dummes, willenloses, furchtsames und feiges, mit einem Wort ein höchst langweiliges Geschöpf“ beschrieben. Bewerte diese Aussagen.

Tauchende Wirbeltiere

1 See-Elefant

See-Elefanten können bis zu zwei Stunden am Stück tauchen und dabei Tiefen von bis zu 1500 Metern erreichen. Möglich wird das durch eine ganze Reihe von Angepasstheiten: Vor dem Tauchen atmen See-Elefanten tief aus. Daher kann es auch nicht wie bei menschlichen Tauchern beim Auftauchen zur Bildung von Blasen im Blut kommen. Dafür ist umso mehr Sauerstoff bereits im Blut und im Muskelgewebe gespeichert.
Um den Sauerstoffverbrauch während dem Tauchen zu verringern, verlangsamt sich der Herzschlag von 100 auf nur vier Schläge pro Minute, die Blutversorgung nicht unmittelbar lebensnotwendiger Organe wird eingeschränkt und die Körpertemperatur herabgesetzt.

2 Kormoran

Kormorane machen Jagd auf Fische in ruhigen Gewässern. Dabei tauchen sie mit den Füßen paddelnd normalerweise 15 bis 60 Sekunden lang in Tiefen von bis zu 16 Meter. Ihre bis zu 25 Zentimeter großen Beutefische packen sie mit dem Hakenschnabel hinter den Kiemen. Bei der Kormoranfischerei haben ihnen die Menschen beigebracht, auf dem Rand des Bootes zu sitzen und auf Kommando zu fischen. Ein Halsring verhindert dabei das Verschlucken der Fische und so liefern sie den Fang – bis zu 150 Fische in der Stunde – bei ihrem Besitzer ab. Die Jungvögel erlernen das Jagdverhalten übrigens von älteren Tieren. Handaufgezogene Kormorane sind stark auf ihre Bezugsperson geprägt und dürfen sich meist frei bewegen.

3 Nattern-Plattschwanz

Plattschwänze sind etwa 140 Zentimeter lange und äußerst giftige Seeschlangen in den Küstengebieten Südostasiens. Sie suchen das Land zwar zur Häutung, zur Aufnahme von Süßwasser und zur Eiablage auf, ihre Beutefische jagen sie aber in bis zu zehn Meter Wassertiefe. Durch den seitlich abgeflachten Schwanz können sie sich dabei im Wasser schnell bewegen. Zur besseren Sauerstoffversorgung ist der rechte Lungenflügel der Seeschlangen stark vergrößert und reicht bis in die Schwanzspitze der Tiere. Die Gifte der Schlange sind selbst für den Menschen lebensgefährlich, da sie auf das Nervensystem wirken und zu Lähmungen der Skelettmuskulatur bis hin zur Atmung führen können.

4 Wasseramsel

Wasseramsel Die auch bei uns heimische Wasseramsel ernährt sich vornehmlich von Wasserinsekten, die sie vor allem tauchend in schnell fließenden, klaren Gewässern erbeutet. Die durchschnittlichen Tauchzeiten liegen zwischen fünf und zehn Sekunden, in Ausnahmefällen bis zu 30 Sekunden.
Mit nach vorne geneigtem Körper und aufgestelltem Schwanz wird der Vogelkörper durch die Wasserströmung gegen den Gewässergrund gedrückt und der Vogel kann dort kraftsparend laufen und nach Nahrung suchen. Zur Bewegung unter Wasser setzt die Wasseramsel auch ihre Flügel ein. Dabei sind die Armschwingen weitgehend angelegt, während die Ruderarbeit durch die biegsamen Handschwingen erfolgt.

Stoffaufnahme für Energieversorgung und Wachstum

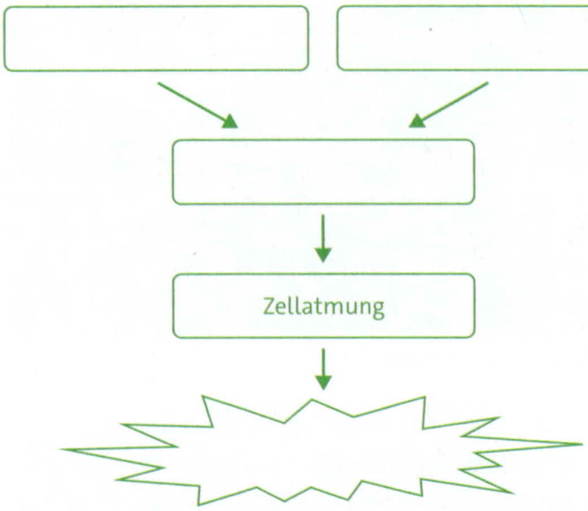

1 Strukturdiagramm zur Energiegewinnung

2 Schnäbel als „Werkzeuge" der Vögel

3 Vögel nutzen unterschiedliche Nahrungsquellen.

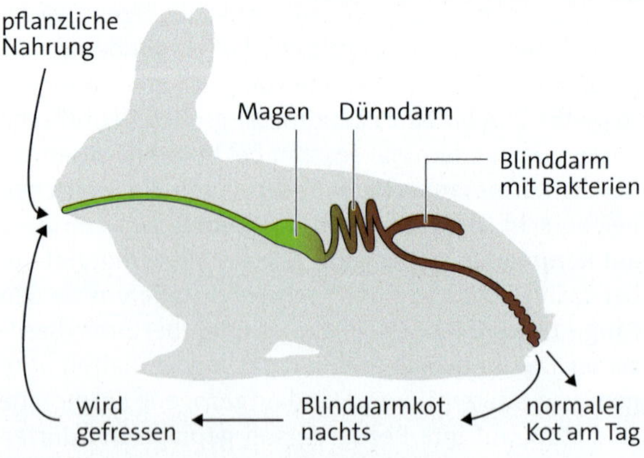

4 Ernährungsstrategie eines Kaninchens

1. Lebewesen nehmen Nahrung auf, um Energie für alle Lebensvorgänge zu gewinnen. Vervollständige das Strukturdiagramm mit folgenden Begriffen: Ernährung von Pflanzen, Energie für Lebensvorgänge, Verdauung, Ernährung von Tieren.

2. Erweitere das in der Aufgabe 1 entwickelte Strukturdiagramm um folgende Bergiffe: Grasfresser, Jäger, Allesfresser, Samenfresser, Aasfresser. Nenne jeweils eine dazu passende Art.

3. Die Schnäbel der Vögel werden auch als Werkzeuge bezeichnet. Ordne die Werkzeuge in Abbildung 2 den Arten zu und begründe deine Zuordung. Erweitere deine Zuordnung durch die typischen Nahrungsquellen der Vögel (▶ 3). Falls du eine Art nicht kennst, informiere dich zunächst über die Ernährungsweise.

4. Kaninchen ernähren sich, ähnlich wie Rinder, hauptsächlich von Blättern und grünen Pflanzenteilen. Erläutere die Herausforderungen, die damit verbunden sind.

5. In Abbildung 4 ist ein schematischer Ablauf der Verdauung bei einem Kaninchen gezeigt. Beschreibe den Vorgang in einem zusammenhängenden Text.

6. Wissenschaftler haben untersucht, welche Rolle der gefressene Blinddarmkot für die Kaninchen spielt. In einem Experiment wurde verhindert, dass der Blinddarmkot gefressen werden konnte. Daraufhin wuchsen die Kaninchen um 30 Prozent langsamer. Versuche eine Erklärung dafür zu finden.

5 Hundegebiss

7 In Abbildung 5 ist das Gebiss eines Hundes zu erkennen. Beschreibe das Gebiss und erkläre, warum man es als Raubtiergebiss bezeichnet.

8 Waschbären sind Allesfresser. Stelle eine Vermutung an, wie man dies anhand des Gebisses erkennen kann.

9 Beim Atmen wird ein Lebewesen mit Sauerstoff versorgt. In Abbildung 6 ist ein Schema abgebildet, das den Gasaustausch allgemein für alle Wirbeltiere darstellt. Ordne den Zahlen in Abbildung 6 die Begriffe zu: Blutgefäß, Sauerstoff, Oberfläche zum Gasaustausch, Kohlenstoffdioxid.

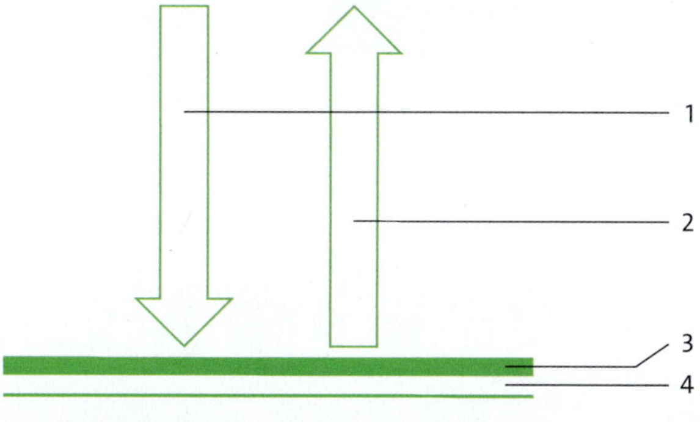

6 Allgemeines Schema zur Atmung

10 Erweitere das Schema aus Abbildung 6 so, dass man a) die Lungenatmung, b) die Kiemenatmung gut erklären kann, und beschrifte deine Zeichnungen.

11 Das einfachste Atmungssystem ist die Hautatmung. Erläutere, welche Nachteile für Landlebewesen mit einem solchen Atmungssystem verbunden sind.

12 Die Oberflächenvergrößerung ist ein biologisches Grundprinzip. Erkläre dieses Prinzip anhand des Vergleichs von Säugetierlunge und Amphibienlunge.

13 Nenne Beispiele aus Natur und Technik, wo das Prinzip der Oberflächenvergrößerung eine große Rolle spielt.

14 In Abbildung 7 sind die Messergebnisse eines Experiments zu sehen. Erläutere, welche Fragestellung dem Experiment zugrunde liegen könnte.

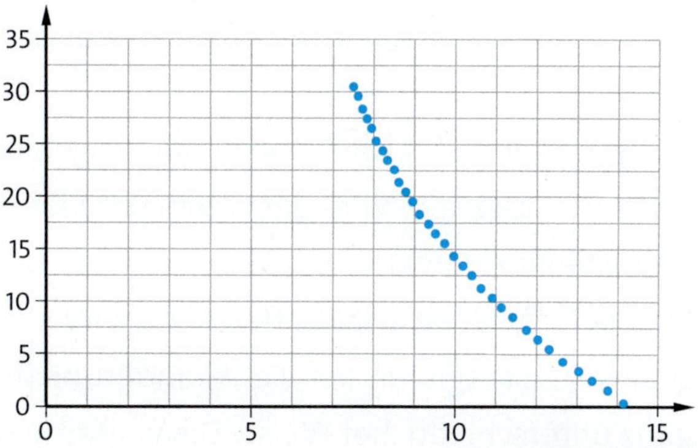

7 Sauerstoffgehalt von Wasser

15 In eurer Schule gibt es ein Aquarium mit bunt gefärbten Zwergbuntbarschen, die in warmen südamerikanischen Seen beheimatet sind. Nun sollen heimische Kaulbarsche zugesetzt werden, die in wesentlich kälteren Gewässern leben (▶ 8). Neben anderen Faktoren könnte die Wassertemperatur ein großes Problem für die Kaulbarsche darstellen. Stelle mithilfe der Abbildung 7 eine Vermutung an.

8 Zwergbuntbarsch (oben) und Kaulbarsch (unten)

Energie sparen, um zu überleben

Der Sommer bietet optimale Bedingungen für viele Pflanzen und Tiere. Im Winter dagegen wird das Leben schwieriger. Da viele Laubbäume und Sträucher im Herbst ihre Blätter verlieren und kaum noch Insekten und andere Futtertiere anzutreffen sind, wird allmählich die Nahrung knapp. Lebewesen reagieren auf die Veränderung ihrer Umwelt im Winter in ganz unterschiedlicher Weise. Die vielfältigen Überwinterungsstrategien, die sich im Laufe der Evolution ausgeprägt haben, werden dir auf den folgenden Seiten vorgestellt. Ein Ziel haben sie alle gemeinsam: Energie sparen, um zu überleben!

1 Beschreibe anhand der Fotos alle auftretenden Probleme für Tiere im Winter.

2 Beschreibe dir bekannte Möglichkeiten, wie Tiere den Winter überstehen können.

3 A Recherchiere für deinen Wohnort im Internet folgende Wetterdaten für den Monat Januar und den Monat Juli: Tageslänge, Nachtlänge, Durchschnittstemperatur, minimale und maximale Temperatur, Niederschlagsmenge und Sonnenscheindauer. Stelle die Daten vergleichend in einer Tabelle dar.
B Begründe, welche Auswirkungen das auf die Tiere hat.

4 Energie sparen kann auf vielfältige Weise passieren. Überlege dir Maßnahmen, mit denen du Energie sparen kannst. Erläutere, welche Möglichkeiten zum Energiesparen Tiere haben.

Konstante Körpertemperatur – Vorteil oder Nachteil?

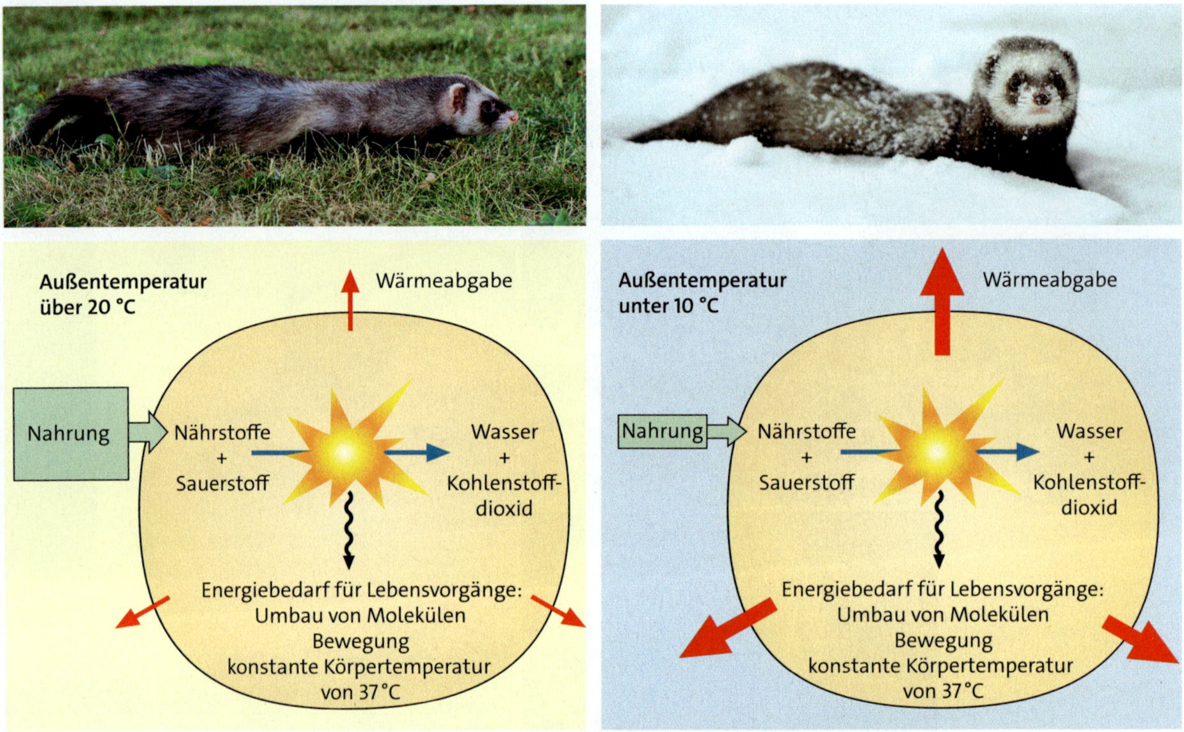

1 Nährstoff- und Energieversorgung eines gleichwarmen Tieres im Sommer (links) und im Winter (rechts)

Tiere mit eingebauter Klimaanlage Säugetiere und Vögel können bei sinkenden Außentemperaturen mit „Heizen“, bei steigenden Temperaturen mit „Kühlen“ gegensteuern. Dadurch halten sie wie eine Klimaanlage ihre **Körpertemperatur** immer je nach Art zwischen 36 und 42 Grad Celsius **konstant**. Bei diesen Temperaturen laufen nämlich alle Lebensvorgänge in den Zellen mit optimaler Geschwindigkeit ab. Die Tiere können sich auch bei niedriger Außentemperatur schnell bewegen, Nahrung rasch verdauen und aktiv sein. Dafür müssen sie aber einen Teil der mit der Nahrung aufgenommenen Energie nur für die Körperheizung aufwenden. Sie werden als gleichwarme bzw. **thermoregulatorische** Tiere bezeichnet.

1. Die Grafiken in Abbildung 1 zeigen stark vereinfacht und modellhaft die Grundlagen der Nährstoff- und Energieversorgung bei thermoregulatorischen Tieren in verschiedenen Jahreszeiten. Stelle mithilfe der beiden Grafiken die Situation eines thermoregulatorischen Tieres im Sommer und Winter dar. Beschreibe die Probleme der Tiere im Winter.

2. Erkläre anhand der Grafiken verschiedene Möglichkeiten, wie Tiere den Problemen im Winter begegnen (▸1).

Drei Tiere – drei Strategien Der Eisfuchs lebt in der arktischen Tundra. Im Spätsommer wechselt er sein braunes oder graues Sommerfell gegen ein weißes oder blaugraues, dichtes Winterfell.

Ein ausgewachsener Igel hat vor der Überwinterung eine Körpermasse von 800 bis 1500 Gramm. Bis zum Frühjahr hat er ungefähr ein Viertel seiner Körpermasse verloren.

Der Eichelhäher ernährt sich im Sommer vor allem von Insekten, Vogeleiern, Jungvögeln und anderen kleinen Wirbeltieren. Im Herbst stellt er auf pflanzliche Nahrung um.

3. Die Texte oben zeigen und beschreiben, wie sich verschiedene Tiere auf die Lebensbedingungen im Winter einstellen. Beschreibe diese Strategien und erkläre sie mithilfe der Schemata. Nenne andere Tiere, die ähnlich über den Winter kommen.

4. Meisen und Schwalben ernähren sich vor allem von Insekten, die im Winter kaum zu finden sind. Nenne Möglichkeiten, wie sie auf den Nahrungsmangel im Winter reagieren könnten.

Isolation – Schutz vor Wärmeverlust bei thermoregulatorischen Tieren

Messung der Temperaturabnahme eines thermoregulatorischen Tieres mit unterschiedlicher Isolation im Modellversuch

Material: 2 Thermometer, 2 hohe Bechergläser, 2 Reagenzgläser mit Lochstopfen, Wolle, Daunen, Vaseline oder Gänseschmalz, Trichter, Stoppuhr, warmes Wasser (ca. 45 °C)

A Haare/Fell als Isoliermaterial

Durchführung: Befülle beide Reagenzgläser mit warmem Wasser und stecke jeweils ein Thermometer durch den Lochstopfen, sodass die Temperatur des Wassers im Reagenzglas gemessen werden kann. Warte kurz und lies dann den Wert ab. Stelle nun ein Reagenzglas in ein leeres Becherglas, das andere Reagenzglas in ein Becherglas, welches mit Wolle gefüllt ist. Starte die Stoppuhr, lies bei beiden Thermometern jede Minute die Temperatur ab und trage die Werte in eine Tabelle ein. Beende den Versuch nach zehn Minuten. Stelle beide Reagenzgläser gegebenenfalls zum schnelleren Abkühlen vor das Fenster.

1. Erläutere, für welchen Bestandteil des Tieres die Wolle im Becherglas steht. Übertrage die weiteren Elemente des Modells auf die Wirklichkeit.

2. Begründe die unterschiedlichen Messwerte des Versuchs mit und ohne Wärmeschutz.

B Daunen als Isoliermaterial
C Fett als Isoliermaterial

Durchführung: Wiederhole den oberen Versuch, indem du aber nun anstelle der Wolle im zweiten Becherglas einmal Daunen und einmal Fett (Vaseline oder Gänseschmalz) verwendest.

3. Beschreibe deine Beobachtung und vergleiche sie mit den Messergebnissen von Versuch A.

Bei den Versuchen A bis C wird immer eine Temperaturabnahme beobachtet. Durch eine Isolierung wird die Notwendigkeit des Heizens jedoch nicht ersetzt. Sie verlangsamt lediglich den Wärmeverlust!

4. Nenne andere Materialien, die deiner Meinung nach isolierende Wirkung haben.

5. Recherchiere die Eigenschaft, die diesen isolierenden Effekt verursacht.

6. Zeige die Grenzen dieses Modellversuchs auf.

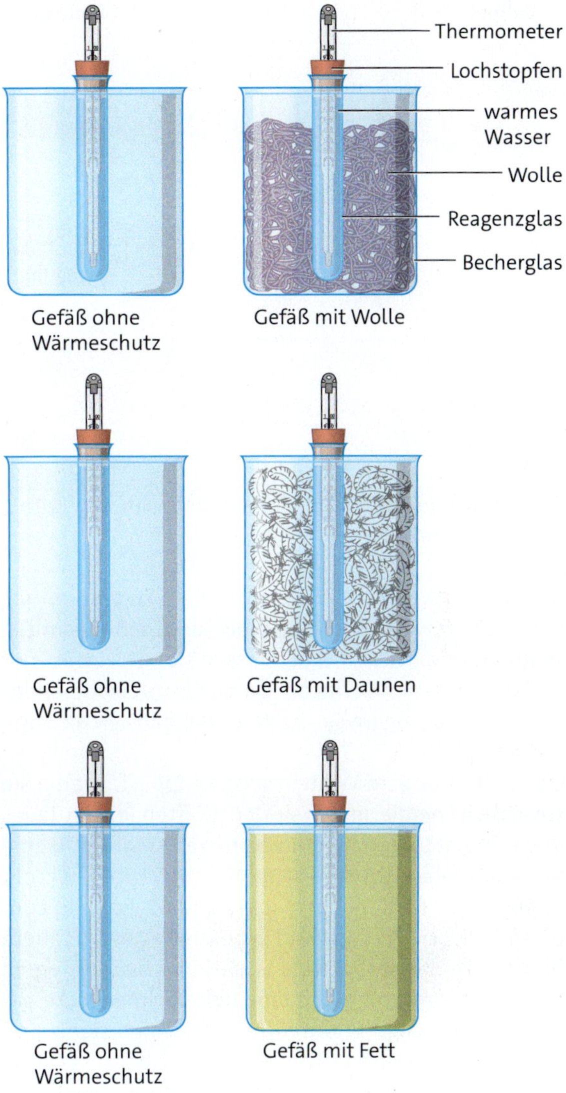

1 Modellversuch zur Isolation

7. Erkläre, wie die Versuche bei vier Grad Celsius kaltem Wasser ablaufen.

8. Trage die Ergebnisse aller Versuche in einem Balkendiagramm zusammen. Verwende dabei für jede Isolationsart eine andere Farbe.

9. Nenne Beispiele für thermoregulatorische Tiere mit unterschiedlichen Isolationsarten.

10. Nenne Beispiele aus deinem Alltag, bei denen mit Isolierung die Wärmeabgabe verringert und Energie gespart werden kann.

Säugetiere im Winter

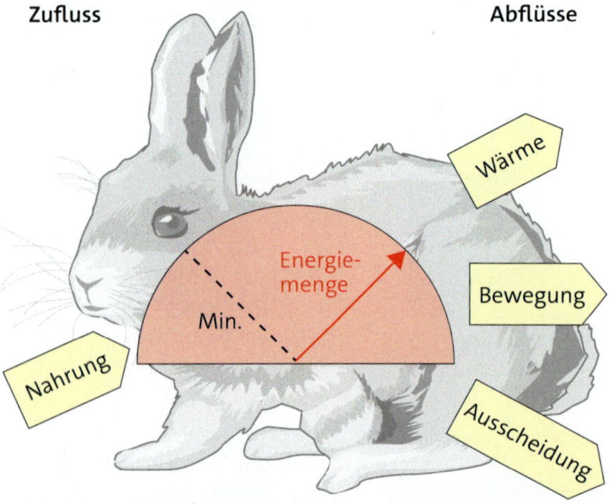

1 Energie- und Stoffströme bei einem thermoregulatorischen Tier im Sommer

Aktiv den Winter überleben Viele Säugetiere, wie Reh- und Rotwild oder der Wolf, sind den gesamten Winter über aktiv. Im Herbst fressen sie sich Fettpolster als körpereigenen Vorrat an. Durch ein gut isolierendes Winterfell verringern sie die Wärmeabgabe an die kalte Umgebung.

Da die Nahrung im Winter meist knapp ist, sparen sie zusätzlich Energie, indem sie den größten Teil des Tages in geschützten Verstecken verbringen und sich wenig bewegen. Einige größere Säugetiere wechseln bei sehr ungünstigen Bedingungen den Standort. Rotwild zum Beispiel zieht vom Bergwald in tiefere Lagen. Vor allem für Pflanzenfresser wird die Situation schwierig, wenn ihre Hauptnahrung durch eine hohe Schneedecke geschützt ist. Einige Pflanzenfresser können dann ihre Ernährung teilweise umstellen. Hirsche beispielsweise schälen die Rinde von Bäumen. Trotzdem überstehen viele schwächere oder kranke Tiere strenge Winter nicht. Als Aas oder leichte Beute tragen sie zum Überleben hungriger Fleischfresser bei.

Rückzug auf Zeit: Winterruhe Einige Säugetiere kommen über den Winter, indem sie noch mehr Energie sparen als die aktiven Überwinterer. Das Eichhörnchen zum Beispiel legt sich im Herbst einen Winterpelz und ein dickes Fettpolster zu. Es sammelt Nüsse, Eicheln und Pilze und versteckt sie als Vorrat für den Winter in der Erde oder in Baumhöhlen. Bei Wintereinbruch zieht es sich in sein kugelförmiges Nest zurück. In diesem Kobel ist es vor Kälte, Regen und Schnee gut geschützt. Dort ruht und schläft es viel. Es hält Winterruhe. Durch die Bewegungslosigkeit und die gute Isolierung benötigt das Eichhörnchen wenig Energie. Nur alle paar Tage muss es den Kobel zur Nahrungssuche verlassen. Zu den Tieren, die Winterruhe halten, gehört auch der Dachs.

Leben auf Sparflamme: Winterschlaf Einige Säugetierarten haben das Energiesparen weiter verbessert, zum Beispiel das Murmeltier. Ausgestattet mit einem Winterfell und einem dicken Fettpolster zieht es sich im Oktober in seinen unterirdischen Bau zurück, wo es vor Frost geschützt ist. Dann wird seine Körpertemperatur auf einen Wert von etwa fünf Grad Celsius eingestellt und sinkt ab. Alle Lebensvorgänge in den Zellen laufen nun sehr langsam ab. Mit kaum wahrnehmbaren ein bis zwei Atemzügen und Herzschlägen in der Minute wirkt das Murmeltier wie tot. Man bezeichnet diese Art des Überwinterns als Winterschlaf. Ein Murmeltier benötigt während dieses „Schlafs" nur noch etwa den zehnten Teil der Energiemenge, die bei der höheren Körpertemperatur erforderlich wäre. Auch Fledermäuse, Hamster und Igel halten Winterschlaf.

Wenn die Körpertemperatur während des Winterschlafs bei großer Kälte jedoch zu stark abzusinken droht, wird der Aufwachvorgang gestartet: Das Herz schlägt schneller, die Zahl der Atemzüge nimmt zu und die Körpertemperatur steigt. Das Tier bleibt danach so lange aktiv, bis die extreme Kälte vorüber ist, und setzt dann den Winterschlaf fort.

1. Abbildung 1 zeigt die Situation eines Hasen im Sommer. Der Füllstandsanzeiger symbolisiert die Energiemenge im Tier. Sie darf niemals einen bestimmten Mindestwert unterschreiten, da das Tier sonst stirbt. Verändere in einem Gedankenexperiment nacheinander die Menge der Wärmeabgabe, der Bewegung und der Ausscheidung. Beurteile, wie sich das jeweils auf die einzelnen Energiezuflüsse oder -abflüsse bzw. die Energiemenge im Tier auswirken müsste. Wiederhole das Gedankenexperiment für einen Winterruher, Winterschläfer und einen aktiven Überwinterer.

2. Erkläre die Veränderung der Körpermasse in den Herbst- und Wintermonaten bei Reh, Eichhörnchen und Murmeltier.

3. Recherchiere die Körpertemperatur bei Reh, Eichhörnchen und Murmeltier in den Herbst- und Wintermonaten und zeichne ein entsprechendes Diagramm.

4. Vergleiche in einer Tabelle Winterruhe, Winterschlaf und aktive Überwinterung anhand möglichst vieler Kriterien.

Bleiben oder ziehen – Vögel im Winter

Bleiben um jeden Preis: Standvögel Ganz gleich, ob Vögel oder Säugetiere, alle thermoregulatorischen Tiere haben im Winter mit der Kälte und dem Nahrungsmangel zu kämpfen. Ein extremes Energiesparen, um zu überleben, wie bei der Winterruhe oder dem Winterschlaf, kommt allerdings ausschließlich bei Säugetieren vor. Trotz ihrer Fähigkeit, schnell große Entfernungen zurückzulegen, widerstehen viele Vogelarten der Kälte und bleiben im Winter in ihrem Brutgebiet.

Zu diesen Standvögeln gehören zum Beispiel Haussperling, Meise oder Buntspecht. Sie sind, ähnlich wie Säugetiere, gut an die kalte Jahreszeit angepasst. Meisen beispielsweise können im Herbst ihre Ernährung vollständig umstellen. Anstelle von Insekten ernähren sie sich dann hauptsächlich von Samen. In sehr kalten Nächten nutzen Kohlmeisen, nicht selten zu mehreren, auch leere Nistkästen als gut geschützte Schlafplätze. Bei strengem, länger dauerndem Frost und geschlossener Schneedecke fallen aber viele Standvögel den ungünstigen Bedingungen zum Opfer. Nur die am besten angepassten und kräftigsten Tiere überleben solche Winter und haben die Chance, sich im Frühjahr fortzupflanzen.

1. Stelle weitere Möglichkeiten von Standvögeln dar, den Winter zu überleben.

2. Informiere dich in einem Lexikon, in einem Vogelbuch oder im Internet über die genannten Standvögel. Erläutere den Zusammenhang zwischen der Art ihrer Überwinterung und ihrer Ernährung.

3. Vergleiche die beiden unten abgebildeten Sperlinge. Beschreibe das Zustandekommen der unterschiedlichen Körperform. Nenne den Effekt, der dadurch erreicht wird.

1 Sperling im Sommer (links) und im Winter (rechts)

Ein Teil bleibt, ein Teil zieht: Teilzieher Die meisten Rotkehlchen bleiben trotz Schnee und Kälte im Winter bei uns. Einige Rotkehlchen aus dem gleichen Brutgebiet ziehen aber nach Süden und überwintern im Mittelmeerraum. Rotkehlchen kann man daher weder eindeutig den Zugvögeln noch den Standvögeln zuordnen. Solche Vogelarten, deren Mitglieder zum Teil bleiben, zum Teil aber auch wegziehen, bezeichnet man als Teilzieher. Das jeweilige Verhalten, also Bleiben oder Ziehen, ist wahrscheinlich angeboren. Die meisten Vogelarten gehören zu den Teilziehern, zum Beispiel die Amsel oder die Stockente. Der Hänfling ist über ein Gebiet verbreitet, das sich über Tausende von Kilometern erstreckt (▸2). Das Klima in diesem Gebiet reicht vom warmen Mittelmeerklima fast bis zum polaren Klima im Norden. Den unterschiedlichen Klimaregionen entsprechend übersteht diese Vogelart den Winter auf verschiedene Art und Weise.

2 Verbreitungsgebiet (grün) des Hänflings

4. In Schweden wird der Hänfling ausschließlich den Zugvögeln zugerechnet, in Deutschland gilt er als Teilzieher, in Spanien als Standvogel. Begründe diese unterschiedlichen Zuordnungen.

5. Recherchiere die Lebensweise der Vogelarten Bergfink, Saatkrähe und Seidenschwanz. Erkläre, warum diese Vogelarten bei uns als „Wintergäste" bezeichnet werden.

Reisen, um zu überleben – Zugvögel

Vogelzug Um zu überwintern, nutzt eine Reihe von Vogelarten ihre Fähigkeit, in kurzer Zeit große Entfernungen zurückzulegen. Ab Spätsommer verlassen sie ihre Brut- und Nahrungsreviere und steuern Regionen an, die Tausende von Kilometern entfernt sein können. Störche, Stare, Graugänse und Schwalben gehören zu diesen sogenannten Zugvögeln, die den Winter im Mittelmeergebiet oder Afrika verbringen und im Frühjahr wieder zu uns zurückkehren. Was mit den Vögeln geschieht, die plötzlich verschwinden, war lange Zeit unklar. Es wurde sogar vermutet, dass sie wie Fledermäuse in Höhlen eine Art Winterschlaf halten. Aber Berichte von Reisenden und Beobachtungen, wie die des „Pfeilstorchs von Mecklenburg“ (▶ 2), ließen schließlich kaum mehr Zweifel zu: Viele Vogelarten ziehen tatsächlich jeden Winter nach Süden.

Wie Wissenschaft funktioniert: Daten gewinnen und auswerten Der dänische Lehrer Christian Mortensen kam Ende des 19. Jahrhunderts auf die Idee, Vögel mit Ringen zu kennzeichnen. Die Methode der Beringung wurde bald von den Vogelwarten übernommen. Man fing Vögel in Netzen und befestigte einen Metallring an ihrem Fuß. Dann ließ man die Vögel wieder frei.

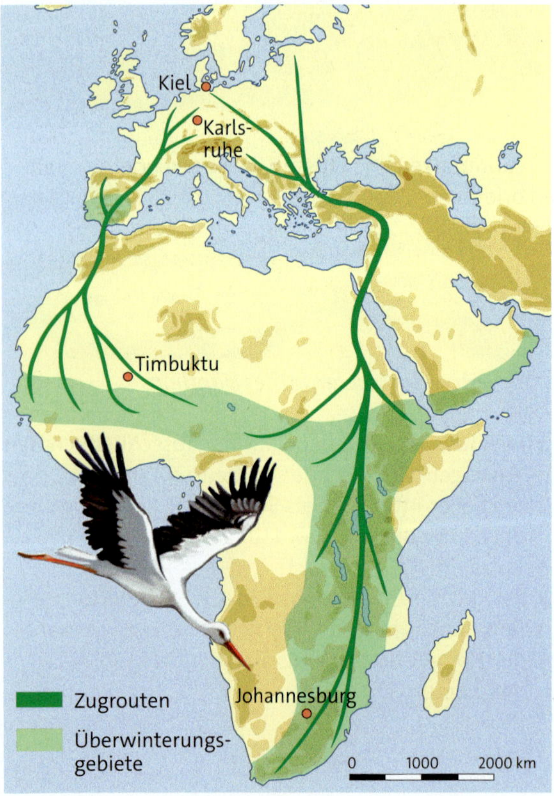

1 Zugrouten der Weißstörche

2 1822 kam dieser Storch mit dem afrikanischen Speer durch den Hals in einem Dorf in Mecklenburg an.

Die Ringe behinderten die Vögel nicht beim Fliegen und enthielten alle Informationen, die man brauchte, um die Zugrouten zu ermitteln. Da ein Teil der beringten Vögel anderswo wiedergefunden wurde, konnte man in jahrzehntelanger Arbeit für verschiedene Vogelarten die Zugwege ermitteln. Bei ihren Untersuchungen stellten die Wissenschaftler auch fest, dass viele Vögel den Zug nicht überleben. Sie sterben an Entkräftung, werden Opfer von Greifvögeln oder von Jägern.

1. Nenne die wichtigsten Angaben, die Ringe enthalten müssen, damit die Forscher in den Vogelwarten die Zugrouten ermitteln können.

2. Beschreibe die Zugwege der Störche anhand von Abbildung 1. Erläutere, warum die Störche meist über Land nach Afrika fliegen und nicht direkt auf kürzestem Weg in Luftlinie.

3. Nenne Gründe dafür, dass man sehr viele Störche beringen muss, um ihre Zugroute wenigstens ungefähr herauszufinden.

4. Heute werden Vögel mit leistungsfähigen Sendern ausgestattet. Beschreibe Vor- und Nachteile.

Fragen und Antworten zum Vogelzug

Woher weiß ein Zugvogel, der zum ersten Mal zieht, dass er losfliegen muss und wann er losfliegen muss? Wie findet ein junger Kuckuck, der allein zieht, sein Überwinterungsgebiet in Afrika? Solche Fragen konnte man mithilfe von Versuchen klären. Die Ergebnisse von zwei Versuchen sind unten dargestellt. Die Versuchsvögel waren von Menschen aufgezogen worden.

VERSUCH 1

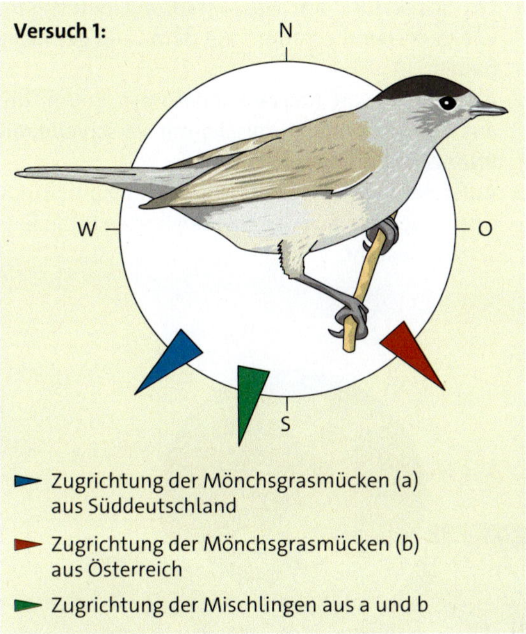

1 Versuch zum Zugverhalten von Vögeln

1. Plane eine sinnvolle und einfache Durchführung von Versuch 1 (▶1).
2. Formuliere mögliche Fragen, die die Wissenschaftler damit beantworten wollen.
3. Werte die Beobachtungen aus.

VERSUCH 2

Zu einer bestimmten Zeit im Herbst und im Frühling fangen Zugvögel, die in Käfigen gehalten werden, an, zu hüpfen und mit den Flügeln zu schlagen. Dieses Verhalten bezeichnet man als Zugunruhe. Bei drei Grasmückenarten wurde die Dauer der Zugunruhe gemessen. Das Diagramm oben rechts zeigt das Ergebnis.

4. Beschreibe den Versuch 2 und werte ihn aus.

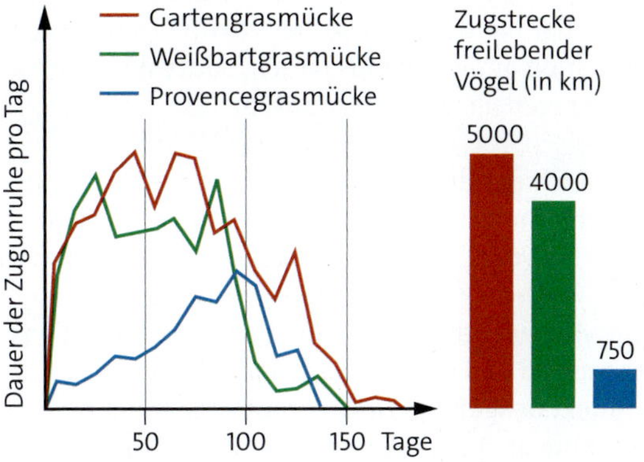

2 Zugunruhe

Wie Zugvögel sich orientieren Die Versuche 1 und 2 zeigen, dass bei vielen Zugvögeln der ungefähre Abflugtermin, die grobe Zugrichtung und die Zugdauer festliegen. Um ihr Ziel zu finden, nutzen die Tiere verschiedene Informationen der Umwelt. Tagzieher orientieren sich am Sonnenstand, Nachtzieher am Sternenhimmel. Viele Zugvogelarten verfügen über eine Sinnesleistung, die es ihnen wie mithilfe eines Kompasses ermöglicht, sich am Magnetfeld der Erde zu orientieren. Dadurch können sie auch bei bedecktem Himmel ihr Ziel sicher ansteuern.

Darüber hinaus vermutet man, dass Gerüche, zum Beispiel der Salzgehalt der Luft, oder auch Schallwellen Zugvögeln den Weg weisen. In Versuchen konnte nachgewiesen werden, dass sich Zugvögel auch an auffälligen Landmarken wie Flüssen, Gebirgen oder Autobahnen orientieren.

Noch immer sind viele Fragen zum Vogelzug offen. Im Max-Planck-Institut in Seewiesen lässt man Vögel in einem Windkanal gegen technisch erzeugten Wind fliegen. Wie Läufer auf einem Laufband fliegen sie in dem Kanal, ohne jedoch vorwärts zu kommen (▶3). Dabei können Naturbedingungen wie Windgeschwindigkeit oder Temperatur nachgeahmt werden. Den Vögeln können auch Bilder einer sich bewegenden Landschaft oder eines sich verändernden Sternenhimmels gezeigt und ihre Reaktionen darauf beobachtet und ausgewertet werden.

3 Vogel im Windkanal

5. Formuliere mögliche Fragen, die die Forscher mithilfe des Windkanals an den Zugvögeln klären wollen.

Vogelfütterung im Winter – aber richtig

Jeder Architekt macht sich vor seiner Bauplanung Gedanken über die Bedürfnisse der zukünftigen Bewohner. Willst du ein Vogelhaus bauen, solltest du die folgenden Fragen nacheinander abarbeiten:

1 Recherchiere die Lebensweise und Ernährung der in Abbildung 1 abgebildeten Standvögel. Benutze dazu ein Vogelbestimmungsbuch oder das Internet.

2 Entwirf dein Traumvogelhaus. Fertige Konstruktionsskizzen an und beachte folgende Punkte:
– Infektionsgefahr durch Kot im Vogelhaus
– Schutz der Vögel vor Fressfeinden im Garten
– Standort des Futters zum Schutz vor Verderb
Vergleiche deinen Entwurf mit Vogelhäusern, die auf den Internetseiten von Naturschutzverbänden vorgeschlagen werden.

3 Beobachte und notiere das Verhalten der Vögel an einem Vogelhaus in deiner Umgebung. Gib an, welche Vogelarten das Vogelhaus wie oft besuchen.

4 Wähle aufgrund der Besucher im Vogelhaus das passende Futter aus und bedenke dabei auch den Energiebedarf der Vögel im Winter.

5 Erstelle Handlungsanweisungen oder Hinweise zu folgendem Thema: Wann wird gefüttert und wie muss das Vogelhaus gepflegt werden.

6 Bewerte folgende drei Arten, Vögel zu füttern, indem du Vor- und Nachteile benennst:
1 Ein Speckstück am Hausvorsprung befestigen, wie es früher die Bauern auf dem Land gemacht haben.
2 Aufhängen von Meisenknödeln am Baum, die aus Schweinefett, gemischt mit verschiedenen Pflanzensamen bestehen.
3 Aufstellen von Vogelhäuschen mit losem Streufutter, welches aus verschieden harten Pflanzensamen besteht.

1 Diese Standvögel nutzen die Fütterung im Winter

Überwinterung von thermokonformen Tieren

Thermokonforme Tiere, auch wechselwarme Tiere genannt, haben keine Möglichkeit, ihre Körpertemperatur selbst zu regulieren. Sie sind schlecht isoliert, somit entspricht ihre Körpertemperatur in etwa der Umgebungstemperatur. Vor welchen Problemen stehen sie während der kalten Jahreszeit?

Kältestarre Thermokonforme Tiere wie Fische, Amphibien und Reptilien besitzen keine isolierende Körperbedeckung und können auch nicht wie die thermoregulatorischen Tiere selbst ausreichend Wärme erzeugen. Mit sinkender Außentemperatur fällt daher bei allen thermokonformen Tieren die Körpertemperatur ab. Schließlich tritt eine Kältestarre ein, in der die Lebensvorgänge sehr stark verlangsamt sind und sich die Tiere nicht mehr bewegen. Die dann noch benötigte geringe Energiemenge gewinnen sie aus einer im Herbst zugelegten Fettschicht. Vor dem Kältetod schützen sich die Tiere, indem sie frostfreie Verstecke aufsuchen. Die Kältestarre können thermokonforme Tiere nicht von sich aus beenden. Sie werden erst aktiv, wenn durch die steigende Außentemperatur ihr Körper wieder erwärmt wird.
Auch bei Fischen sinkt die Körpertemperatur mit der Wassertemperatur ab. Fische stehender Gewässer ziehen sich bei anhaltender Kälte in die tieferen Zonen zurück, in denen das Wasser nicht kälter als vier Grad Celsius wird. Dort verharren sie weitgehend passiv, bis sich das Wasser wieder erwärmt.

1 Eismeerfisch

Manche Tiere, wie einige Insekten oder Eismeerfische (►1), überleben sogar das Absinken ihrer Körpertemperatur unter den Gefrierpunkt, indem sie spezielle Gefrierschutzmittel produzieren. Diese verhindern das Gefrieren der Körperflüssigkeiten, was zum Tod des Lebewesens führen würde.

1. Erkläre, weshalb sich Fische im Winter in den unteren Regionen eines Sees aufhalten.

2. Begründe, weshalb man in polaren Regionen keine Reptilien findet.

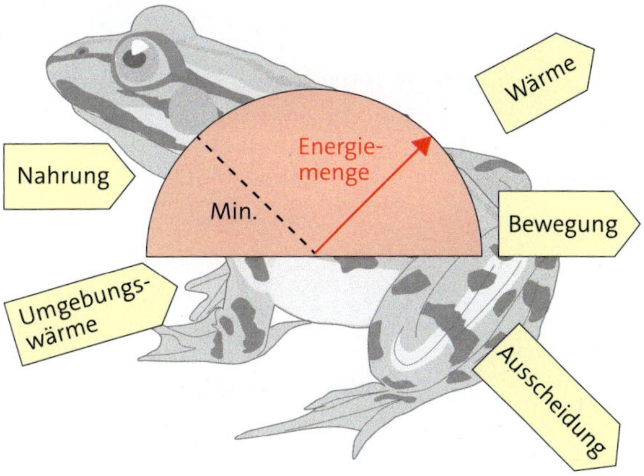

2 Nährstoff- und Energieversorgung eines thermokonformen Tieres im Sommer

3. Zeichne ein Schema wie in Abbildung 2 für die Situation eines thermokonformen Tieres im Winter in dein Heft. Erläutere, welche Probleme für das Tier auftreten und wie es diese lösen kann. Bedenke dabei, dass die Energiemenge im Tier ein bestimmtes Minimum nicht unterschreiten darf.

Bei einem Grasfrosch wurde die Anzahl der Atemzüge pro Minute bei verschiedenen Temperaturen gezählt. Die Tabelle unten zeigt die Ergebnisse.

Umgebungstemperatur in °C	Atemzüge pro Minute
30	88
25	31
20	11
15	5
10	1
5	0
0	0

4. Stelle die Werte in einem Diagramm dar und erkläre, warum der Frosch ohne Atemzüge überleben kann.

5. Für Profis: Ein thermokonformes (Frosch) und ein thermoregulatorisches Tier (Maus) sind gleich groß und haben die gleiche Masse (man sagt meist „das gleiche Gewicht"). Erkläre, wer von beiden mehr Nahrung und wer von beiden mehr Sauerstoff bei gleichen Bedingungen benötigt.

Energie sparen, um zu überleben

- *Winterfell*
- *langsamer Herzschlag*
- *geringe Körpertemperatur*
- *Fettschicht*
- *in Höhlen*
- *unter der Erde*
- *windgeschützte Plätze*
- *Verstecke mit Nahrung*

1 Begriffssammlung: Überwinterungsstrategien

1 Zur Vorbereitung eines Referates mit dem Thema: „So überleben Tiere den Winter" hast du dir schon mal ein paar Begriffe herausgeschieben (▶ 1). Lege eine Tabelle mit den Spalten „aktive Überwinterung", „Winterschlaf" und „Winterruhe" an und ordne die Begriffe zu. Einige Begriffe kannst du mehrfach verwenden.

Traditionell werden Winterruher von Winterschläfern unterschieden. Bei einer Recherche im Internet sollst du herausfinden ob Braunbären Ruher oder Schläfer sind.

2 Nenne die Unterschiede von Winterruhe und Winterschlaf.

- *Dauer: je nach Witterung ca. 3 bis 7 Monate*
- *Ort: Höhlen oder selbst gegrabene Erdlöcher*
- *Absenkung der Körpertemperatur um 4 °C*
- *Absenkung der Herzfrequenz: ja*
- *Wacht leicht auf, wenn Gefahr droht*

2 Notizen zur Überwinterung des Braunbären

3 Das Ergebnis der Recherche ist in Abbildung 2 zu sehen. Erläutere, was für einen Winterschlaf und was für eine Winterruhe spricht.

In einem Schulprojekt wurde in Zusammenarbeit mit einem Wildpark die Überwinterung eines Igels untersucht. Die Schülerinnen und Schüler haben hierbei die Messdaten aufgenommen (▶ 3).

4 Zeichne ein Diagramm, das die Veränderung der Masse des Igels über die Zeit darstellt. Erkläre die Veränderung der Masse.

5 Ein Mitschüler hat zur Erläuterung der Überwinterungsstrategie eines Igels ein Diagramm mit allen Daten aus Abbildung 3 gezeichnet. Bewerte das Diagramm und zeichne wenn nötig eine verbesserte Version in dein Heft.

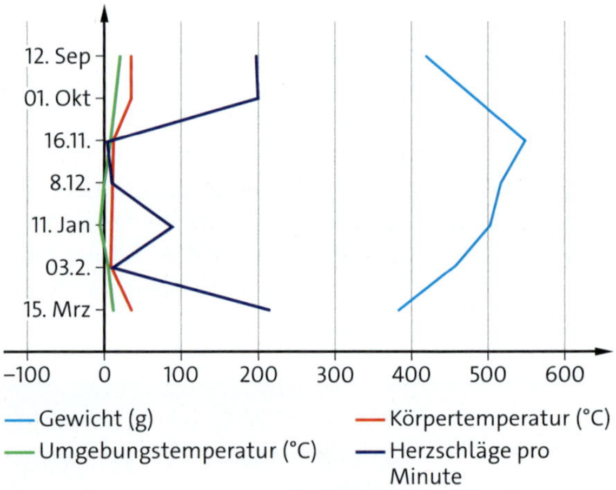

4 Diagrammentwurf eines Schülers

6 Wissenschaftler haben beobachtet, dass Igel mit hoher Wahrscheinlichkeit sterben, wenn die Körpertemperatur im Winterschlaf unter 5 °C fällt. Dies geschieht allerdings nur selten bei sehr tiefen Temperaturen. Vergleiche die Messwerte von Dezember und Januar und erkläre, wie Igel normalerweise ein Unterkühlen verhindern (▶ 3).

Datum	12.09.	01.10.	16.11.	08.12.	11.01.	03.02.	05.03.
Gewicht (g)	420	480	546	512	498	451	382
Körpertemperatur (°C)	34	34	6	5	5	7	34
Umgebungstemperatur (°C)	21	16	6	0	−8	5	12
Herzschläge pro Minute	198	201	5	12	87	10	212

3 Messdaten einer Igel-Überwinterung

7 Ordne die Begriffe „Standvogel“, „Zugvogel“, „Teilzieher“ den Bildern in Abbildung 5 zu und erläutere sie. Recherchiere zunächst dir unbekannte Arten.

8 Stelle mithilfe der Abbildung 5 eine Hypothese auf, wie Überwinterung und Ernährungsweise zusammenhängen.

9 Ein Mitschüler berichtet dir: „Zugvögel legen beim Flug in die Winterquartiere Tausende von Kilometern zurück. Das kostet viel Energie. Viele sterben dabei. Standvögel haben es da viel besser. Die bleiben einfach, wo sie sind, und sparen die Energie.“ Bewerte die Schüleraussage.

10 Bei Störchen konnte man in den vergangenen Jahrzehnten zunehmend beobachten, dass viele nicht mehr bis nach Afrika fliegen, sondern bereits im Süden Spaniens überwintern. Wissenschaftler sehen hierin einen Hinweis auf die Klimaveränderung. Erläutere die Vermutung der Wissenschaftler und nenne die Vorteile, die sich für die Störche ergeben.

Nahrung: Insekten

Nahrung: Insekten, Fruchtfleisch

Nahrung: Insekten, Spinnen, Samen

Nahrung: Fische, Wassertiere

5 Unterschiedliche Arten der Überwinterung

In eurer Schule soll ein Winterfutterhäuschen zur Vogelbeobachtung aufgestellt werden. Es werden zwei verschiedene Modelle angeboten (►6).

11 Für welches Häuschen würdest Du dich entscheiden? Begründe deine Entscheidung.

12 Es soll untersucht werden, welche Arten das Vogelhäuschen besuchen. Dazu sollen verschiedene Schüler das Vogelhäuschen beobachten. Schreibe eine Anleitung, wie die Schüler vorgehen müssen.

13 Formuliere weitere Fragestellungen, die mit dem Futterhäuschen untersucht werden können.

14 Das Futterhäuschen steht am Rand eures Schulhofs. Stelle Regeln zusammen, die in der Fütterungszeit während der Pausen von den Schülern beachtet werden müssen.

6 Oben: klassisches Vogelhäuschen, unten: Futtersäule

Der Heringshai und gewöhnliche Delfine sind in etwa gleich groß und schwer. Das Verbreitungsgebiet des Delfins ist jedoch auf eher wärmere Gewässer beschränkt, während der Hai auch kalte Gewässer besiedelt.

15 Erläutere, weshalb der Delfin nicht gut mit kalten Gewässern zurecht kommt. Nutze die Begriffe „thermokonform“ und „thermoregulatorisch“.

Informationsaufnahme, Informationsverarbeitung und Reaktion

Die Fotos zeigen verschiedene Tiere in bestimmten Situationen. Alle nehmen mit ihren Sinnesorganen Informationen auf, verarbeiten diese und müssen gegebenenfalls aufgrund dieser Informationen in wenigen Sekundenbruchteilen reagieren.

1. Beschreibe und interpretiere die abgebildeten Situationen. Welche Sinne spielen jeweils eine besondere Rolle?

Informationsaufnahme, Informationsverarbeitung und Reaktion

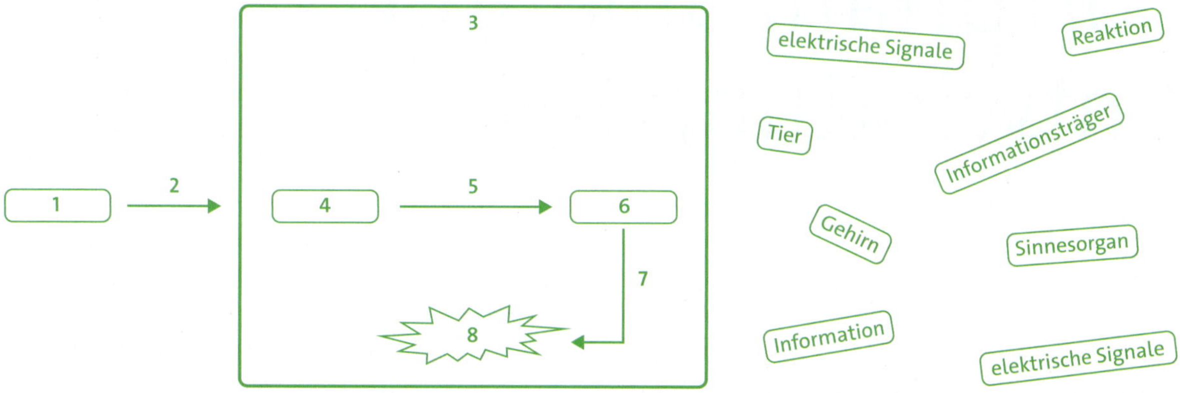

1 Allgemeines Schema zur Informationsverarbeitung

1 In Abbildung 1 ist ein Schema dargestellt, das die Informationsverarbeitung möglichst allgemein für alle Tiere darstellt. Ordne die Begriffe den Nummern zu.

2 Verändere das Schema aus Abbildung 1, damit es die Informationsverarbeitung bei folgenden Sinnen erklärt. Informiere dich über die Organe auf der Lexikonseite 102.
a) Grubenorgan bei Schlagen
b) Seitenlinienorgan
c) lorenzinische Ampullen

3 Aus einem Zeitungsbericht: „Blinder kann wieder sehen durch eingepflanzten Chip!" In dem zugehörigen Artikel bezeichnen die Ärzte das Gehirn und nicht die Sinnesorgane als Ort der Wahrnehmung. Erläutere diese Aussage.

4 Fledermäuse können sich mithilfe der Echoortung orientieren. Nach einem ähnlichen Prinzip haben die Schiffe großer Fischfangflotten zum Aufspüren von Fischschwärmen ein sogenanntes Echolot. Erläutere mithilfe der Abbildung 2, wie ein solches Echolot funktioniert.

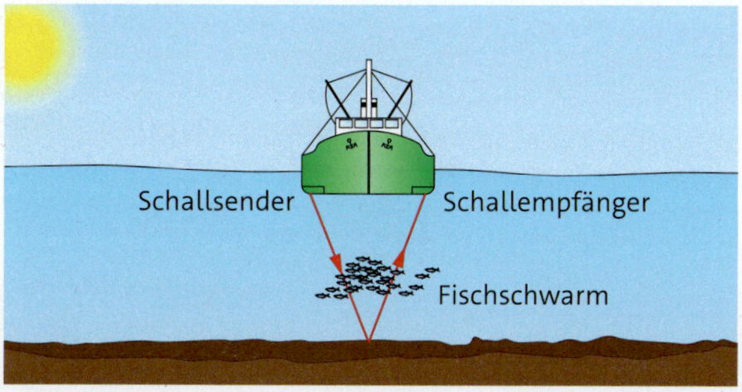

2 Echolot

3 Löwe bei der Jagd

4 Antilope schreckt Vögel auf

5 Wolf nimmt Witterung auf

5 Beschreibe die Sinnesleistung der Lebewesen in den Abbildungen 3 bis 5.

6 Fertige je ein Reiz-Reaktion-Schema für die in den Abbildungen 3 bis 5 dargestellten Situationen an.

Fortpflanzung und Entwicklung bei Wirbeltieren

Bei der Balz um Weibchen schlagen Pfauenmännchen mit ihren Schwanzfedern ein Rad, Rothirschmännchen veranstalten eindrucksvolle Zweikämpfe. Lachse schwimmen Tausende von Kilometern vom Meer aus die Flüsse hinauf und Erdkröten wandern über Kilometer zu ihrem Geburtsgewässer. Alle diese Kraftanstrengungen dienen nur einem einzigen Zweck, der Fortpflanzung oder Erzeugung von Nachkommen.

1. Fortpflanzung ist ein Kennzeichen aller Lebewesen. Nenne weitere Kennzeichen.

2. Die sexuelle Fortpflanzung ist mit großem Aufwand verbunden. Erläutere, welche Folgen es vermutlich hätte, wenn ein Tier für seine Fortpflanzung weniger Aufwand als seine Artgenossen betreiben würde.

3. Nenne verschiedene Verhaltensweisen, für welche Tiere außerhalb der Fortpflanzungszeit Kräfte und Zeit aufwenden müssen.

Fortpflanzung und Entwicklung – Ein Überblick

1 Singendes Amselmännchen

Schon im Februar beginnen die Singvogelmännchen mit ihrem typischen Gesang (▶1). Auch das Trommeln der Spechte ist über große Entfernungen zu hören. Frösche, Kröten und Fische wie die Bachforelle wandern zu ihren Laichgewässern. Stockerpelmännchen kämpfen heftig miteinander um ein Weibchen (▶4). Fuchsmännchen legen auf der Suche nach Weibchen große Strecken zurück. Diese typischen Verhaltensweisen dienen ausschließlich der **Fortpflanzung**. Bei den meisten Wirbeltieren findet diese im Frühjahr und Frühsommer statt, damit die Jungtiere günstige Bedingungen haben. Die Tiere stecken viel Energie und Zeit in diese Aktivitäten und nehmen teilweise große Gefahren auf sich. Doch nur so haben sie eine gute Chance, sich fortzupflanzen und Nachkommen zu erzeugen.

Mit Artgenossen zusammentreffen Außerhalb der Fortpflanzungszeit leben viele Wirbeltiere als Einzelgänger. Spezielle Informationen helfen ihnen, einen Fortpflanzungspartner zu finden. Diese Informationen können besondere Rufe, Gesänge oder Duftstoffe sein. Frösche, Kröten, Lachse und Aale wandern zur Fortpflanzung zu dem Gewässer, in welchem sie selbst zur Welt kamen. Dies erhöht die Wahrscheinlichkeit, einen Partner zu treffen. Zudem bietet das „bewährte" Gewässer gute Bedingungen für die Nachkommen.

❶ Beschreibe, wie unterschiedlich Wirbeltiere ihre Partner finden.

2 Stockentenpaar bei der Balz

3 Röhrender Hirsch

Konkurrenten vertreiben Die spektakulären Kämpfe der Rothirsche im Spätherbst dienen der Vertreibung von Konkurrenten. Dabei versuchen die Rivalen zuerst, den Gegner durch Imponieren und Drohen zum Aufgeben zu bewegen. Die Hirsche stoßen dazu weithin hörbare Laute aus, die man als Röhren bezeichnet. Daran können die Konkurrenten die Stärke ihres Gegners abschätzen und sich dann entsprechend verhalten.

Den Partner erkennen Männchen und Weibchen erkennen sich während der Fortpflanzungszeit an arteigenen Signalen, wie Rufen oder Gesängen. Das Stockentenmännchen zum Beispiel erkennt sein Weibchen bei der Balz, also dem Paarungsvorspiel, an unverwechselbaren Verhaltensweisen und sie erkennt ihn an seinem grünen Kopfgefieder (▶2).

Den „richtigen" Partner wählen Die Männchen müssen oftmals um ein Weibchen konkurrieren. Das kann auf verschiedene Weise geschehen. Stockentenerpel zum Beispiel versuchen ihre Rivalen in einem heftigen Kampf zu besiegen. Der Wettbewerb zwischen den Männchen hat immer zum Ziel dem Weibchen zu zeigen, dass man die meiste Ausdauer, die größte Kraft oder Schnelligkeit besitzt. Hat sich ein Weibchen für ein Männchen entschieden, erfolgt die Paarung.

❷ Nenne Tierarten, bei denen die Männchen in auffälliger Weise um die Weibchen werben.

4 Kampf zweier Stockerpelmännchen

5 Hundewelpen aus einem Wurf

Die sexuelle Fortpflanzung Bei allen Wirbeltieren läuft die sexuelle Fortpflanzung nach einem ähnlichen Muster ab. Die männlichen Tiere erzeugen dabei eine riesige Zahl von mikroskopisch kleinen, beweglichen Spermien oder Spermienzellen, welche als Transportbehälter für die Erbinformation der männlichen Tiere dienen. Die Eizellen der Weibchen sind sehr viel größer, da sie neben der Erbinformation noch Nährstoffe für die Versorgung des Embryos enthalten. Bei der Befruchtung verschmelzen eine Spermienzelle und eine Eizelle miteinander. Die von der Mutter stammende Erbinformation und die vom Vater stammende Erbinformation ergeben zusammen den Bauplan des neuen Lebewesens, des Nachkommen. Durch die Kombination von mütterlicher und väterlicher Erbinformation entstehen also bei der sexuellen Fortpflanzung Nachkommen mit neuen Eigenschaftskombinationen (▶5). Diese neuen Eigenschaftskombinationen können zufälligerweise, je nach den Umweltbedingungen, für das Lebewesen nachteilig oder vorteilhaft sein.

3 Erkläre, welche Chancen und welche Risiken in der Verschiedenartigkeit von Nachkommen liegen.

Sexuelle Fortpflanzung – viele Variationen Auch wenn die grundlegenden Vorgänge bei der sexuellen Fortpflanzung bei allen Wirbeltieren gleich sind, gibt es doch vielfältige Unterschiede zwischen den verschiedenen Wirbeltiergruppen. Beispielsweise kann die Befruchtung außerhalb oder innerhalb des Mutterleibs stattfinden. Man spricht von einer äußeren oder inneren Befruchtung. Ebenso kann sich der Embryo innerhalb oder außerhalb des Mutterleibs entwickeln und auf unterschiedliche Weise versorgt und geschützt werden. Bei vielen Arten kümmern sich die Eltern um die Jungtiere, bei anderen überlassen sie die Nachkommen sich selbst.

4 Beschreibe die Fortpflanzung und Entwicklung bei Vögeln, welche in Abbildung 6 dargestellt ist, mit eigenen Worten.

5 Vergleiche die Fortpflanzung der verschiedenen Wirbeltiergruppen unter möglichst vielen Gesichtspunkten.

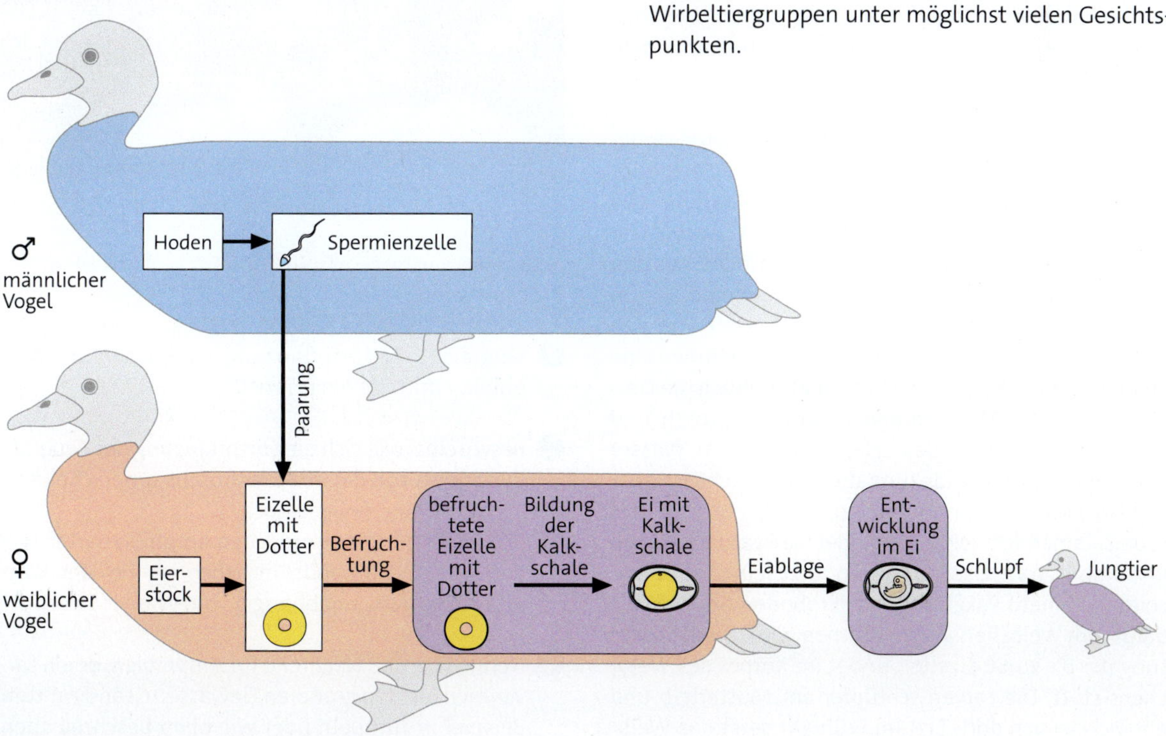

6 Fortpflanzung und Entwicklung bei Vögeln

Fortpflanzung im Wasser

1 Forellenlarve mit Dottersack

2 Pfeilgiftfrosch auf einem Ananasgewächs

Fische Im Wasser, dem Lebensraum der Fische, ist sexuelle Fortpflanzung „einfach“: Beide Partner geben die Geschlechtszellen nahezu gleichzeitig ab, die Befruchtung findet außerhalb des Körpers statt. Diese **äußere Befruchtung** ist nur im Wasser möglich. Nur dort sind Eizellen und Spermienzellen außerhalb des Körpers längere Zeit lebensfähig und die Spermienzellen können zu den Eizellen schwimmen. Fischeier sind nur von einer dünnen, durchlässigen Haut umgeben. Durch diese kann der Embryo optimal Wasser und Sauerstoff aufnehmen. Die benötigten Baustoffe und Energieträger dagegen entnimmt er seinem Dottersack.
Die Jungen schlüpfen bei vielen Fischarten nicht vollständig entwickelt aus den Eiern, sondern als Larven, die sich noch aus dem Dottersack ernähren. Larven sind zwar schon selbstständig lebensfähig, haben aber noch eine andere Gestalt und manchmal auch eine andere Lebensweise als die erwachsenen Tiere.

Amphibien Beim Grasfrosch und den meisten anderen einheimischen Froschlurchen läuft die Fortpflanzung ähnlich wie bei den Fischen ab. Paarung und äußere Befruchtung erfolgen in einem Gewässer, in dem auch die weitere Entwicklung stattfindet. Aus den Eiern schlüpfen Larven, die Kaulquappen, die sich in Körperbau und Lebensweise aber sehr stark von den erwachsenen Fröschen unterscheiden. Sie nehmen eine Zeit lang an Größe zu, dann erfolgt allmählich die Umwandlung oder **Metamorphose** zum Jungfrosch und danach der Wechsel des Lebensraums vom Wasser zum Land. Die Fortpflanzung des Grasfroschs ist aber nicht typisch für alle Amphibien, wie das Beispiel des Feuersalamanders zeigt. Hier findet die Paarung an Land im Sommer statt. Das Männchen setzt seine Spermienzellen in einem Paket auf dem Erdboden ab, welches dann vom Weibchen aufgenommen wird. Die Befruchtung der bis zu 60 Eizellen findet im Körper des Weibchens statt. Die Larven schlüpfen im Mutterleib und entwickeln sich dort. Erst im Frühjahr setzt das Weibchen die Larven in einem sauberen Gewässer ab.

Besonders in den Tropen findet man Amphibien mit außergewöhnlichen Fortpflanzungsstrategien. Die in Mittel- und Südamerika lebenden bunten Pfeilgiftfrösche nutzen oft kleine Wasseransammlungen in Blattachseln und Blüten von Ananasgewächsen für die Entwicklung ihrer Larven.
Manche tropischen Laubfroscharten benötigen zur Befruchtung und Eiablage kein Gewässer mehr, wohl aber für die Entwicklung der Larven. Sie suchen Zweige über der Wasseroberfläche eines Tümpels auf und bauen dort Nester aus Blättern oder aus Schaum, in die sie ihre Eier ablegen. Nach dem Schlüpfen fallen die Larven ins Wasser.

3 Schaumnest

1. Vergleiche die Fortpflanzung von Fischen und Amphibien mithilfe einer Tabelle.

2. Beschreibe, wie sich die Fortpflanzung des Feuersalamanders von der des Grasfroschs unterscheidet.

3. Recherchiere, wie es manchen Amphibienarten wie dem Alpensalamander möglich ist, bei der Fortpflanzung ganz unabhängig vom Wasser zu sein.

4. Nenne Vor- und Nachteile für Amphibien, deren Larven sich nicht in größeren Gewässern, sondern zum Beispiel in Tümpeln oder wie oben beschriebenen Nestern entwickeln.

Metamorphose

Ablauf der Metamorphose Die vielen Veränderungen während der Jugendentwicklung der Amphibien hängen vor allem mit dem Übergang vom Wasser- zum Landleben zusammen, den die Jungfrösche vollziehen müssen. Sie betreffen nahezu alle Organsysteme.
Die äußeren Kiemen verschwinden schon bald (▸1). An ihre Stelle treten innen liegende Kiemen. Schließlich werden auch diese abgebaut und durch die Lunge als Atmungsorgan ersetzt. Während die Gliedmaßen erscheinen und an Größe zunehmen, werden zwei Saugnäpfe auf der Unterseite abgebaut, die der jungen Kaulquappe zum Anheften an Wasserpflanzen dienten. Schließlich bildet sich auch der Ruderschwanz zurück.
Anstelle von Hornleisten zum Abraspeln der Pflanzennahrung bildet sich das Fanggebiss. Zusätzlich entsteht die muskulöse Fangzunge, der Mund wird breiter und der Darm verkürzt sich. Als weitere Anpassung an den künftigen Landaufenthalt verdickt sich die Haut und bildet zahlreiche Drüsen. Die Augenlinsen verändern sich, sodass sie sich jetzt für das Sehen außerhalb des Wassers eignen. Ebenso verändert sich die Körperfärbung und -form. Auch Knochen, Blutgefäße, Nerven und andere Gewebe und Organe werden im Lauf der Metamorphose neu gebildet oder „umgebaut". Abgebautes Gewebe wird dabei zum Teil an anderen „Baustellen" im Körper wiederverwendet.

Steuerung der Metamorphose Alle Umwandlungen bei der Metamorphose werden durch Hormone gesteuert. Hormone sind Signalstoffe, die in bestimmten Drüsen wie der Schilddrüse gebildet werden. Von den Drüsen werden sie ins Blut ausgeschüttet und gelangen so zu nahezu allen Zellen des Körpers. Aber nur bei denjenigen Zellen, die auf diese speziellen Hormonmoleküle reagieren, werden die erforderlichen Veränderungen in Gang gesetzt.

Vorteil der Metamorphose Die ursprünglichen Amphibien waren – wie alle Schwanzlurche und erwachsenen Froschlurche noch heute – reine Fleischfresser. Sie pflanzten sich wie ihre Fischvorfahren im Wasser fort und entwickelten sich über eine Larve zum jungen Lurch. Vermutlich unterschieden sich die Larven der frühen Amphibien nicht so stark von den erwachsenen Tieren und waren Fleischfresser wie diese. Dadurch mussten sie sich aber die Nahrung mit den vielen Fischlarven im Wasser teilen. Amphibienlarven, die zufällig auch pflanzliche Nahrung aufnehmen und verwerten konnten, hatten dadurch vielleicht einen Vorteil. Sie überlebten eher, konnten sich daher erfolgreicher fortpflanzen und diese Eigenschaften an ihre Nachkommen weitergeben.

1 Metamorphose beim Grasfrosch

Im Verlauf vieler Generationen könnten so die pflanzenfressenden Kaulquappen der Froschlurche und ihre Metamorphose in fleischfressende Jäger entstanden sein. Das bringt noch einen weiteren Vorteil mit sich: Wenn die erwachsenen Lurche Jäger, die Larven aber Pflanzenfresser sind, machen sie sich auch gegenseitig keine Konkurrenz um Nahrung. Dadurch können mehr Tiere derselben Art zur gleichen Zeit am gleichen Ort überleben.

1. Stelle die im Text beschriebenen Angepasstheiten von Kaulquappe und erwachsenem Froschlurch übersichtlich in einer Tabelle dar.

2. Recherchiere, welche anderen Tiere sich wie Amphibien über eine Metamorphose zum erwachsenen Tier entwickeln.

Krötenwanderung

1 *Warnschild Krötenwanderung*

3 *Massenhaftes Auftreten von Erdkröten*

Krötenwanderungen Im Frühjahr sieht man an Straßenrändern oft auffällige Schilder, die auf Krötenwanderungen hinweisen (►1). Sogar lokale Zeitungen berichten oft über diese Wanderungen und machen auf zeitlich begrenzte Straßensperrungen aufmerksam. Diese Maßnahmen werden aufgrund des massenhaften Auftretens von Erdkröten nötig, die zu ihren Laichgewässern wandern (►3). Auf ihrem Weg dorthin müssen sie häufig Straßen überqueren, um ihren Laichplatz zu erreichen.

Viele Amphibienarten, wie auch die Erdkröte, pflanzen sich im Frühjahr innerhalb von wenigen Tagen oder Wochen fort. Es kommt daher in diesem Zeitraum zu großen Krötenwanderungen, da alle Erdkröten gleichzeitig ihr Laichgewässer aufsuchen. Dies können Weiher, kleinere Teiche oder Seen sein. Dort ist die Wahrscheinlichkeit, einen Fortpflanzungspartner zu finden, besonders hoch. Den richtigen Weg finden die Erdkröten mithilfe ihres Geruchssinns. Das Zusammenfinden von Männchen und Weibchen kann aber schon auf dem Weg zum Laichplatz geschehen. Dabei klettert das Männchen dem Weibchen auf den Rücken und klammert sich an diesem fest (►2).

Amphibien schützen Nach der Eiablage wandern die Erdkröten ab und verbringen den Sommer in einem anderen Gebiet.

Im Herbst, wenn die Temperaturen niedriger werden, kann man auch Krötenwanderungen beobachten. Die Erdkröten machen sich dann auf den Weg, um einen geeigneten Platz zum Überwintern zu suchen. Von dort aus finden die beschriebenen, massenhaften Wanderungen im Frühjahr zu den Laichgewässern statt.

Bei ihren Wanderungen sterben die Erdkröten häufig beim Überqueren der Straße durch fahrende Autos. Hier helfen Schutzmaßnahmen, wie Schilder, die auf die Kröten aufmerksam machen oder Straßensperrungen.

Außerdem engagieren sich viele Menschen im Rahmen von Naturschutzorganisationen, indem sie zum Beispiel lange Krötenzäune errichten (►4).

1 Informiere dich bei einer Naturschutzorganisation vor Ort, inwiefern Krötenzäune diese Tiere bei ihrer Wanderung unterstützen.

2 *Erdkrötenweibchen mit Männchen*

4 *Maßnahme zum Amphibienschutz*

Bewerten

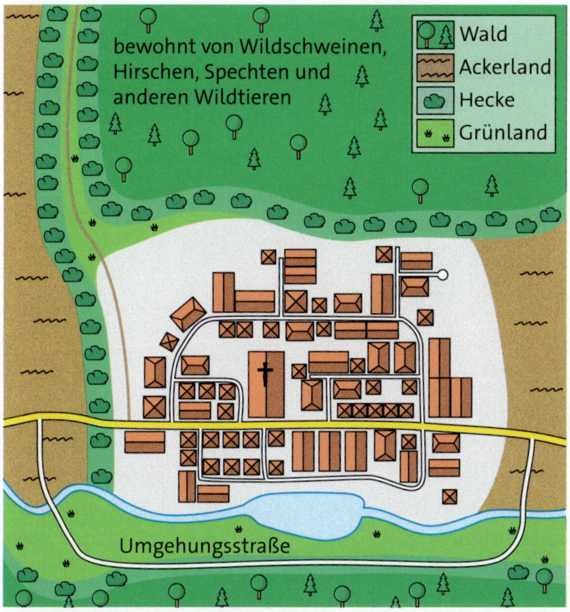

1 Stadtplan von Froschhausen

Im Dorf Froschhausen beschweren sich einige Bewohner seit Jahren über den Verkehrslärm der Hauptstraße. Der Verkehr und damit die Lärmbelastung haben über die Jahre hinweg ständig zugenommen. Der Gemeinde liegt ein Vorschlag eines Planungsbüros für den Bau einer Umgehungsstraße vor, die den Verkehr um das Dorfzentrum leitet. Ein Teil der Bewohner von Froschhausen ist gegen den Bau der Umgehungsstraße. Sie argumentieren, dass durch den Bau viele Amphibien, insbesondere Erdkröten, stark gefährdet werden. Die Kröten wandern jedes Frühjahr vom nahegelegenen Wald zum Ablaichen zum Dorfweiher, der südlich von der Hauptstraße liegt. Nach der Fortpflanzung begeben sich die Kröten wieder zu ihren Sommerquartieren, die in den umgebenen Hecken, Wäldern und Wiesen liegen. Ob und wo genau die Dorfstraße gebaut werden soll, ist nicht so einfach zu entscheiden. Um zu einer guten Lösung zu gelangen, können die Bürger des Dorfes folgendermaßen vorgehen.

So-geht's-Schritte:

1. Beschreibung der problematischen Situation Beschreibe die Situation, um die es geht, möglichst genau. Überlege dir in diesem Fall zum Beispiel, wer vom Bau einer Umgehungsstraße betroffen ist. Könnte die Straße auch woanders gebaut werden?

2. Aufzählung der Handlungsmöglichkeiten der Betroffenen Zähle alle Möglichkeiten auf, die in der problematischen Situation zur Verfügung stehen.

Zum Beispiel: Schreibe auf, welche Maßnahmen zum Bau der Straße überhaupt möglich sind. Könnte die Lage der neuen Straße anders geplant oder die Breite der Straße verändert werden? Die Straße könnte auch nicht gebaut werden.

3. Gründe suchen für oder gegen die Möglichkeiten
Überlege und schreibe auf, welche Gründe für oder gegen die Möglichkeiten sprechen. Welche Auswirkungen hat es beispielsweise, die Straße nicht zu bauen oder wenn die Straße durch das Amphibiengebiet verläuft. Wichtig ist, dass möglichst viele Sachinformationen gesammelt werden. Welche zusätzlichen Kosten könnten entstehen? Wie stark sind die Kröten betroffen?

4. Werte nennen, die hinter den Gründen stehen Jeder Entscheidung liegt ein bestimmter Wert zugrunde. Es kann sein, dass ein Bauunternehmer die Kosten möglichst niedrig halten möchte. Bei ihm spielen als Wert wirtschaftliche Interessen eine große Rolle. Bei Bürgern, welche den Bau der Straße verhindern wollen, steht der Naturschutz hinter ihrer Entscheidung.

5. Fälle eine begründete Entscheidung Entscheide Dich aufgrund der vorliegenden Sachinformationen und der Werte, die dir besonders wichtig sind, für eine bestimmte Möglichkeit.

6. Folgen deiner Entscheidung für Andere Aufgrund deiner Entscheidung ergeben sich ganz bestimmte Folgen für andere. Wenn beispielsweise die Umgehungsstraße nicht gebaut wird, spart die Gemeinde zwar Geld, die Bürger müssen aber den Lärm weiterhin ertragen.

❶ Betrachte Abbildung 1 und begründe, wo mögliche Wanderwege der Kröten verlaufen könnten.

Es stehen die drei folgenden Alternativen zur Auswahl: **a**, die Umgehungsstraße wird nicht gebaut, **b**, die Straße wird wie in Abbildung 1 gebaut, **c**, die Straße verläuft über den Norden des Dorfes.

❷ Entscheide Dich begründet mithilfe der So-geht's-Schritte für eine der Alternativen.

Diese So-geht's-Schritte lassen sich auch auf andere Situationen übertragen. Ein Problem ist beispielsweise, ob man eher günstiges Fleisch aus dem Discounter oder teures Biofleisch kaufen soll.

❸ Wende die So-geht's-Schritte auf dieses Beispiel an und gelange für Dich zu einer Entscheidung.

Fortpflanzung und Entwicklung an Land

1 Paarung bei Breitrandschildkröten

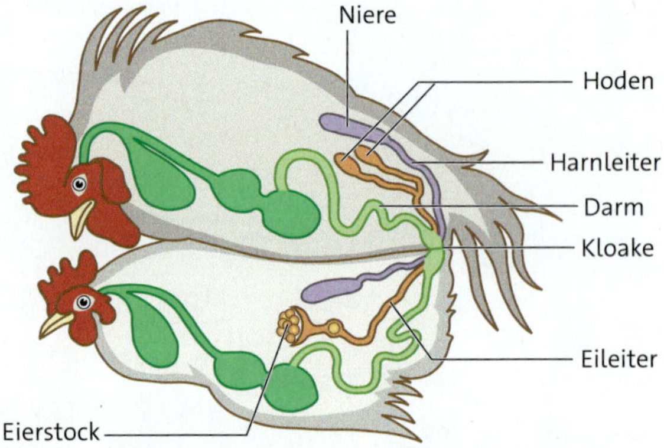

3 Hühner bei der Paarung

Reptilien Als vor etwa 300 Millionen Jahren das Klima allmählich trockener wurde, waren Reptilien die am weitesten verbreitete Wirbeltiergruppe. Für ihren Erfolg waren zwei Angepasstheiten wichtig: Ihre Hornschuppen schützten sie vor Austrocknung an Land und sie konnten sich außerhalb des Wassers fortpflanzen. Anders als Amphibien mussten sie also zur Fortpflanzung nicht eines der immer seltener werdenden Gewässer aufsuchen und konnten dadurch sogar extrem trockene Gebiete wie Wüsten besiedeln.
Eine äußere Befruchtung ist an Land kaum möglich. Die Spermienzellen können nicht zu den Eizellen schwimmen. Außerdem würden die Geschlechtszellen schnell austrocknen. Bei Reptilien und anderen landbewohnenden Wirbeltieren findet daher stets eine innere Befruchtung statt: Die Spermienzellen werden in den Körper des Weibchens übertragen und befruchten dort die Eizellen. Auch die befruchtete Eizelle und der Embryo sind bei den Reptilien im Vergleich zu Amphibien und Fischen besser geschützt. Im Innern des Eies bildet eine dünne Haut eine wassergefüllte Blase um den Embryo, in der er sich wie in einem Gewässer entwickeln kann. Dieser „Minitümpel" ist zusammen mit dem Dottersack von einer weiteren Haut umgeben. Dann folgen Eiklar, Schalenhäute und schließlich eine zähe, pergament- oder lederartige Schale. Der Embryo entnimmt die benötigten Nährstoffe dem Dotter. Durch Poren in der Eischale und in den inneren Häuten erhält er Sauerstoff. Trotz dieser Schutzeinrichtungen suchen viele Reptilienarten für die Eiablage Orte mit etwas Feuchtigkeit auf. Zauneidechsenweibchen zum Beispiel vergraben ihre Eier im Boden. Die Reptilienjungen schlüpfen als Miniaturausgaben ihrer Eltern aus dem Ei. Larven treten nicht auf.

2 Schlüpfende Krokodile

1 Reptilieneier enthalten viel mehr Dotter als Amphibieneier. Erläutere den Zusammenhang zwischen der Dottermenge und der Entwicklung von Reptilien und Amphibien.

Vögel Bei den Vögeln kommt es ebenfalls zu einer inneren Befruchtung. Die meisten Vogelarten haben für das Ausscheiden von Kot, das Legen von Eiern sowie die Übertragung von Spermienzellen nur einen gemeinsamen Körperausgang, die sogenannte Kloakenöffnung. Die Spermienzellen werden übertragen, indem Männchen und Weibchen ihre Kloakenöffnungen aneinanderpressen. Nach der inneren Befruchtung entwickelt sich ein Ei. Die Eier der Vögel sind ähnlich gebaut wie die der Reptilien. Sie besitzen aber eine viel festere und dickere Kalkschale. Sie sind daher noch widerstandsfähiger gegen Austrocknung. Fast alle Vogelarten bebrüten die Eier und sorgen dadurch für eine gleichmäßig hohe Temperatur. Nach dem Schlüpfen werden die Jungen von den Eltern intensiv betreut.

2 Nenne die Nährstoffe, die durch den Dotter dem Embryo zur Verfügung stehen müssen.

3 Stelle eine Hypothese auf, aus welchem Grund Reptilien ihre Eier vergraben, Vögel jedoch nicht.

Untersuchung eines Hühnereis

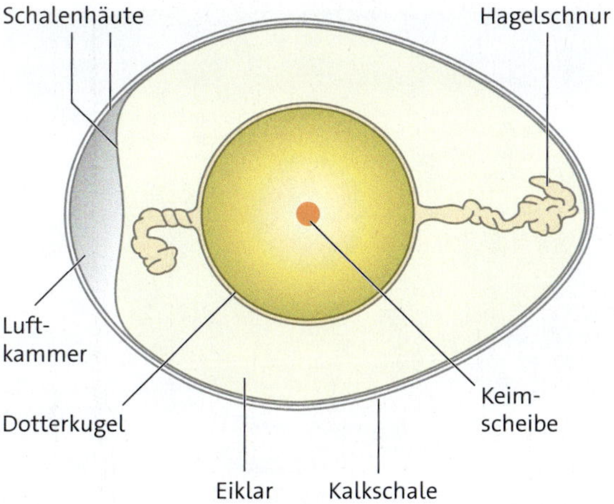

1 Ein Hühnerei im Längsschnitt

Betrachtet man Eier in einer Eierschachtel, fällt als Erstes die typische Eiform und die Farbe auf. Ob das Ei braun, weiß oder grünlich aussieht, liegt an den unterschiedlichen Hühnerrassen. Beim Aufschlagen der Kalkschale erkennt man das Eiklar und das rundliche Eigelb. Um jedoch ein „Brutbehälter" für den Embryo zu sein, braucht das Ei viel mehr Bestandteile, die alle spezielle Funktionen erfüllen müssen.

A Blick in das Hühnerei

Material: frisches Hühnerei, Pinzette, Stück von einer Eierschachtel

Durchführung: Lege das Ei quer in das Stück der Eierschachtel, sodass es gut darin Halt findet. Breche vorsichtig von oben kleine Stücke aus der Schale.

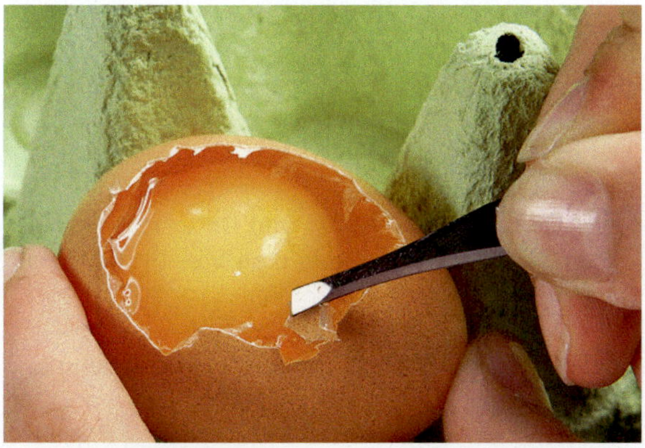

2 Geöffnetes Hühnerei

1. Vergleiche das geöffnete Ei (▸2) mit dem Längsschnitt eines Hühnereis (▸1) und ordne die gefundenen Strukturen denen aus der Schemazeichnung zu.

B Eier ohne Schale

Material: frisches Hühnerei, Glas 200 ml, Essigessenz, Lupe, Lampe, Löffel

Durchführung: Lege ein frisches Hühnerei zwei Tage in Essigessenz. Nimm das Ei anschließend vorsichtig mit einem Löffel aus dem Becherglas und spüle es vorsichtig unter fließendem Wasser ab.

2. Betrachte das Ei, während es in der Essigessenz liegt. Notiere deine Beobachtungen.

3. Nimm das Ei vorsichtig nach dem Spülen mit Wasser in die Hand. Notiere, wie es sich anfühlt. Erkläre deine Beobachtungen.

4. Beobachte das Ei mit einer Lupe vor einer hellen Lampe. Benenne die erkennbaren Bestandteile.

5. Halte das Ei zwischen Daumen und Zeigefinger und drehe deine Hand ganz schnell. Beobachte dabei genau den Dotter und notiere deine Beobachtungen.

C Eierschalen sind sehr stabil

Material: zwei hart gekochte Eier, Löffel, Klebeband, scharfes Messer, Bücher

Durchführung: Klebe um die hart gekochten Eier in der Mitte längs einen Klebestreifen, damit sie beim Schneiden nicht brechen. Schneide die Eier nun längs in jeweils zwei gleich große Teile. Entferne Eiweiß und Eigelb. Lege die vier Hälften auf eine ebene Unterlage und staple nun gleichmäßig die Bücher auf den Eierschalen, bis diese brechen.

3 Versuch zur Stabilität der Eierschale

6. Bestimme die Masse der Bücher, die die Eierschalen gerade noch tragen.

7. Recherchiere die Dicke von Eierschalen im Internet und beurteile die Stabilität der Schale im Verhältnis zu ihrer Dicke.

Fortpflanzung und Entwicklung bei Säugetieren

Säugetiere Die Säugetiere haben wie Reptilien und Vögel eine innere Befruchtung. Die sichere Übertragung der Spermienzellen in den Körper des Weibchens erfolgt mithilfe eines Penis. Die Befruchtung findet im Eileiter statt, in welchen die Eizelle von den Eierstöcken abgegeben wird. Im Gegensatz zu den Reptilien oder Vögeln bildet sich nach der Befruchtung im Eileiter aber keine Schale um die Eizelle. Diese nistet sich in der stark durchbluteten Schleimhaut eines besonderen Organs ein, der Gebärmutter. Anschließend bildet der Embryo viele Blutgefäße aus, die in die Gebärmutterwand vordringen. Dadurch entsteht ein weiteres Organ, die Plazenta, in der mütterliches Blut und Blut des Embryos nur durch dünnste Wände getrennt sind. Durch die dünnen Wände können Sauerstoff- und Nährstoffmoleküle vom Blut der Mutter in das Blut des Embryos wechseln. Gleichzeitig werden Abfallstoffe aus dem Blut des Embryos an den Blutkreislauf der Mutter abgegeben.

Im Unterschied zu Reptilien und Vögeln wird bei Säugetieren also der Embryo innerhalb des mütterlichen Körpers ernährt. Dort ist er besonders gut vor Feinden und Umwelteinflüssen geschützt. Gemeinsam ist allen drei Wirbeltierklassen aber die wassergefüllte schützende Hülle um den Embryo, die bei Säugetieren und Mensch als Fruchtblase bezeichnet wird.
Erst bei der Geburt reißt die Fruchtblase auf und die Jungtiere verlassen den mütterlichen Körper. Je nach Art sind sie zu diesem Zeitpunkt verschieden weit entwickelt. Die Jungtiere bestimmter Säugetiere wie Hunde sind zu diesem Zeitpunkt noch blind und völlig hilflos. Jungtiere anderer Säugetierarten, beispielsweise von Elefanten, kommen vollständig entwickelt zur Welt und können einige Stunden nach der Geburt schon laufen. Alle Säugetierjungen werden aber immer intensiv betreut und mit Muttermilch ernährt.

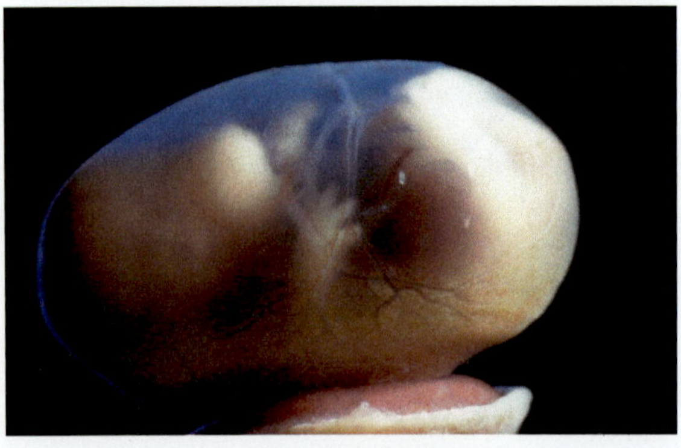

1 Ein Säugerembryo in der Fruchtblase.

2 Ein Elefantenjunges wird geboren.

3 Das Junge wird gesäugt.

1 Beschreibe, welche Angepasstheiten es Reptilien, Vögeln und Säugetieren ermöglichen, sich auf dem Land fortzupflanzen.

2 Stelle Gemeinsamkeiten und Unterschiede in der Fortpflanzung von Säugetieren, Vögeln und Reptilien in einer Tabelle zusammen.

3 **A** Zu einer weiteren Gruppe Säugetiere, den sogenannten Beuteltieren, gehört das Känguru. Erläutere mithilfe der Informationen der Nachgehakt-Seite zu Beuteltieren, aus welchem Grund es zu den Säugetieren zählt.

B Begründe außerdem, weshalb man innerhalb der Gruppe der Säugetiere eine eigene Untergruppe für das Känguru und seine Verwandten gebildet hat.

Beuteltiere

1 *Rotes Riesenkänguru*

Die Gruppe der Säugetiere gibt es schon sehr lange. Die ersten, sehr ursprünglichen Säugetiere gab es schon vor etwa 200 Millionen Jahren. Das war zur Zeit der ersten Dinosaurier. „Echte Säugetiere" und Beuteltiere entwickelten sich gleichzeitig erst vor ca. 130 Millionen Jahren. Beuteltiere sind eine sehr vielfältige Gruppe der Säugetiere. Sie sind hauptsächlich auf dem australischen Kontinent zu Hause. Hier findet man zum Beispiel Kängurus, Wombats, Koalas und maulwurfähnliche Beutelmulle. Auch in Südamerika leben Beuteltiere wie Beutelratten und Opossums. Im Vergleich zu den „echten Säugetieren" unterscheiden sich die Beuteltiere durch ihre besondere Fortpflanzung. Bei Beuteltieren bleibt der Embryo nur für eine sehr kurze Zeit von etwa acht bis zwölf Tagen in der Gebärmutter. Zum Zeitpunkt der Geburt sind die Jungen sehr klein und haben ihre Entwicklung noch nicht abgeschlossen. Ein neugeborenes Rotes Riesenkänguru zum Beispiel ist bei der Geburt etwa so groß wie eine Biene und wiegt weniger als ein Gramm (► 2).

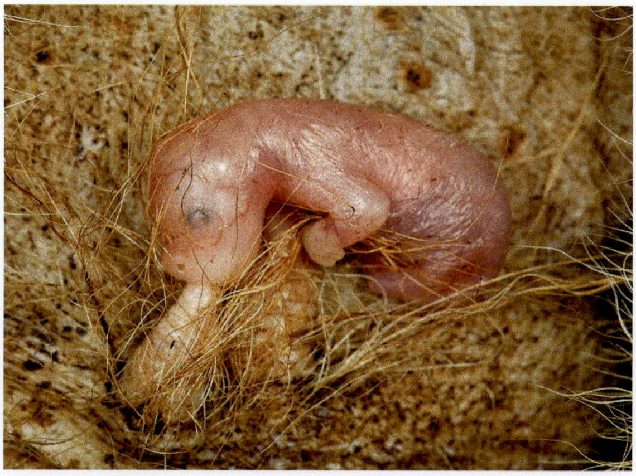

2 *Neugeborenes Riesenkänguru*

3 *Känguru – Junges im Beutel*

Verglichen mit „Echten Säugetieren" ist das Neugeborene genauso weit entwickelt wie ein sieben bis acht Wochen alter menschlicher Embryo.
Direkt nach der Geburt müssen die Jungtiere eine schwierige Wanderung unternehmen, für welche sie nur ein paar Minuten Zeit haben. Auf einer Geruchsspur, welche die Mutter mit der Zunge legt, kriechen sie von der Geburtsöffnung in eine Hauttasche am Bauch der Mutter, den Beutel. Hier saugen sie sich an den Milchdrüsen fest, wachsen heran und schließen ihre Entwicklung ab. Je nach Art dauert es zwischen einem und sieben Monaten, ehe die Jungen das erste Mal den Beutel verlassen (► 3).
Die Jungtiere werden meist von der Mutter intensiv betreut und bis zu ein Jahr gesäugt. In dieser Phase verlässt das Junge den Beutel der Mutter für immer längere Zeit, bis es selbstständig ist.
Bei Koalas wird das Junge, nachdem es den Beutel verlassen hat, noch ein Jahr lang von der Mutter auf dem Rücken getragen (► 4).

4 *Koala mit Junge*

Brutpflege

1 Geburtshelferkröte

Brutpflege – viel Aufwand für den Nachwuchs Karpfen, Zauneidechsen und Grasfrösche kümmern sich nach der Eiablage nicht mehr um ihren Nachwuchs. Ihr Verhalten dient dann nur noch dem eigenen Überleben. Viele andere Wirbeltierarten sorgen aber auch nach der Eiablage oder Geburt für ihren Nachwuchs. Schon während sich diese im Ei entwickeln, wird das Gelege zum Beispiel bewacht, gewärmt oder feucht gehalten. Nach dem Schlüpfen oder der Geburt werden die Jungen gefüttert und beschützt, bis sie völlig selbstständig sind. Solche Verhaltensweisen von Elterntieren bezeichnet man als **Brutpflege**. Brutpflege kommt in allen Wirbeltierklassen vor. Alle Säugetiere und fast alle Vögel betreiben Brutpflege und kümmern sich intensiv um ihre Nachkommen. Selbst unter den Fischen gibt es brutpflegende Arten wie den Stichling oder das Seepferdchen, bei dem das Männchen die Eier in einer „Tasche" am Bauch trägt. Unter den einheimischen Amphibien betreibt nur die Geburtshelferkröte Brutpflege. Das Männchen trägt die etwa 50 bis 80 Eier mit sich herum, befeuchtet sie regelmäßig an Pfützen und setzt erst die frisch geschlüpften Larven in ein Gewässer ab (▸1).

Unter den Reptilien sind es vor allem die Krokodile, die Brutpflege betreiben. Die Weibchen des Nilkrokodils legen ihre Eier an Land 50 Zentimeter tief in der Erde ab und bewachen den Brutplatz. Nach dem Schlüpfen graben sie ihre quäkenden Jungen aus und tragen sie im Maul zum Wasser. Man vermutet, dass auch einige der ausgestorbenen Dinosaurierarten die Überlebenschancen ihres Nachwuchses durch Brutpflege vergrößerten.

„Kosten" und Nutzen der Brutpflege Elterntiere, die Brutpflege betreiben, haben einen viel höheren Aufwand für ihre Nachkommen als solche, die das nicht tun. Wenn sie die Jungen füttern und schützen, riskieren sie manchmal sogar ihr eigenes Leben. Welcher Nutzen steht diesen „Kosten" gegenüber? Um eine Antwort auf die Frage zu erhalten, kann man als Modell die Brutpflege bei Amphibien und Fischen betrachten.

Amphibien Der einheimische Grasfrosch betreibt keine Brutpflege und legt etwa 4000 Eier. Die Geburtshelferkröte legt zwischen 50 und 80 Eier. Der in den Tropen lebende Dreifarbenblattsteiger, der zu den Pfeilgiftfröschen gehört, legt 18 bis 30 Eier auf Blättern ab. Das Männchen hält die Eier feucht und beschützt sie. Nach dem Schlüpfen trägt es die Kaulquappen auf dem Rücken zu einer geeigneten Wasseransammlung. Bei einigen Pfeilgiftfröschen und tropischen Laubfröschen besuchen die Weibchen darüber hinaus einige Male die Kaulquappen und füttern sie mit unbefruchteten Eiern. Bei solchen Arten sind die Eizahlen besonders gering.

Fische Bei einheimischen Fischen, die keine Brutpflege betreiben, wie dem Karpfen oder der Schleie, ist die Anzahl der gelegten Eizellen sehr hoch. Sie beträgt zwischen 100 000 und einer Million. Bei Arten mit ausgeprägter Brutpflege wie den Maulbrütern ist die Eizellenanzahl wesentlich geringer. Beim Kardinalbarsch nimmt das Männchen nach der Befruchtung die Eier ins Maul und trägt sie mit sich, bis die Larven schlüpfen (▸3). Beim Rothaubenerdfresser nimmt nur das Weibchen die etwa 100 Eier sofort nach der Eiablage ins Maul. Die Eier werden direkt dort befruchtet.

2 Nilkrokodil trägt seine Jungen

3 Kardinalbarsch mit Eipaket im Maul

4 *Kuckucksküken im fremden Nest*

Brutpflege, die nichts kostet: Beispiel Kuckuck Kuckucksweibchen suchen nach Nestern bestimmter Singvogelarten, in denen sich bereits Eier befinden. In einem günstigen Moment nehmen sie eines der Eier aus dem Nest, fressen es und legen dafür ein eigenes Ei im Nest der Wirtsvögel ab.
Diese bebrüten die Eier, bis die Jungen schlüpfen. Oft schlüpft der Jungkuckuck als Erster. Sobald er einige Stunden alt ist, wirft er die Eier oder Jungen der Wirtseltern aus dem Nest. Ab dann erhält er die gesamte Nahrung, die die Wirtseltern heranschaffen, und wächst schnell heran (▸4).

1. Vergleiche Vor- und Nachteile oder „Kosten" und „Nutzen", die brutpflegende Eltern und Eltern ohne Brutpflege haben.

2. Bilde Je-desto-Beziehungen, welche einen Zusammenhang zwischen der Eianzahl und dem Aufwand der Brutpflege herstellen.

3. Das Verhalten des Kuckucks bezeichnet man als Brutparasitismus. Diskutiere, ob diese Bezeichnung berechtigt ist.

4. Stelle eine Hypothese auf, weshalb Kuckucksweibchen ihre Eier nur in die Nester ganz bestimmter Vogelarten legen.

5. Für Profis: Erkläre, warum das Kuckuckskind die Eier der Wirtseltern aus dem Nest wirft.

5 *Hilflose Hundewelpen*

Nesthocker und Nestflüchter Bei Vögeln und Säugetieren kommen die Jungen unterschiedlich weit entwickelt zur Welt. Bei Singvögeln beispielsweise sind die geschlüpften Jungen noch blind und federlos. Sie sind daher auf eine intensive Fürsorge und Ernährung durch ihre Eltern angewiesen. Auch Hundebabys sind direkt nach ihrer Geburt völlig hilflos und von der Mutter abhängig (▸5).

Man nennt diese Tiere **Nesthocker**, da sie sich zu Beginn ihres Lebens stets im elterlichen „Nest" aufhalten. Das Gegenteil hierzu sind **Nestflüchter**. Beispielsweise kommen Elefantenjungen vollständig entwickelt auf die Welt und können nach ein paar Stunden sogar schon laufen. Auch Enten- oder Hühnerküken beginnen direkt nach dem Schlüpfen mit kleinen Ausflügen und nehmen schon selbstständig Nahrung auf (▸6). Sie bleiben jedoch stets in der Nähe der Mutter.

6 *Hühnerküken sind Nestflüchter.*

6. Stelle die Kennzeichen für Nesthocker und Nestflüchter in einer Tabelle zusammen und diskutiere die jeweiligen Vor- und Nachteile für die Eltern und Jungtiere.

Fortpflanzung und Entwicklung bei Wirbeltieren

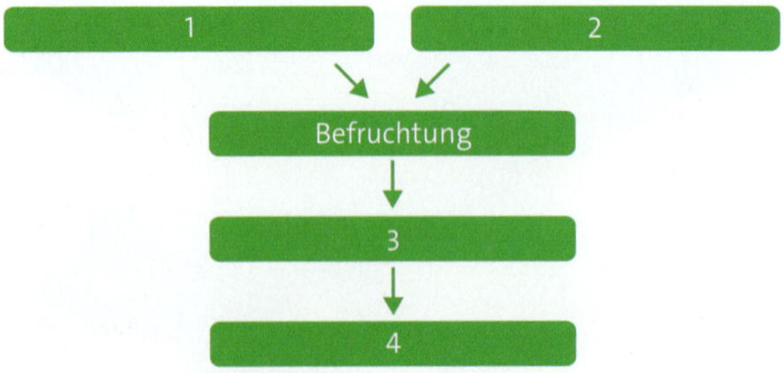

1 Strukturdiagramm zur Fortpflanzung

1 Wie viele Vorgänge in der Natur läuft auch die sexuelle Fortpflanzung nach einem Grundprinzip ab, das in verschiedenen Abwandlungen stets anzutreffen ist. Ersetze die Zahlen im oben abgebildeten Strukturdiagramm durch sinnvolle Begriffe.

2 Die Besiedelung des Landes war für Tiere nur durch viele Änderungen bei der Fortpflanzung möglich. Erläutere diese Anpassungen an einem frei gewählten Beispiel. Grenze bei deiner Erklärung die Begriffe innere und äußere Befruchtung voneinander ab.

In Abbildung 2 ist ein Männchen des Hahnenschweifwidas zu sehen. Das ist eine afrikanische Finkenart, deren Männchen 50 cm lange Schwanzfedern besitzen, die sie während der Balz zur Schau stellen. Weibchen haben nur 7 cm lange Schwanzfedern. Wissenschaftler haben die Bedeutung der männliche Schwanzfedern mit einem Experiment untersucht und folgende Daten gewonnen.

2 Männchen des Hahnenschweifwidas

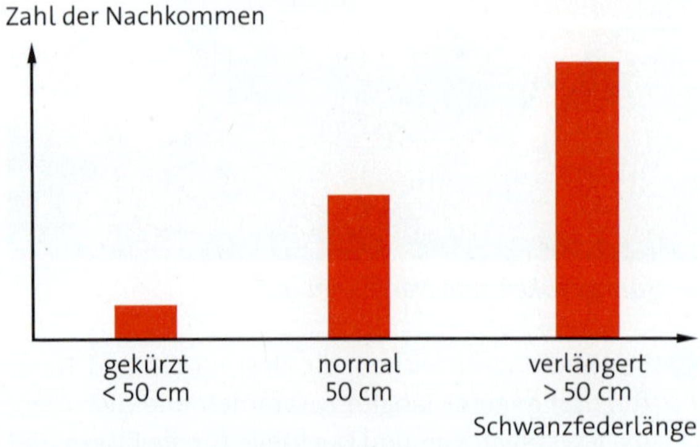

3 Diagramm zum Schwanzfederexperiment

3 Formuliere eine Fragestellung, die dem Experiment zugrunde liegen könnte.

4 Beschreibe, wie die Wissenschaftler wahrscheinlich bei diesem Experiment vorgegangen sind. Hinweis: Die Schwanzfedern wachsen wieder nach.

5 Werte das Diagramm aus und stelle Zusammenhänge auf, die aus den Daten zu entnehmen sind.

6 Obwohl man es anhand des Experimentes anders vermuten könnte, kommen in der Natur keine Schwanzfederlängen vor, die wesentlich länger als 50 cm sind. Erläutere, welche Probleme solch lange Schwanzfedern mit sich bringen könnten.

Ihr wollt mit eurer Klasse die Entwicklung von Grasfröschen beobachten. Hierzu wurde ein Aquarium eingerichtet und Laich aus dem Schulteich entnommen.

7 Schreibe eine Anleitung, wie die Beobachtung vom Ei zum fertigen Frosch durchgeführt und protokoliert werden soll.

8 Die Entnahme von Froschlaich aus Gewässern ist streng verboten und für Schulen nur mit einer Genehmigung möglich. Erkläre, welchen Grund eine solche Regelung haben könnte.

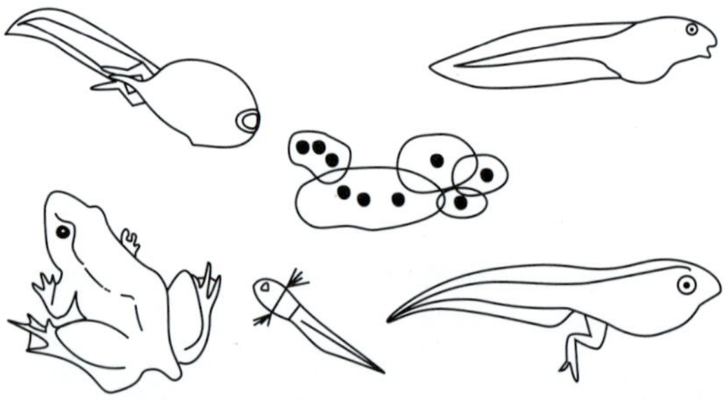

4 Schülerzeichnung einzelner Entwicklungphasen

9 Skizziere ein Lernplakat, auf welchem die einzelnen Phasen der Entwicklung des Grasfrosches abgebildet und erklärt werden. Nutze die Abbildung 4 sowie die Informationen auf den Seiten 108, 109.

10 Während das Halten von Kaulquappen relativ einfach ist, können ausgewachsene Frösche nicht oder nur sehr schwer im Schulaquarium gehalten werden. Erkläre, woran das liegen könnte und warum die Frösche unbedingt vor der vollständigen Entwicklung zurück in den Teich gesetzt werden müssen.

5 Flussregenpfeifer und sein Nest

Der Flussregenpfeifer brütet im Kiesbett von Flüssen (▶ 5). Wie bei vielen Vogelarten haben die Eier eine bestimmte Form und Färbung.

11 Erläutere, welchen Vorteil die gemusterten Eier im Vergleich zu weißen Eiern für den Flussregenpfeifer haben könnten.

12 Die Schale eines Eies ist sehr stabil. Betrachtet man sie jedoch mit einem Elektronenmikroskop, kann man feinste Poren erkennen. Erkläre, weshalb diese zwingend notwendig sind.

13 Bei der Entwicklung von Säugetieren im Mutterleib ist ein spezielles Organ, die Plazenta, besonders wichtig. Nenne die Funktionen der Plazenta und erkläre, wie andere Wirbeltiere sich ohne Plazenta entwickeln können.

14 Erläutere welche Vorteile und Nachteile eine Entwicklung im Mutterleib mit sich bringt.

15 Neugeborene Herdentiere wie Zebras können kurz nach der Geburt bereits laufen und sind voll entwickelt. Erläutere, weshalb die vollständige Entwicklung der Zebras bei der Geburt eine Angepasstheit an ihre Lebensweise darstellt.

16 Andere Säugetiere wie Mäuse kommen unvollständig entwickelt auf die Welt. Sie sind blind und haben noch kein Fell. Erläutere, welche Risiken für das Überleben der Jungtiere bestehen und welche Vorteile die Mäuseeltern dadurch aber auch haben.

17 Zum Thema Brutpflege bei verschiedenen Amphibien hast du recherchiert und dir ein paar Stichpunkte gemacht (▶ 9). Ordne die Abbildungen 6 bis 8 den passenden Amphibien zu.

18 Formuliere die Stichpunkte der Tabelle zu einem zusammenhängenden Text für jede Art aus.

19 Vergleiche den Aufwand, den die Arten in die Brutpflege investieren, und beschreibe den Zusammenhang zwischen Aufwand und Anzahl der Eier.

20 Erläutere Vorteile und Nachteile einer unterschiedlich intensiven Brutpflege.

6 Amphibie A

7 Amphibie B

8 Amphibie C

Erdbeerfrosch	ca. 5 Eier an Land abgelegt, Kaulquappen einzeln zu Wasserstellen gebracht, regelmäßig gefüttert, manchmal umgesetzt
Teichfrosch	ca. 2500 Eier ins Wasser abgelegt, keine weitere Brutpflege
Geburtshelferkröte	ca. 60 Eier an den Hinterbeinen, und dem Rücken, beim Schlupf werden Kaulquappen ins Wasser gegeben

9 Stichpunkte zu verschiedenen Amphibien

Fortpflanzung und Verbreitung von Samenpflanzen

Es dauert viele Jahrzehnte, bis aus einer ungefähr zwei Zentimeter großen Eichel ein 35 Meter hoher, tonnenschwerer Baumriese herangewachsen ist. Bei allen Samenpflanzen keimen aus winzigen Samen zunächst kleine Pflänzchen, die sich dann zu Bäumen, Sträuchern oder krautigen Pflanzen entwickeln. Pflanzen verbreiten sich mithilfe von Samen, die in Früchten „verpackt" sind. Diese Verpackungseinheit wird auf verschiedene Weisen an andere Orte transportiert. Samen und Früchte können hierfür die unterschiedlichsten Formen aufweisen. Die Früchte einer Kokosnuss sehen zum Beispiel völlig anders aus als die Früchte des Löwenzahns. Viele Früchte und Samen dienen Menschen und Tieren als Nahrung.

1. Erläutere, wozu Pflanzen Früchte bilden.

2. Formuliere eine passende Hypothese zur Frage, wie die Birke auf das Dach kommen konnte.

3. Zum Keimen und Wachsen benötigen Pflanzen Baustoffe. Erkläre, woher diese Baustoffe jeweils stammen.

4. Die Grünlilie (siehe Abbildung rechts unten) kann sich auch ohne Samen verbreiten. Recherchiere im Internet, wie sie das macht.

Samenpflanzen – Bau und Fortpflanzung im Überblick

Samenpflanzen können völlig verschieden aussehen. Neben Bäumen und Sträuchern gibt es auch krautige Pflanzen. Bei allen Samenpflanzen lässt sich aber grundsätzlich ein ähnlicher Aufbau erkennen.

Körpergliederung und Organe Der Körper der Samenpflanzen besteht wie bei Tieren und Menschen aus spezialisierten Zellen und Geweben. Er hat einen typischen Grundbauplan aus drei Organen: **Sprossachse** oder Stängel, **Blätter** und **Wurzel** (► 1).
Die Sprossachse mit den Blättern zusammen wird auch als Spross bezeichnet. Die **Blüten** selbst sind keine „Extraorgane", sondern umgebildete Sprossteile.

Lebenszyklus bei Samenpflanzen Die Blüten der Samenpflanzen dienen der sexuellen Fortpflanzung. Die Staubblätter bilden Pollenkörner. Diese werden je nach Art von Tieren oder vom Wind zu anderen Blüten der gleichen Art übertragen. Auf der Narbe angekommen entsteht ein Pollenschlauch, in dem sich männliche Geschlechtszellen bilden. Diese verschmelzen mit der Eizelle des Fruchtknotens. Aus der befruchteten Eizelle entsteht ein Embryo. Die Einheit aus Embryo, Nährstoffspeicher und schützender Samenschale nennt man Samen. Der Fruchtknoten bildet eine Frucht, die den Samen umhüllt. Die Frucht dient der Verbreitung des Samens. Auf geeignetem Boden kann aus dem Samen eine neue Samenpflanze keimen (► 2).

❶ Ordne mithilfe des Textes und deinem Vorwissen aus Jahrgangsstufe 5 den Nummern in Abbildung 2 die passenden Begriffe zu.

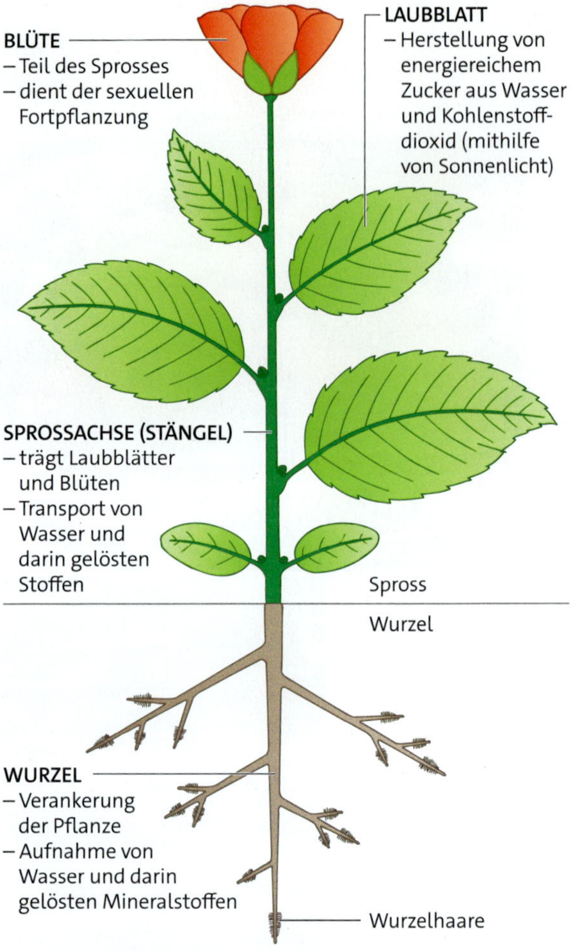

1 Grundbauplan einer Samenpflanze

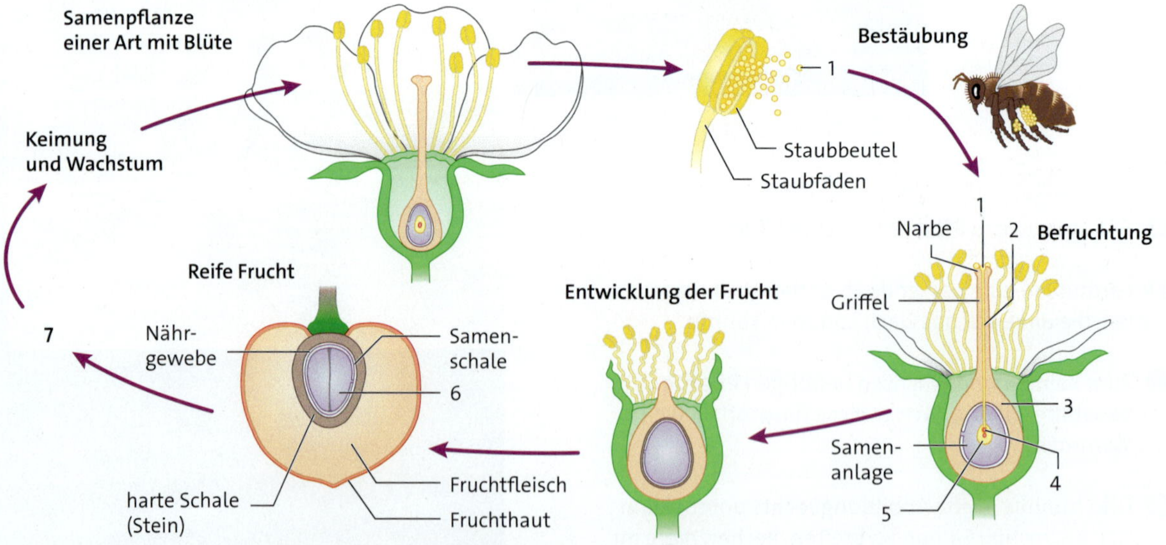

2 Lebenszyklus einer Samenpflanze am Beispiel der Kirsche

Abwandlungen des Grundbauplans

1 Baum, Strauch und krautige Pflanze

Bäume, Sträucher, krautige Pflanzen Trotz des gemeinsamen Bauplans gibt es bei Pflanzen sichtbare Unterschiede: Bei Bäumen ist die Sprossachse ein verholzter Stamm, der sich in der Krone in vielen Ästen verzweigt. Bei Sträuchern verzweigt sich die Sprossachse bereits nah am Boden. Krautige Pflanzen haben keine verholzte Sprossachse.

Abwandlungen der Sprossachse Ähnlich wie bei Tieren haben die Organe der Blütenpflanzen je nach Lebensraum und Lebensweise manchmal andere Aufgaben übernommen. So sind zum Beispiel bei Kakteen die Sprossachsen stark verdickt und dienen als Wasserspeicher. Bei Kartoffeln sind Teile der Sprossachse unterirdisch stark verdickt. Diese Sprossknollen sind für die Pflanze ein wichtiger Nährstoffspeicher.

Abwandlungen der Blätter Auch die Blätter können je nach Pflanzenart sehr unterschiedliche Formen und Funktionen haben. Bei Kakteen sind Blätter zu Dornen umgewandelt. In den heißen Gebieten, in denen Kakteen vorkommen, ist dies ein Vorteil. Die Dornen haben eine sehr kleine Oberfläche und über sie kann kaum Wasser verloren gehen. Bei Erbsen bilden die Blätter Ranken, die der Pflanze beim Klettern hilfreich sind. Besonders beeindruckend sind die Abwandlungen der Blätter von fleischfressenden Pflanzen. Sie dienen als Fangvorrichtungen für Insekten.

Abwandlungen der Wurzel Bei einigen Pflanzenarten dient die Wurzel in Form einer Rübe der Speicherung von Nährstoffen. Der Efeu klettert mit Haftwurzeln.

2 Kakteen

3 Blattranke

4 Haftwurzeln

1. Benenne die Nummern 1–4 in Abbildung 1.

2. Begründe, welchem Grundorgan einer Pflanze die Nadeln einer Tanne oder Kiefer entsprechen.

3. Erkläre einen Vorteil, den Pflanzen mit Dornen zusätzlich haben.

Samen und Früchte

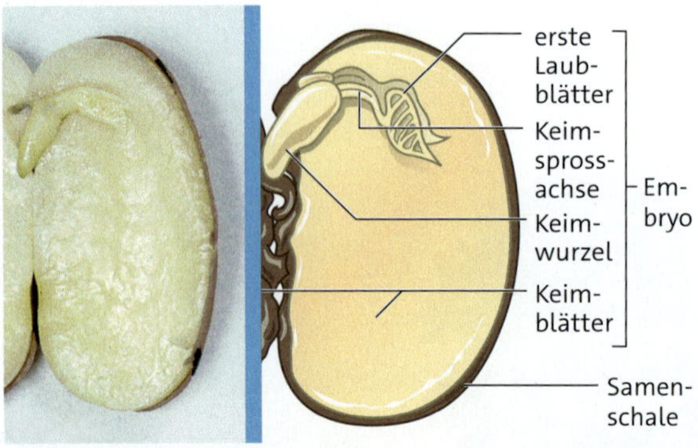

1 Bohnensamen (aufgeklappt)

Bau eines Samens Ein pflanzlicher **Samen** hat viel mit einem tierischen Ei gemeinsam. In beiden ist ein Embryo mit seinem Nährstoffspeicher. Die Nährstoffe nutzt der Embryo als Baustoffe für das Wachstum und als Energieträger für die Lebensvorgänge in seinen Zellen. Diese Nährstoffe im Samen stammen von der Mutterpflanze, in deren Blüten sich der Embryo durch geschlechtliche Fortpflanzung gebildet hat. Sie sind sozusagen das „Startkapital" für die Nachkommen. Besonders deutlich kannst du den Embryo in einem Bohnensamen erkennen. Hierfür sollte der Samen für einen Tag in Wasser gelegt werden. Dabei vergrößert er sich durch Wasseraufnahme. Schneidet man nun den Samen der Länge nach auf, so erkennt man deutlich den Embryo und die riesigen Nährstoffvorräte in den Keimblättern des Embryos. Mit einer Lupe kannst du sehen, dass der Embryo bereits die Grundorgane Wurzel, Sprossachse und Blätter hat. Die Blätter werden allerding erst im Licht grün. Zum Schutz umgibt ihn eine feste Samenschale (▶1).

Samenverbreitung Anders als bei Tieren kann die aus dem Embryo heranwachsende Jungpflanze nicht aktiv den Standort wechseln. Demnach müssten alle Nachkommen am selben Platz wie die Mutterpflanze wachsen. Wenn ein Same auf den Boden direkt neben der Mutterpflanze fallen würde, wären die Chancen für seine Entwicklung schlecht. Die Mutterpflanze und ihre Nachkommen wären Konkurrenten. Im Laufe der Entwicklungsgeschichte hat sich hierfür eine Lösung gefunden: Die Fruchtknoten bilden Früchte. Mit ihrer Hilfe können die Samen verbreitet werden. Früchte gibt es in den verschiedensten Formen.

1. Erkläre, warum die Samen vieler Pflanzen im Frühjahr auskeimen und welchen Vorteil das hat.

2. Begründe, warum viele Samen eine unverdauliche Schale haben.

2 Löwenzahnblüte und „Pusteblume"

Flugfrüchte Die „Pusteblume" des Löwenzahns kennt jeder (▶2). Die Fruchtknoten entwickeln hier nussartige Früchte, die den Samen schützend umhüllen. Die haarähnlichen Kelchblätter bilden für jede Frucht ein Schirmchen, das die Frucht durch die Luft trägt.
Bei Birken haben die Früchte dünne Häutchen und sind wie Flügel eines Segelfliegers geformt. Auch Ahornfrüchte sind flügelförmig. Sie bewegen sich wie die Rotorblätter eines Hubschraubers und tragen so die Samen durch die Luft. Viele Samen fallen im Flug auf unfruchtbaren Boden. Deswegen werden von der Mutterpflanze viele Flugfrüchte gebildet.

3. Nenne Pflanzen, deren Früchte durch den Wind verbreitet werden.

Schwimmfrüchte Wasserpflanzen können Wasserströmungen zur Verbreitung nutzen. Die Früchte der Seerose enthalten luftgefüllte Hohlräume. Sie können dadurch wie ein Korken auf dem Wasser treiben und große Entfernungen zurücklegen. Weit entfernt von der Mutterpflanze keimen sie aus.

3 Seerose

4 *Haselmaus auf Nahrungssuche*

7 *Samen und Früchte einiger einheimischer Pflanzen*

Lockfrüchte Alle saftigen, süßen und auffallend farbigen Früchte locken Tiere an (▶4). Die Bildung solcher Früchte ist sehr aufwendig. Pflanzen müssen viel energiereiche Nährstoffe und Farbstoffe bilden. Der Aufwand lohnt sich aber. Es werden viele Früchte mitsamt den Samen gefressen. Die Samen sind durch ihre Samenschale vor Verdauung geschützt. Frisst ein Tier die Frucht, scheidet es den Samen unversehrt an anderer Stelle wieder aus.

Streufrüchte Der Klatschmohn bildet Früchte, die wie Salzstreuer funktionieren (▶5). Im reifen Zustand verstreuen sie ihre Samen, sobald der Wind sie bewegt.

Schleuderfrüchte Die Fruchtknoten des Springkrauts (▶6) bilden längliche Früchte. Wenn sie groß genug sind oder man die Früchte berührt, platzen sie auf und schleudern die Samen mehrere Meter weit weg.

5 *Klatschmohn*

6 *Springkraut*

Weitere Verbreitungsarten Haselnüsse oder Eicheln werden zum Beispiel vom Eichhörnchen als Wintervorrat vergraben. Findet es einige nicht mehr wieder, keimen die Samen dieser Trockenfrüchte zu neuen Pflanzen aus.
Die Früchte der Klette und anderer Pflanzen besitzen kleine Widerhaken. Damit können sich diese Klettfrüchte im Fell von Tieren verfangen und verschleppt werden.

4. Ordne die Samen und Früchte aus Abbildung 7 den verschiedenen Verbreitungsformen zu. Begründe.

5. Eichhörnchen fressen den Embryo einer Haselnuss mit. Wäre es nicht vorteilhafter für die Haselsträucher, wenn die Nussschalen so dick wären, dass man sie nicht mehr „knacken“ könnte? Erkläre.

6. Für Profis: Folgende Tabelle zeigt die mögliche Masse der Samen einiger Baumsorten und deren mögliche Anzahl pro Baum in einem Jahr. Vergleiche die Zahlen miteinander. Formuliere Vorteile und Nachteile für die jeweilige Pflanze, die sich aufgrund dieser Zahlen ergeben. Formuliere Sätze nach dem Schema „Je ..., desto ...“.

	Birke	Eiche	Kastanie
ungefähre Masse der Samen in Gramm	0,0006	3	15
ungefähre Anzahl der Samen pro Baum und Jahr	30 000 000	60 000	10 000

7. Vergleiche den jeweiligen „Aufwand“, den ein Kirschbaum und eine Wassermelonenpflanze zur Verbreitung ihrer Samen betreiben. Gehe dabei vor allem auf die Größe der Frucht und die Anzahl der Samen pro Frucht und Pflanze ein.

Samenverbreitung

1 Früchte von Ahorn, Linde und Hainbuche

Pflanzen wie Ahorn, Linde oder Hainbuche bilden Früchte mit großflächigen Flugvorrichtungen (▶1). Der Nutzen dieser Flugvorrichtungen lässt sich experimentell zeigen.

A Was macht eine Flugfrucht aus?

Material: Gleich schwere Papierstücke (zum Beispiel Filterpapiere), Fön oder große Platte (zum Beispiel Styropor), verschiedene Flugfrüchte (zum Beispiel von Ahorn, Linde, Hainbuche), Schere, Stoppuhr

Durchführung: Lass ein Stück Papier gleichzeitig mit einem gleich schweren, aber zerknüllten Stück Papier aus circa zwei Metern Höhe fallen. Miss die Zeit, bis das jeweilige Papier am Boden ankommt. Wiederhole den Versuch und ahme mit einem Fön oder einer großen Platte Wind nach. Beobachte das Flugverhalten der beiden Papierstücke und protokolliere.

Lass aus circa zwei Metern Höhe verschiedene Flugfrüchte fallen. Vergleiche das Flugverhalten. Miss auch hier die Zeit, bis die jeweilige Flugfrucht am Boden ankommt. Entferne mit einer Schere die Flugvorrichtungen der Früchte und wiederhole die Versuche.

1. Begründe die unterschiedlichen Flugzeiten und erläutere die Aufgaben der Flugvorrichtungen.

2. Verbessere das Flugverhalten der Papierstücke. Finde Papierformen, die länger bzw. weiter fliegen.

2 Vergleich des Flugverhaltens von Papier

3 Große Klette mit Früchten

Der Verbreitungsmechanismus der Klettfrüchte kann ebenfalls experimentell gezeigt werden.

B Untersuchung einer Klettfrucht

Material: Früchte der Großen Klette, Lupe, verschiedene Stoffe (zum Beispiel Baumwoll-T-Shirt, Wollpullover, Kunstfell)

Durchführung: Betrachte die Frucht der Großen Klette mit der Lupe. Schau dir genau die Enden der Fruchtblätter an. Zeichne und beschreibe deren Form. Betrachte auch die Oberfläche der Stoffstücke mit der Lupe und beschreibe sie möglichst genau. Lege die Klettfrüchte auf den Tisch. Ziehe langsam verschiedene Stoffstücke über die Klettfrüchte und beschreibe deine Beobachtung.

3. Erläutere den Nutzen der Häkchen einer Klettfrucht.

4. Erkläre, weshalb Klettfrüchte unterschiedlich gut an den von dir verwendeten Stoffen haften. Erkläre, wie eine Oberfläche beschaffen sein muss, damit die Klettfrüchte daran optimal haften.

5. Erkläre, wie sich die Klettfrüchte in der Natur wieder vom Fell der Tiere lösen können.

6. Die Verbreitung der Samen durch das Fell von Tieren bietet Pflanzen viele Vorteile. Nenne diese.

4 Tier mit Klettfrucht

Bionik – Bei Pflanzen abgeschaut

Pflanzen als Vorbilder Die Natur wird schon lange als Ideengeber für technische Fragen genutzt. Viele natürliche Strukturen sind so perfekt entwickelt, dass sie von Menschen in verschiedenen Bereichen nachgeahmt werden. Auch einige Konstruktionen aus der Pflanzenwelt werden als Vorbild für verschiedenste Anwendungen genommen.

Die Klettfrucht als Vorbild für den Klettverschluss

Die Früchte der Großen Klette haben viele winzige Häkchen entwickelt, die sich in flauschigen Oberflächen, zum Beispiel dem Fell von Säugetieren, verhaken können. Die Klettfrüchte können aber auch wieder vom Fell gelöst werden. Klettverschlüsse funktionieren nach dem gleichen Prinzip: Eine Seite hat winzige Häkchen. Die andere enthält kleinste Schlaufen, in denen sich die elastischen Häkchen einhängen können.

1 Klettfrucht und Klettverschluss

Die Ahornfrucht als Vorbild für den Hubschrauber

Die Früchte des Ahorns drehen sich im Flug um die eigene Achse. Wie eine Spirale schweben die Früchte zu Boden. Wahrscheinlich gab es in China schon im 4. Jahrhundert n. Chr. Spielzeuge in Form von Rotoren. Es waren einfache Holzstäbe mit zwei daran befestigten Federn, die man in die Luft warf. Mit drehenden Bewegungen fiel dieses Fluggerät langsam zu Boden. Vermutlich waren Ahornsamen die Vorbilder für dieses Spielzeug. Leonardo da Vinci verfeinerte die Technik dieses Drehflüglers. Aber erst im 20. Jahrhundert gelang die technische Ausarbeitung zum Hubschrauber.

2 Ahornfrucht und Hubschrauber

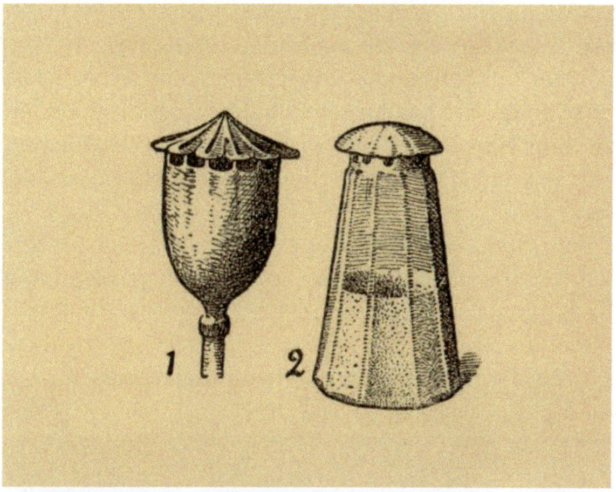

3 Mohnkapsel und Salzstreuer

Die Streufrucht als Vorbild für den Salzstreuer Der Biologe Raoul Heinrich Francé hatte im Jahr 1920 die Aufgabe, Kleinstlebewesen gleichmäßig zu verteilen. Viele Versuche mit unterschiedlichen Streuern brachten keine guten Ergebnisse. Schließlich kam Francé die Idee, in der Natur nach Vorbildern zu suchen. Er fand die Lösung für sein Problem in den Kapseln des Mohns. Diese haben kleine Löcher unterhalb des Deckels. Werden die Kapseln durch den Wind bewegt, verstreuen sie die kleinen Mohnkörner gleichmäßig in der Umgebung. Francé entwarf nach dem Vorbild der Mohnkapsel auch den ersten Salzstreuer der Welt.

1. Liste Beispiele auf, wo Klettverschlüsse heute Verwendung finden.

2. Recherchiere weitere Strukturen aus der Pflanzenwelt, die als Vorbild für technische Anwendungen dienen.

3. Informiere dich in Fachbüchern oder im Internet, wie die Zweige des Milchorangenbaums vom Menschen nachgeahmt werden.

4 Zweige des Milchorangenbaums

Fortpflanzung ohne Partner

So wie die meisten Tiere brauchen auch viele Pflanzen zum Erzeugen von Nachkommen einen Geschlechtspartner. Aus den bestäubten Blüten bilden sich Früchte mit Samen. Die Samen keimen auf geeignetem Boden zu Jungpflanzen aus. Die Nachkommen unterscheiden sich in ihren Eigenschaften untereinander und von ihren Eltern.
Einige Pflanzen sind aber auch in der Lage, sich zusätzlich ohne die Bildung von Samen fortzupflanzen. Sie benötigen also keinen Geschlechtspartner. Die Nachkommen sind dann in ihren Eigenschaften zu ihrer Mutterpflanze und auch untereinander identisch.

1 Erdbeerpflanze mit Ausläufern

Ausläufer Erdbeerpflanzen bilden oberirdische Seitentriebe, die man Ausläufer nennt (▶1). Wenn die Ausläufer mit der Erde in Berührung kommen, bilden sie Wurzeln aus. Allmählich stirbt ihre Verbindung zur Mutterpflanze ab. Neue, selbstständig lebensfähige Pflanzen sind entstanden. Damit hat die Erdbeerpflanze sich ohne einen Partner fortgepflanzt. Man bezeichnet diese Art der Fortpflanzung daher als ungeschlechtliche Fortpflanzung.

2 Brutblatt

Ableger Beim Brutblatt wachsen seitlich aus den Blättern kleine Tochterpflanzen (▶2). Diese hängen zwar noch an der Mutterpflanze, haben aber bereits kleine Wurzeln und Blätter. Sie fallen nach und nach ab und entwickeln sich zu neuen Pflanzen.

3 Drei unterirdische Knollen der Kartoffelpflanze

Knollen Kartoffelpflanzen bilden wie Erdbeerpflanzen Ausläufer, jedoch unter der Erde. Die Enden ihrer unterirdischen Sprosse verdicken sich zu Knollen, in denen Nährstoffe gespeichert sind. Die Knollen können austreiben und neue Pflanzen bilden.
Besonders interessant ist, dass die aus den Blüten gebildeten Früchte der Kartoffelpflanze für uns Menschen giftig sind. Die Knollen hingegen sind eines unserer Grundnahrungsmittel.

4 Zwiebel

Zwiebeln Tulpen und viele ihrer Verwandten besitzen Zwiebeln. Das sind ganz kurze unterirdische Sprossachsen mit verdickten Blättern als Nährstoffspeicher. Sie dienen der ungeschlechtlichen Fortpflanzung und Vermehrung sowie der Überwinterung.

Züchtung In der klassischen Züchtung war man früher völlig auf den Zufall angewiesen. Samen von außerordentlich ertragreichen und geschmacklich gewünschten Sorten wurden eingepflanzt und besonders gepflegt. Erst nach vielen Jahren zeigte sich, ob die Früchte der Nachkommen dieser Sorten auch die geforderten Eigenschaften hatten. Trotz dieser Schwierigkeiten gelang es, durch geduldige Auslese aus den Sämlingen allmählich Hochleistungssorten zu erhalten.
Außerdem nutzen die Pflanzenzüchter schon lange die Fähigkeit der Pflanzen zur ungeschlechtlichen Fortpflanzung und haben zusätzliche Verfahren zur schnelleren Vermehrung entwickelt.

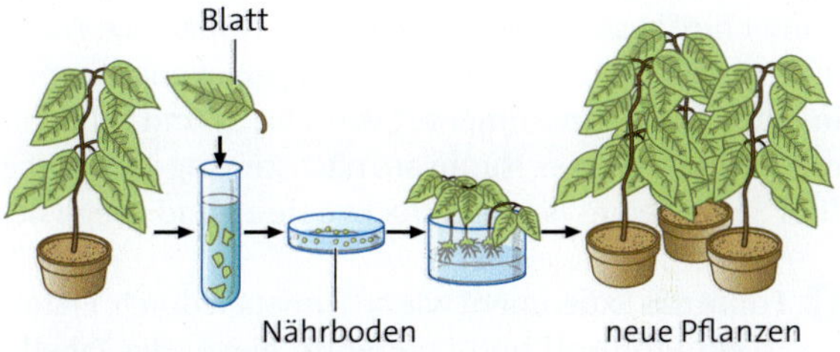

5 Züchtung durch Zellkultur

Zellkultur Das Erzeugen von Nachkommen, die alle die gleiche Erbinformation besitzen und daher weitgehend identisch sind, nennt man Klonen. Wenn sich Pflanzen also durch Zwiebeln oder Ausläufer ungeschlechtlich fortpflanzen, klonen sie sich gewissermaßen selbst.
Ein modernes technisches Verfahren, um Pflanzen zu klonen, sind Zellkulturen. Man entnimmt der zu vermehrenden Pflanze ein kleines Gewebestück und legt es auf einen Nährboden. Unter bestimmten Bedingungen entwickelt sich aus dem Gewebestück eine neue Pflanze. Die bei Pflanzenfreunden beliebten Orchideen aber auch Erdbeerpflanzen werden fast nur noch auf diese Weise gezüchtet, da bei ihnen die Vermehrung über Samen sehr schwierig ist.

Stecklinge Die Zweige vieler holziger Pflanzen wie Johannisbeeren, Lavendel oder manche Rosen werden in Gärtnereien in kurze Stücke geschnitten und in die Erde gesteckt. Sie bewurzeln sich und treiben aus.
Beim Usambaraveilchen kann man sogar einzelne Blätter in die Erde stecken. Auch sie entwickeln sich zu neuen Pflanzen.

6 Usambaraveilchen

7 So werden Obstbäume veredelt.

Veredeln Im Obstbau vermehrt man bewährte Sorten nicht mit Samen, sondern auf ungeschlechtlichem Weg. Da Obstbäume sich nur schlecht durch Stecklinge vermehren lassen, wird ein anderes Verfahren gewählt. Dabei setzt man einen Zweig der zu vermehrenden Sorte auf einen abgeschnittenen jungen Stamm einer anderen und lässt beide zusammenwachsen.

1. Die ungeschlechtliche Fortpflanzung von Pflanzen hat Vorteile, aber auch Nachteile gegenüber der geschlechtlichen. Anders gesagt: Beide Fortpflanzungstypen verlangen von einer Pflanze unterschiedlich viel Aufwand (= Kosten), ihr Nutzen ist aber auch unterschiedlich hoch. Stelle tabellarisch die Kosten und Nutzen der geschlechtlichen und der ungeschlechtlichen Fortpflanzung gegenüber.

2. Erkläre, warum Obstbäume heute meist durch Veredeln und nicht durch Samen vermehrt werden.

3. Tulpen vermehren sich neben der Ausbildung von Samen durch die Bildung von unterirdischen Tochterzwiebeln. Pflanzt man Samen und Tochterzwiebeln neu aus, stellt man fest, dass Tulpen, die aus Zwiebeln gebildet wurden, stets die Blütenfarbe der Mutterpflanze haben. Die aus Samen gezogenen Tulpen können dagegen unterschiedliche Blütenfarben aufweisen. Erläutere diese Beobachtung.

Experimente zu Keimung und Wachstum

1 Was lässt den Samen keimen?

Man hat die **Naturbeobachtung** gemacht, dass viele Samen im Frühjahr auskeimen (▶ 1). Um herauszufinden, was die Keimung eines Samens letztlich auslöst, wenden Naturwissenschaftler ein bewährtes Verfahren an. Du hast es bereits in der 5. Jahrgangsstufe kennengelernt (▶ 2).

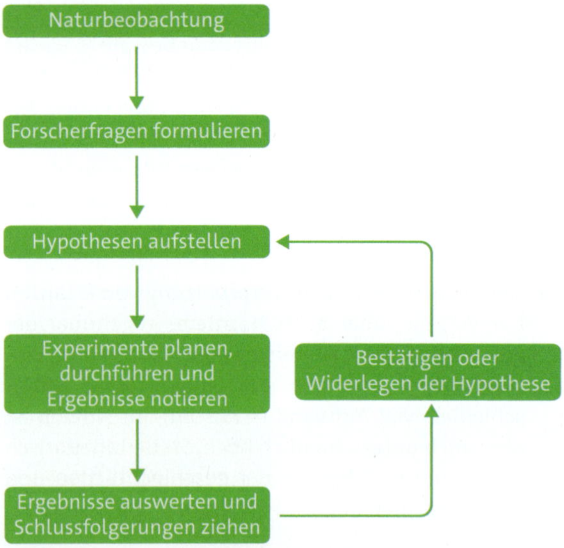

2 Naturwissenschaftliche Erkenntnismethode

Die **Naturbeobachtung** wirft die Frage auf, welche Faktoren nun für die Keimung verantwortlich sind. Es könnte sich nun folgende konkrete **Forscherfrage** ergeben: Welche Rolle spielt Feuchtigkeit für die Keimung eines Samen?

Eine mögliche **Vermutung (Hypothese)** wäre: Samen nehmen Wasser auf, bevor sie keimen können.

Zur Klärung dieser Vermutung wird ein **Experiment** geplant und durchgeführt.

Versuch zum Einfluss von Wasser auf die Keimung

3 Wiegen von Bohnen

Material: Samen (Gartenbohne), Waage, drei Becher, Tuch, Wasser

Durchführung: Zähle dreimal fünf Samen ab und wiege immer fünf zusammen auf der Waage. Notiere die Werte in deinem Heft. Lege jeweils die fünf gewogenen Samen in einen Becher (nummeriert von 1 bis 3) und fülle ihn mit reichlich Wasser. Nimm am nächsten Tag jeweils die fünf Samen eines Bechers, trockne sie ab und wiege sie.

1. Führe das Experiment wie beschrieben durch. Erstelle ein Protokoll und übernimm hierzu die Tabelle aus Abbildung 4 in dein Heft.

	Masse der fünf trockenen Samen	Masse der fünf gequollenen Samen	Durchschnittliche Masse eines trockenen Samens	Durchschnittliche Masse eines gequollenen Samens
Becher 1				
Becher 2				
Becher 3				

4 Tabelle zum Experiment

2. Berechne die durchschnittliche Masse eines Samens vor und nach dem Versuch. Wie groß ist der Unterschied?
3. Formuliere eine Erklärung für dein Ergebnis.
4. Erkläre, weshalb man nicht nur einen einzigen Samen, sondern dreimal fünf Stück verwendet.
5. Der Versuch überprüft die Hypothese noch nicht eindeutig. Plane den zweiten Teil des Versuchs.
6. Werte den Versuch aus Aufgabe 5 aus. Konnte die Hypothese bestätigt werden?
7. Stelle mithilfe der Abbildung 1 weitere Forscherfragen und Hypothesen zur Keimung auf.

⑪ Erkläre mithilfe der Tabelle (▶ 4), weshalb in Samen eher Öle als Speicherstoffe zu finden sind. Denke dabei auch an die Verbreitung der Samen.

	Kohlenhydrate	Fette/Öle
Energiedichte (kJ/g)	17	39

4 Energiegehalt der Speicherstoffe

⑫ Ungeachtet ihres Names zählt die Kokosnuss nicht zu den Nüssen, sondern zu den Steinfrüchten. Ordne die Begriffe „Fruchtfleisch", „Nährgewebe", „Stein", „Fruchthaut" den Zahlen in der Abbildung 5 zu. Vergleiche eine Kirsche mit einer Kokosnuss und nenne Gemeinsamkeiten und Unterschiede.

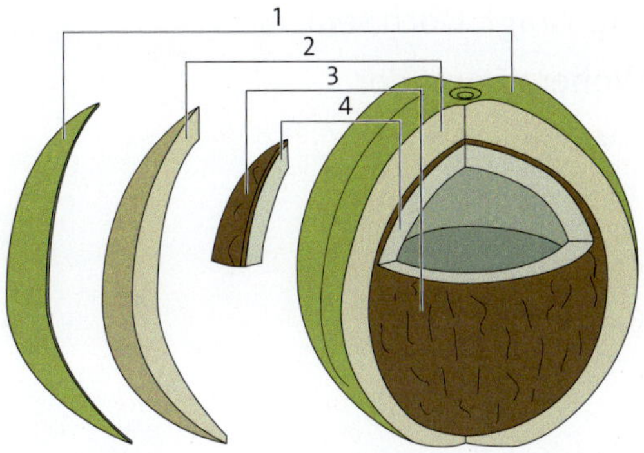

5 Kokosnuss – eine Steinfrucht

⑬ In einem Experiment haben Wissenschaftler getestet, wie Salzwasser die Keimfähigkeit eines Pflanzenembryos beeinflussen kann. In Salzwasser liegend, verlieren die meisten ihre Keimfähigkeit nach ein paar Tagen. Nur die Kokosnuss konnte auch nach 100 Tagen im Salzwasser erfolgreich auskeimen. Stelle eine Vermutung an, weshalb dies eine besondere Angepasstheit an den Lebensraum darstellt.

⑭ Entwickle einen Versuchsaufbau, mit dem man die Fragestellung: Beeinflusst Salzwasser die Keimfähigkeit von Samen?, untersuchen kann.

Die Lotuspflanze ist eine aus Asien stammende Sumpfpflanze, deren Blätter eine spezielle Oberfläche besitzen, die dazu führt, dass Wasser einfach abperlt (▶ 6) und dabei am Blatt haftende Schmutzteilchen mitnimmt. Dies wird als Lotuseffekt bezeichnet.

⑮ Ein Mitschüler meint dazu: „Der Lotuseffekt lässt sicht leicht erklären. Die Blätter sind ganz glatt, deshalb haftet kein Schmutz." Bewerte die Aussage mithilfe der Abbildung 7.

6 Der Lotus – Wasser perlt einfach ab.

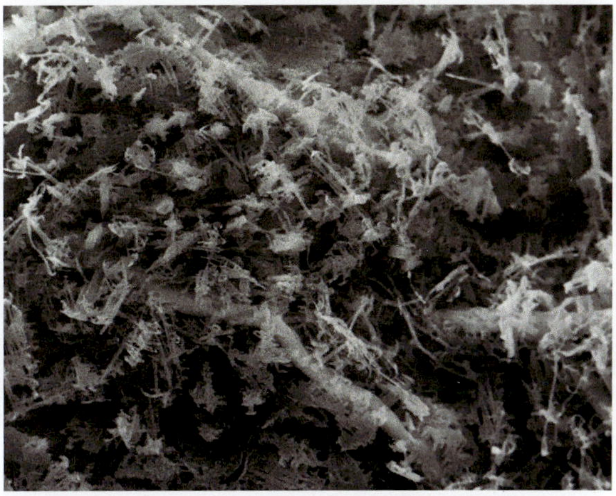

7 Wachskristalle auf der Blattoberfäche des Lotusblattes unter dem Elektronenmikroskop

⑯ Schüler haben eine Skizze zum Lotuseffekt gezeichnet (▶ 8). Erkläre mithilfe der Skizze den Reinigungseffekt.

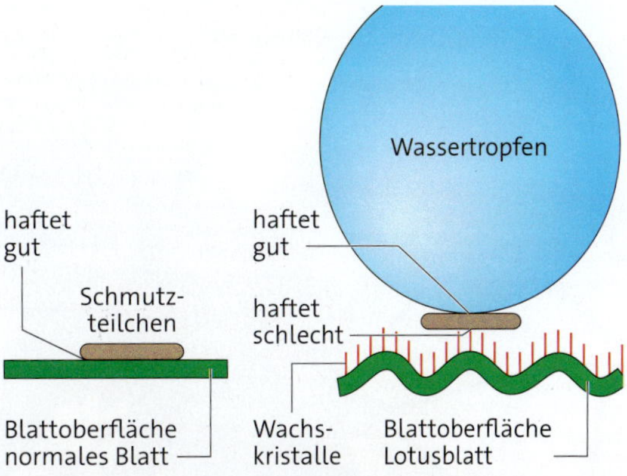

8 Schülerskizze zum Lotuseffekt

⑰ Recherchiere Möglichkeiten, wo der Lotuseffekt in der Technik oder im Alltag genutzt wird, und erläutere die damit verbundenen Vorteile.

Energieversorgung bei Pflanzen

Ein Ahornsamen ist vom Wind an einen passenden Standort am Waldrand getragen worden und keimt aus. Er ist schon so viel gewachsen, dass er knapp über die benachbarten Grashalme herausragt. Doch sein Vorratsspeicher ist begrenzt und bald verbraucht. Woher nimmt der Ahornkeimling dann die Baustoffe für neue Zellen? Woher stammt die Energie für seine Lebensvorgänge, bis er selbst so groß wie seine Mutterpflanze ist?

1 Betrachte die Sonnenblume. In ihrer Blüte entstehen Sonnenblumenkerne. Diese Samen werden verwendet, um Sonnenblumenöl herzustellen. Notiere in dein Heft den Aufbau eines Samens und die Funktion seiner Bestandteile in Form einer Tabelle (vergleiche Abbildung 1 auf Seite 124).

2 In der Gartenabteilung mancher Baumärkte kann man Zimmerpflanzen in dekorativem Hydrogel statt in Erde kaufen, wie zum Beispiel die abgebildete Orchidee. Die Bromelie, die in tropischen Regionen eigentlich auf Bäumen wächst, sieht man in den Städten auch auf Stromleitungen. Stelle eine Vermutung auf, woher diese Pflanzen ihre Nährstoffe beziehen.

3 Solar-Wackelblumen sind witzige Geschenke für Freunde ohne den „grünen Daumen“. Erkläre deren Funktionsweise und bedenke hierbei, dass Energie von einer Form in eine andere umgewandelt werden kann.

Wie ernähren sich Pflanzen?

Bei Menschen und Tieren ist die Sache klar: Sie nehmen die notwendigen Nährstoffe mit ihrer Nahrung auf. Woher aber erhalten Pflanzen die für das Wachsen notwendigen Baustoffe und die für alle Lebensvorgänge erforderliche Energie? Der Nährstoffvorrat eines Keimlings ist nach kurzer Zeit aufgebraucht und trotzdem wächst er immer weiter. Wie ist das möglich?

Nährstoffe aus der Erde? Lange Zeit glaubte man, dass Pflanzen Nährstoffe direkt aus der Erde aufnehmen würden. Im Jahr 1635 überprüfte der niederländische Arzt und Naturwissenschaftler Jan Baptist van Helmont diese Vermutung mit einem Experiment: Er pflanzte eine junge Weide in einen Topf mit Erde. Zuvor hatte er sowohl die Masse des Weidenbaums als auch der Erde genau abgewogen. Während des Wachstums der Weide goss er die Pflanze ausschließlich mit sauberem Regenwasser. Nach fünf Jahren bestimmte er erneut die Masse der Weide sowie der Erde. Seine Beobachtung kannst du aus der Tabelle entnehmen.

Ergebnisse		
	Masse Erde	Masse Weide
zu Beginn	91,00 kg	2,50 kg
nach 5 Jahren	90,50 kg	84,50 kg

1 Experiment und Beobachtung von van Helmont

1. Aus seinem Versuch folgerte van Helmont, dass die Pflanze „ihre Nahrung nur aus dem Regenwasser" entnommen hat. Beurteile, ob er sein Emperiment richtig ausgewertet hat.

2. Ein Londoner Arzt fand kurz nach van Helmonts Versuchen heraus, dass Pflanzen nicht, wie van Helmont annahm, in reinem Regenwasser wachsen können, sondern mit Erde vermischtes Wasser benötigen. Erkläre diese Beobachtung.

2 Düngestäbchen

Pflanzen nehmen Mineralstoffe aus der Erde auf Durch weitere Versuche wissen wir heute, dass Pflanzen aus der Erde zwar Wasser, aber keinerlei Nährstoffe entnehmen, also weder Kohlenhydrate, noch Fette oder Proteine. Sie entziehen der Erde allerdings sehr kleine Mengen an Stoffen, die im Regenwasser nicht enthalten sind. Diese Stoffe, die beispielsweise durch die Verwitterung von Gesteinen (Mineralien) entstehen, nennt man heute **Mineralstoffe**.

Untersuchungen des berühmten Münchner Naturwissenschaftlers Justus von Liebig zeigten, dass ohne eine kleine Menge Mineralstoffe im Boden kein Pflanzenwachstum möglich ist. Natürlich hat man schon vorher gewusst, dass die Nutzpflanzen besser wachsen, wenn man zuvor Mist auf den Feldern ausbrachte. Aber da man keine Erklärung für diese Beobachtung hatte, war lange unklar, was man außer dem natürlichen Dünger verwenden konnte. Nach von Liebigs Entdeckung konnte man die Mineralstoffe, die vor allem für das Pflanzenwachstum wichtig sind, mit chemischen Verfahren gewinnen und mit diesem Kunstdünger die Felder bestellen. Erst jetzt wurde es möglich, die zunehmende Zahl an Menschen ausreichend zu ernähren.

3. Versetze dich in die Lage Justus von Liebigs und plane einen Versuch, mit dem du beweisen kannst, dass Pflanzen kleine Mengen an Mineralstoffen benötigen. Führe den Versuch durch, wenn es dir möglich ist, und dokumentiere ihn mit Fotos.

4. Mineralstoffe sind auch für unsere Ernährung wichtig. Nenne solche Mineralstoffe und erkläre ihre Bedeutung.

5. Für Profis: Mit dem Experiment, so wie es van Helmont durchgeführt hat, ist es nicht möglich, die Masse an Baustoffen zu ermitteln, um die der Körper der Weide zugenommen hat. Überlege, wie man das Experiment abwandeln müsste, um diesen Wert bestimmen zu können.

Spielen Gase eine Rolle? Nach van Helmonts Versuchen wusste man, dass Pflanzen die von ihnen benötigten Biomoleküle nicht aus der Erde aufnehmen. Erst rund 150 Jahre später kam man im Rätsel um die Pflanzenernährung wieder einen Schritt weiter. Inzwischen hatte man herausgefunden, dass neben festen und flüssigen Stoffen auch Gase existieren.
Um das Jahr 1770 kam dann der englische Forscher Joseph Priestley in einer berühmten Versuchsreihe dem Geheimnis der Pflanzen zufällig ein ganzes Stück näher:

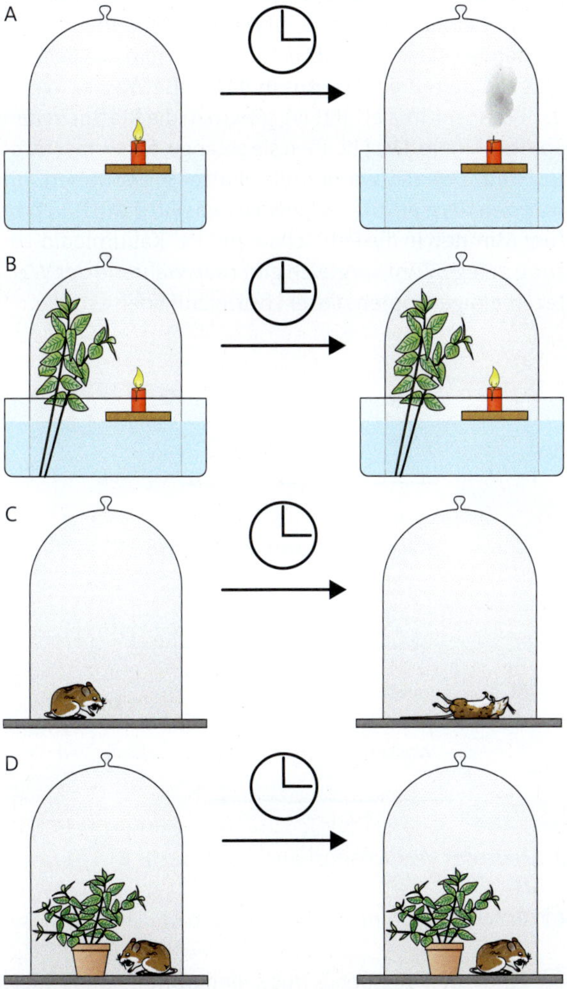

3 Versuchsreihe von Joseph Priestley

6 Formuliere die Beobachtungen Priestleys, wie sie aus Abbildung 3 hervorgehen.

Folgerung Priestley wusste nun, dass Pflanzen das für Tiere und Menschen lebenswichtige Gas Sauerstoff abgeben.

Des Rätsels Lösung Experimente weiterer Forscher zeigten: Pflanzen nehmen nichts anderes auf als das Gas Kohlenstoffdioxid aus der Luft sowie Wasser und Mineralstoffe aus dem Boden. Außerdem benötigen sie Licht und Wärme. Alle beteiligten Stoffe enthalten jedoch keine energiereichen Biomoleküle.
Seit 1845 ist bekannt, dass Pflanzen aus diesen Ausgangsstoffen ihre Nährstoffe selbst herstellen können: Kohlenstoffdioxid- und Wassermoleküle werden in den Zellen der grünen Pflanzenbestandteile durch eine chemischen Reaktion in Traubenzuckermoleküle umgewandelt. Diese können Pflanzen in weiteren Reaktionen in alle Baustoff- und Speichermoleküle umwandeln. Weil dazu Licht erforderlich ist, wird dieser Vorgang als **Fotosynthese** (von griechisch phos: Licht und synthesis: Zusammensetzung) bezeichnet.
Bis heute wird an diesem Prozess der Pflanzen geforscht, da er für die menschliche Existenz von enormer Bedeutung ist. Wir sind nicht nur abhängig vom dabei in die Atmosphäre abgegebenen Sauerstoff, sondern auch von der durch Fotosynthese erzeugten Biomasse, die uns direkt oder indirekt ernährt.

7 Stelle die Fotosynthese als Wortschema dar und vergleiche sie mit den Vorgängen der Atmung.

8 Überlege und begründe, wie das Ergebnis des Versuchs von Priestley aussehen würde, wenn man ihn im Dunklen durchführen würde.

In einem Versuch wird eine Glasglocke über eine brennende Kerze gestülpt. Nachdem sie erloschen ist, gibt man einen Pfefferminzzweig und ein Gasmessgerät zur Erfassung des Kohlenstoffdioxidanteils unter die Gasglocke – ohne neue Luft miteinzubringen. Das folgende Balkendiagramm stellt die Versuchsergebnisse dar.

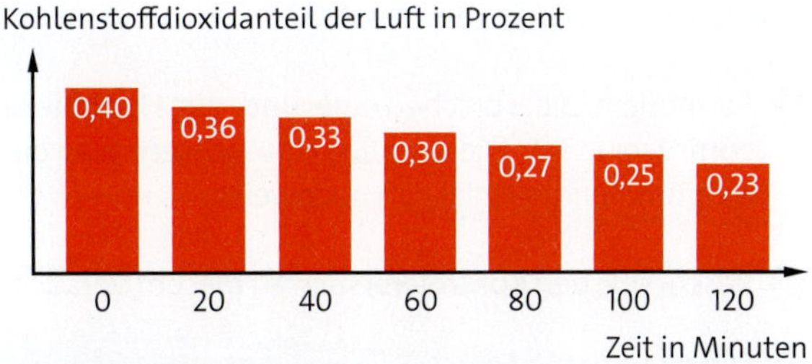

9 Erkläre die Beobachtung des Versuchs. Fertige ein Liniendiagramm an, das sowohl die Änderung des Kohlenstoffdioxidgehalts (blaue Linie) als auch des Sauerstoffgehalts (rote Linie) zeigt. Bedenke, dass die Änderung des Kohlenstoffdioxidgehalts dem des Sauerstoffgehalts entspricht.

Versuche zur Fotosynthese

Pflanzen sind zu der erstaunlichen Leistung fähig, mithilfe des energiereichen Sonnenlichts aus energiearmen Kohlenstoffdioxidmolekülen energiereiche Biomoleküle selbst herzustellen. Sie bilden bei der Fotosynthese Traubenzuckermoleküle, welche dann hauptsächlich zu großen Stärkemolekülen zusammengesetzt werden. Traubenzuckermoleküle werden daneben auch zu vielen anderen Molekülen umgebaut, die als Baumaterial oder Energiespeicher eingesetzt werden.

A Fotosynthese produziert ein Gas

Material: Sprosse der Wasserpest, Becherglas, Trichter mit Hahn, Wasser, Reagenzglas, Feuerzeug, Holzspan, eventuell intensive Lichtquelle, Schutzbrille

Durchführung: Ein abgeschnittener Spross der Wasserpest wird in ein Becherglas gelegt und mit Wasser bedeckt. Der Trichter wird mit geschlossenem Hahn darüber befestigt und ist zu Beginn des Versuchs ganz mit Wasser gefüllt. Wenn möglich, sollte man die Wasserpest belichten. Wenn sich genug Gas im Trichter gesammelt hat, lässt man dieses durch die Öffnung des Trichters in ein Reagenzglas strömen. Danach wird es vorsichtig mit dem Daumen solange verschlossen, bis ein glimmender Holzspan in das Reagenzglas gehalten wird.

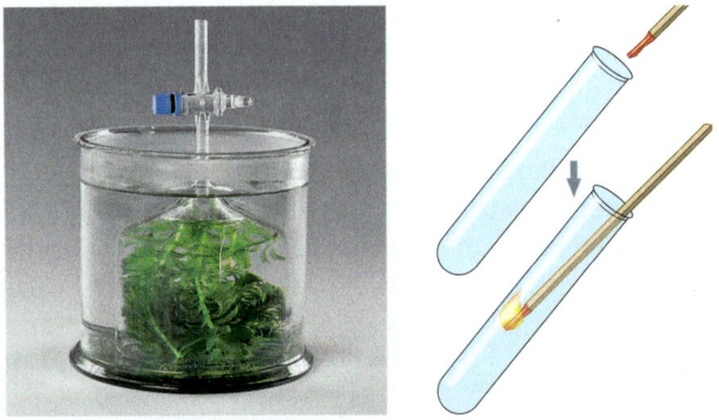

1 Beobachtungen des Versuchs A

1. Formuliere die Forscherfrage und die Hypothese zum Versuch A. Hierzu musst du wissen, was ein aufglimmender Holzspan nachweist.
2. Beschreibe den Kontrollversuch zu diesem Versuch.
3. Führe den Versuch durch und protokolliere ihn. Betrachte ein Wasserpest-Blättchen ganz genau und skizziere dieses.
4. Verändere die Stärke des Lichts während des Versuchs und beobachte die Folgen. Achte darauf, Beobachtung und Erklärung zu trennen.

B Nachweis der Stärkeproduktion

Material: Kapuzinerkresse, Alufolie, Becherglas, Heizplatte, Kochtopf, Petrischale, Pinzette, Pipette, Wasser, Iod-Kaliumiodid-Lösung, Brennspiritus, Speisestärke, Schutzbrille

Achtung! Die Chemikalien nach Anweisung der Lehrkraft entsorgen! Brennspiritus ist leicht entzündlich!

Durchführung: Ein Blatt der Pflanze wird mit Alufolie abgedeckt und einen Tag lang ins Sonnenlicht gestellt. Am nächsten Tag erhitzt man Wasser, bis es kocht. Anschließend wird ein normales, also belichtetes Blatt sowie das abgedeckte Blatt von der Pflanze abgetrennt und mit einer Pinzette für etwa zehn Sekunden in das kochende Wasser gehalten. Nun stellt man das Becherglas mit dem Brennspiritus in das heiße Wasser. Wenn der Brennspiritus erhitzt ist, gibt man die Blätter in den Spiritus hinein. Dort bleiben sie solange, bis sie fast farblos sind. Danach werden die Blätter entnommen, im warmen Wasser kurz ausgewaschen und dann für etwa fünf Minuten in die Petrischale mit Iod-Kaliumiodid-Lösung gelegt. Zum Vergleich gibt man während der Wartezeit einige Tropfen dieser Lösung auf Speisestärke.

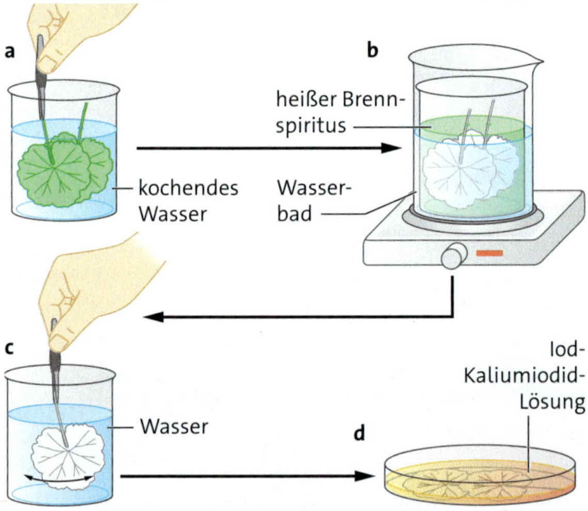

2 Skizze des Versuchsaufbaus des Versuchs B

5. Beschreibe deine Beobachtungen und erkläre diese.
6. Führe den Versuch B mit sogenannten panaschierten Blättern durch. Das sind Blätter, die neben grünen auch weiße Flächen aufweisen. Beschreibe auch hier deine Beobachtungen und erkläre diese im Vergleich zu deiner Auswertung in Aufgabe 5.
7. Blätter können Stärke nicht speichern. Überlege, wo verschiedene Pflanzen Stärke speichern, und prüfe deine Vermutungen mit dem Iod-Stärke-Nachweis.

Pflanzen als Solarfabriken

1 Kunstobjekt: Baum mit Solarzellen

Fotosynthese Was dieses Kunstobjekt (▶1) verdeutlichen möchte, war zu Priestleys Zeiten für die Forscher unglaublich aufregend: Pflanzen nutzen die Energie der Sonne, um aus den energiearmen Ausgangsstoffen Kohlenstoffdioxid und Wasser den energiereichen Stoff Traubenzucker aufzubauen. Dieser wird auch Glucose genannt (von griechisch glucos: süß). Bei dieser chemischen Reaktion, die wir als Fotosynthese bezeichnen, entsteht außerdem Sauerstoff, der überwiegend an die Umwelt abgeben wird. Nur Pflanzen, Algen und bestimmte einzellige Bakterien haben diese einzigartige Fähigkeit.
Aus dem Traubenzucker und kleinsten Mengen an Mineralstoffen, die zusammen mit dem Wasser über die Wurzeln aufgenommen werden, stellt eine Pflanze alle anderen Stoffe her, die sie benötigt. So können beispielsweise aus Traubenzuckermolekülen sehr leicht Stärkemoleküle zusammengesetzt werden, die als Speicher dienen.
Wie so oft in den Naturwissenschaften wirft eine Antwort neue Fragen auf. Nachdem die Frage, wie ernähren sich Pflanzen? geklärt war, stellten sich Fragen wie, wo genau in der Pflanze wird der Traubenzucker hergestellt? und: welche Rolle spielt dabei das Licht?

1 Vergleiche die Energieumwandlung in einer Solarzelle mit der, die im Blatt einer Pflanze stattfindet.

Blattgrün als „Antenne" für Lichtenergie Aus der Auswertung des Versuchs B (S. 140) weißt du: Nur dort, wo das Blatt grün ist, kannst du nach der Belichtung Stärke nachweisen.
Das zeigt, dass die Fotosynthese nur in den Zellen der grünen Pflanzenbestandteile stattfinden kann. Diese sind grün, da die meisten ihrer Zellen sogenannte **Chloroplasten** (von griechisch chlorós: Farbe und plastós: geformt) als Zellbestandteile enthalten, in denen sich das Blattgrün befindet. Nur mit diesem Farbstoff ist es Pflanzen möglich, die Energie des Sonnenlichts einzufangen und in Form von Traubenzuckermolekülen zu speichern.

2 Bestimmt hast du schon folgende Erfahrung gemacht: Ein schwarzes T-Shirt erwärmt sich in der Sonne viel stärker, als ein weißes. Vergleiche Gemeinsamkeiten und Unterschiede dieser Energieumwandlung mit der, die im Blattgrün bei der Fotosynthese stattfindet.

Den Trick, mit der Sonnenstrahlung eine nahezu unerschöpfliche Energiequelle anzuzapfen, haben einzellige Lebewesen vermutlich schon vor rund drei Milliarden Jahren erfunden. Heute noch produzieren einzellige Algen in den Meeren mit dieser Methode mehr Nährstoffe als alle anderen Pflanzen zusammen.

3 Fülle das Wortschema der Fotosynthesereaktion mit den korrekten Begriffen.

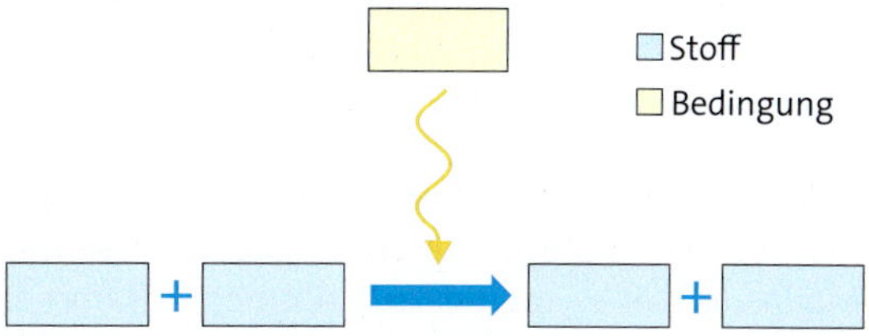

4 Sieh dir eine Löwenzahn-Pflanze genau an. Erkläre, in welchen Pflanzenorganen Fotosynthese stattfindet und in welchen Teilen der Pflanze Zellatmung?

5 Pflanzen reagieren, zum Beispiel durch die Farbe der Blätter oder ihre Wuchsform, auf die Intensität und die Richtung des Lichts. Suche in deiner Umgebung Beispiele dafür.

6 Für Profis: Wir können zwar die Sonnenenergie nutzen, aber bisher nur schlecht speichern. Recherchiere Möglichkeiten, wie die Energie aus Solarzellen gespeichert werden könnte.

Betrachtung von Fotosynthese und Zellatmung auf Teilchenebene

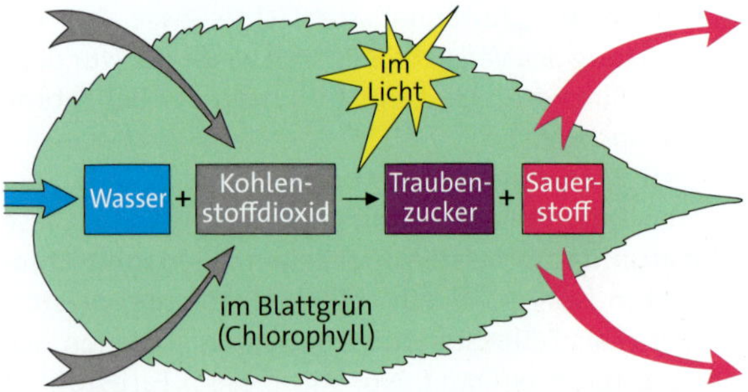

1 Wortschema der Fotosynthese im Blatt

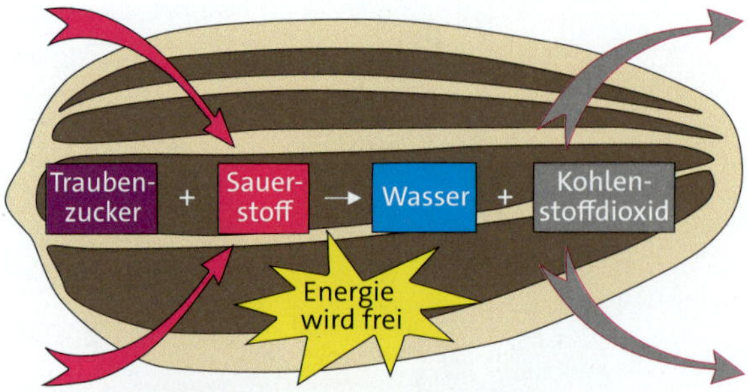

3 Wortschema der Zellamtung im Samen

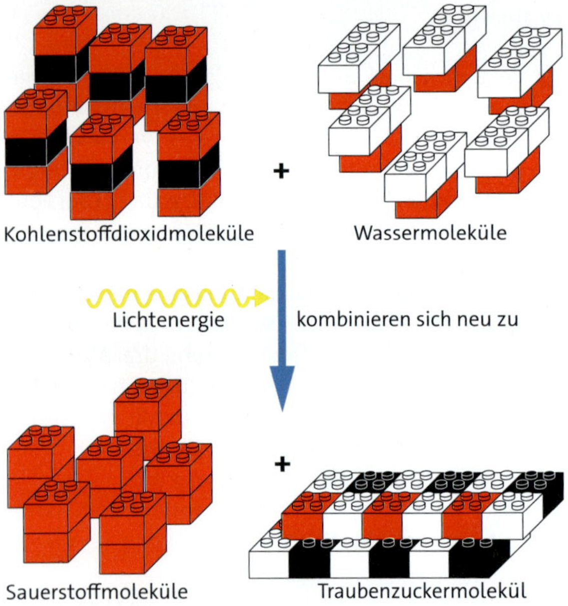

2 Baustein-Modell der Fotosynthese

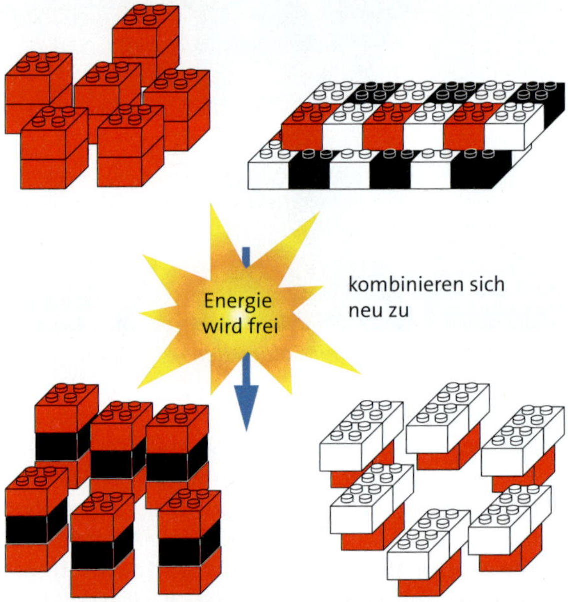

4 Baustein-Modell der Zellatmung

Jeder Stoff besteht aus kleinsten Teilchen, also aus Atomen oder Molekülen. Bei der Fotosynthese werden Moleküle, die wiederum aus Atomen zusammengesetzt sind, in andere Moleküle umgebaut. Da die Teilchen so klein sind, dass man sie nicht sehen kann, hilft man sich mit Modellen. Hier stellt ein Baustein ein Atom dar, ein Block aus mehreren zusammengesetzten Bausteinen symbolisiert ein Molekül.

1 Stelle die Reaktion der Fotosynthese mit Bausteinen nach und beschreibe sie einem Mitschüler.

2 Ohne Licht ist die Fotosynthese nicht möglich. Beschreibe, wie das Licht in deinem Modell symbolisiert wurde.

3 Notiere, was durch das Modell veranschaulicht werden kann und was nicht.

Zellatmung Die Zellatmung findet in jeder Zelle statt, egal ob bei Pflanze, Tier oder Mensch. Die energiereichen Traubenzuckermoleküle werden in energiearme Moleküle zerlegt. Dadurch kann die Zelle die innere Energie der Teilchen für ihre Lebensvorgänge nutzbar machen, beispielsweise für Wachstum oder Bewegung. Der Vorgang findet in spezialisierten Zellbestandteilen, den **Mitochondrien**, statt, die oft auch als Kraftwerke der Zelle bezeichnet werden.

4 Stelle die Reaktion der Zellatmung ebenfalls mit Bausteinen nach und benenne alle Teilchen.

5 In Pflanzenzellen kann man mit leistungsfähigen Mikroskopen Mitochondrien und Chloroplasten entdecken. Erkläre, weshalb man den bei der Fotosynthese entstehenden Sauerstoff nicht als „Abfallprodukt" betiteln sollte.

3 Mais- und Rapsfeld

Holzpellet-Heizungen dar. **Holzpellets** sind kleine Stäbchen aus gepresstem Holz, vor allem aus Sägespänen. Diese lassen sich in einen Tank füllen und dienen so als Treibstoff für eine automatisierte Zentralheizung im Haus, genauso wie Erdöl oder Erdgas.
Doch auch andere Pflanzen werden von uns Menschen planmäßig auf großen Flächen angebaut. Diese **Kulturpflanzen** sind meist über längere Zeit so gezüchtet worden, dass wir mehr ernten können als bei der ursprünglichen Wildpflanze. Viele unserer Nahrungsmittel sind solche Kulturpflanzen: Getreidearten, Kartoffeln, Erdbeeren und Kirschen sind Beispiele dafür. Aber auch Mais und Raps, mit denen auch in deiner Region viele Felder bewirtschaftet werden.
Rapssamen enthalten fast zur Hälfte energiereiches Öl, Maiskörner bestehen zu drei Vierteln aus Stärke. Diese Pflanzensamen werden heute für die Produktion von **Biokraftstoffen** genutzt. Aus dem Mais wird in einem biotechnologischen Verfahren mithilfe von speziellen Bakterien sogenanntes **Biogas** erzeugt. Dieses unterscheidet sich nicht vom Erdgas, beide bestehen aus denselben Molekülen. Daher kann aus Biogas sowohl Wärme als auch Strom erzeugt werden. Aus den Rapssamen wird nicht nur Speiseöl gewonnen. Ein großer Teil des Öls wird chemisch aufbereitet und als **Biodiesel** verwendet. Biodiesel wird heute dem Heizöl mit einem Anteil von 5 bis 20 % beigemischt.
Man darf jedoch nicht vergessen: Mais und Raps sind Futterpflanzen beziehungsweise Lebensmittel. Aus ethischer Sicht ist deshalb die Verwendung zur Kraftstoffgewinnung zu hinterfragen. Da inzwischen ein großer Anteil der Pflanzen für die Biokraftstoffherstellung genutzt wird, gehen Anbauflächen für andere wichtige Nahrungsmittel wie Getreide verloren. Zudem wird durch einen großflächigen Anbau nur weniger Kulturpflanzen die einheimische Pflanzen- und Tiervielfalt eingeschränkt.

Prinzip der Nachhaltigkeit Im Jahr 1713 wurde das Prinzip der Nachhaltigkeit zum ersten Mal formuliert. Im Erzgebirge benötigten vor allem die Erzgruben und Schmelzhütten zur Metallgewinnung viel Holz. Außerdem wuchsen Städte und Bevölkerungszahl rasch an, wodurch sich ein Holzmangel zuspitzte. Oberberghauptmann Hans Carl von Carlowitz beschrieb daher den Gedanken, dass der Mensch respektvoll und umsichtig mit den Rohstoffen, die er der Natur entnimmt, umgehen muss. Es darf nur so viel Holz geschlagen werden, wie in dem gleichen Zeitraum nachwachsen kann. Dieses Prinzip gilt bis heute und bezieht sich auf alle Bereiche, in denen der Mensch von der Natur beschränkte Ressourcen nutzt. Das Ziel dieser Überlegung ist es, die Natur und die Umwelt für unsere nächsten Generationen zu erhalten.

1. Versetze dich in die Lage des Energieberaters der Familie Huber und zeige ihr auf, warum die Heizung ihres geerbten Hauses weder nachhaltig noch klimaneutral ist. Benutze dabei auch diese Begriffe: Biomasse, Erdatmosphäre, Fotosynthese, Kohlenstoffdioxid.

Die Tabelle zeigt die Anteile der Energieträger zur Stromerzeugung in Deutschland aus dem Jahr 2014 (kWh = Kilowattstunde).

Energieträger	Stromerzeugung im Jahr 2014 in Mrd. kWh
Braunkohle	160
Steinkohle	110
Kernenergie	100
Erdgas	60
alternative Energieformen	30

2. Stelle die Anteile von fossilen Brennstoffen, Kernenergie und alternativen Energieformen zur Stromerzeugung in Form eines geeigneten Diagramms dar.

3. Für Profis: Herr Huber favorisiert zum Wärmen des Hauses eine Elektroheizung, seine Frau dagegen eine Pelletheizung. Erstelle auf Basis deines Diagramms einen Vorschlag zur Energiesanierung des geerbten Hauses der Familie Huber.

4. Recherchiere zum Beispiel im Internet weitere Beispiele, in denen das Prinzip der Nachhaltigkeit Anwendung findet.

Energieversorgung bei Pflanzen

1 Bioreaktor

In einem Forschungslabor möchten Wissenschaftler mithilfe von Algen in sogenannten Bioreaktoren die Energiequelle der Zukunft bauen. „Während der Fotosynthese werden energiereiche Traubenzuckermoleküle produziert. Hieraus wollen wir eine günstige und nachhaltige Alternative zu herkömmlichen Solarzellen entwickeln.", berichtet der Forschungsleiter.

1. Erläutere die Aussage des Wissenschaftlers. Erkläre hierbei die Begriffe „energiereiche Traubenzuckermoleküle" und „nachhaltig".

2. Nenne die Stoffe, die dem Bioreaktor regelmäßig zugeführt werden müssen, und solche, die als Produkt bei der Reaktion entstehen.

3. Entwirf mithilfe deiner Überlegungen aus der Aufgabe 2 und der Abbildung 1 eine Skizze, wie ein solcher Bioreaktor aussehen könnte.

4. „Wenn es den Wissenschaftlern gelingt, große Mengen Traubenzucker herzustellen, wäre das Energieproblem auf der Welt gelöst.", schreibt ein Reporter. Bewerte diese Aussage.

5. Der Testbioreaktor auf dem Dach des Labors lieferte in einem Experiment Daten, die im Diagramm in Abbildung 2 dargestellt sind. Formuliere Fragestellungen, die die Wissenschaftler vermutlich bei dem Experiment hatten.

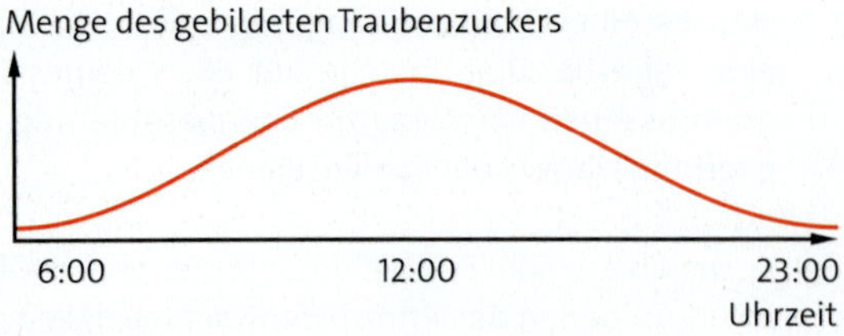

2 Messergebnisse eines Experimentes

6. Deute den Kurvenverlauf des in Abbildung 2 dargestellten Diagramms.

7. Bei der Fotosynthese entsteht Traubenzucker, welcher als Treibstoff, zum Beispiel für ein Auto, nicht geeignet ist. Viel besser geeignet wäre Alkohol, ein flüssiger und brennbarer Stoff. In den Bioreaktoren wird durch einen biologisch-chemischen Vorgang der in der Fotosynthese entstandene Zucker in Alkohol umgewandelt. Dabei reagiert ein Molekül Traubenzucker zu zwei Molekülen Alkohol und zwei Molekülen Kohlenstoffdioxid. Stelle mithilfe der Abbildung 3 und der Informationen auf Seite 142 diese Reaktion mit dem Baustein-Modell nach.

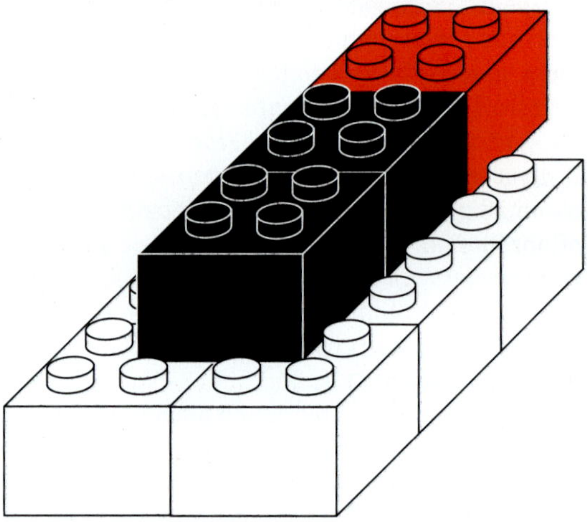

3 Baustein-Modell eines Alkohol-Moleküls

8. Ein Schüler hat einen Text über die Ernährung von Pflanzen geschrieben. Finde Fehler in dem Text und erläutere sie deinem Mitschüler. Verbessere den Text inhaltlich und sprachlich.

> „... also die Pflanze hat dann die Blätter. Und damit macht sie dann die Fotosynthese um Sauerstoff herzustellen; für die anderen Lebewesen. Die brauchen den Sauerstoff beim Atmen, während die Pflanze nur die Fotosynthese macht und das CO_2 verbraucht.
>
> Dazu braucht sie noch das Wasser; das kommt zusammen mit den ganzen Nährstoffen von den Wurzeln aus dem Boden. Nährstoffe sind die Stoffe mit viel Energie drin, die Pflanze für alle Lebensvorgänge braucht."

9 Umgangssprachlich werden Mineralstoffe oft zu den Nährstoffen gezählt. Biologen unterscheiden die Begriffe hingegen streng. Recherchiere die wesentlichen Unterschiede zwischen Nährstoffen und Mineralstoffen und nenne je ein Beispiel.

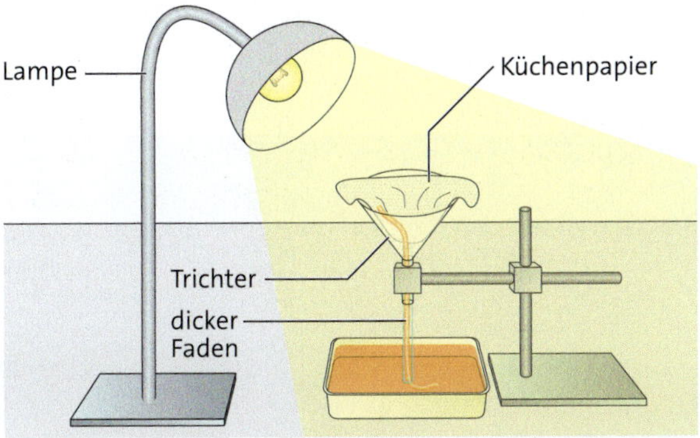

4 Modellexperiment

In der Abbildung 4 ist ein Modellexperiment gezeigt. Schaltet man das Licht ein, kann man beobachten, dass am Küchenpapier Wasser von unten nachströmt.

10 Erläutere, welcher Vorgang mit diesem Modell dargestellt werden soll. Ordne den Bestandteilen des Modells die Originale zu. Hinweis: Die Lampe steht für die Sonne.

11 Erkläre die Bedeutung des in der Abbildung 4 modellhaft dargestellten Vorgangs für die Pflanze.

12 Zeige Grenzen des Modells auf und überlege, wie du das Modell entsprechend abändern könntest.

Das Dorf, aus der die Famile Huber kommt, möchte langfristig den Energiebedarf mit nachhaltigen Rohstoffen decken (▶ 5).

13 Beschreibe, wo in der Abbildung 5 erneuerbare und wo nicht erneuerbare Energiequellen verwendet werden.

14 Der Energieberater, der die Umstellung begleitet, berichtet bei der Bürgerversammlung: „Erdöl ist viel zu kostbar, um es einfach zu verbrennen." Recherchiere, wozu Erdöl alles verwendet werden kann. Fertige dazu eine Mindmap an.

15 Für Profis: Eine Möglichkeit, eine Ölheizung zu ersetzen, ist sie gegen eine Pellet-Heizung auszutauschen. Heizen Sie mit Pellets! 100 % umweltfreundlich und CO_2-neutral, verspricht die Werbung. Bewerte die Aussage und erkläre den Begriff „CO_2-neutral".

16 Eine Umweltschutzgruppe spricht sich gegen die Erweiterung der Biogasanlage aus. Sie behauptet, dadurch würde man die Artenvielfalt in der Umgebung veringern. Erläutere die Aussage und wäge Vor- und Nachteile der Biogasanlage ab.

17 Herr Huber überlegt, ob er sein Auto gegen ein Elektroauto austauschen soll. Erläutere, unter welchen Bedingungen ein Elektroauto nachhaltig ist.

18 Mache mithilfe der Abbildung 5 und deinen Überlegungen aus der Aufgabe 16 Vorschläge, wie das Dorf seine Ziele erreichen könnte. Mache auch Vorschläge zur Energieeinsparung.

5 Ein Dorf nutzt verschiedene Energiequellen.

Pflanzen reagieren auf ihre Umwelt

Nach dem Fußballtraining schwitzt du kräftig und brauchst dringend etwas zu trinken. Du suchst deinen Rucksack am Spielfeldrand, holst deine Wasserflasche heraus, öffnest sie mit einer schnellen Bewegung und erfrischst dich mit einem großen Schluck.
Für diesen einfachen Vorgang benötigst du eine Vielzahl von Sinnesorganen, Nervenzellen, Muskeln und Gelenken. All diese Organe fehlen bei Pflanzen. Trotzdem sind sie in der Lage, sich aus eigener Kraft zu bewegen um sich mit Mineralstoffen und Wasser zu versorgen oder sich so auszurichten, dass die Umweltbedingungen am besten ausgenützt werden.

1. Definiere den Begriff „Bewegung" am Beispiel einer Katze.

2. Die Vorgänge, die auf den Bildern dieser Seite zu sehen sind, bezeichnen Biologen als aktive Bewegung. Beschreibe sie und überprüfe deine Definition aus Aufgabe 1.

3. Beschreibe weitere Situationen, bei denen sich Pflanzen bewegen.

Pflanzen reagieren auf Licht

1 Sonnenblumen drehen sich zum Licht hin.

2 Der Sauerklee vermeidet starke Sonneneinstrahlung.

Krümmung durch Licht Bei einer Topfpflanze, die am Fenster steht, kann man nach einigen Wochen eine Krümmung zum Licht erkennen. Sie entsteht durch ungleichmäßiges Wachstum der Zellen und wird deshalb auch als Wachstumsbewegung bezeichnet. Nach den griechischen Worten für Licht photos und Krümmung trope, nennt man diese Bewegung Fototropismus.

Bewegung verbessert die Energieversorgung Um nicht von Nachbarpflanzen beschattet zu werden, wächst eine keimende Pflanze möglichst schnell nach oben. Hat sie den Weg zum Licht gefunden, bewegt sie sich so, dass sie das Licht bestmöglich ausnutzen kann. Auf diese Weise nimmt sie Lichtenergie auf, die sie durch Fotosynthese in chemische Energie in Form von Nährstoffen umwandelt.

Pflanzenorgane reagieren unterschiedlich Die meisten oberirdischen Organe von Pflanzen wenden sich dem Licht zu. Dabei treiben die Blätter so aus dem Spross, dass sie sich nach ihrer Entfaltung nicht gegenseitig beschatten. Die Kletterpflanze Efeu bildet so durch Wachstumsbewegungen ihrer Blätter eine große Fläche zur Fotosynthese. Knospen und Blätter der Sonnenblume, einer an warme Standorte angepassten Pflanze, wenden sich ebenso stets in Richtung Sonne (▸1). Die bereits geöffneten Blüten drehen sich dagegen nicht mehr. Im Gegensatz dazu knickt der Sauerklee, der auch bei geringer Lichtintensität Fotosynthese betreiben kann, bei zu starker Sonneneinstrahlung seine Blätter ab um nicht zu überhitzen (▸2). Keimlinge einiger Kletterpflanzen wachsen zu Beginn auf den Schatten zu, um möglichst schnell einen stützenden Baum zu erreichen. Auch die Wurzelspitzen von Keimlingen wachsen oft von der Lichtquelle weg, sodass sich die Pflanze tief im Boden verankern kann.

Wachstum als letzter Ausweg Wird eine Pflanze stark beschattet, wächst ihr Spross sehr stark in die Länge, um wieder Lichtenergie aufnehmen zu können. Da sie ohne Licht zunächst kein Chlorophyll zur Fotosynthese benötigt, stellt die Pflanze, um Energie und Baustoffe zu sparen, die Farbstoffproduktion ein. Bei erneuter Belichtung beginnt sie wieder Chlorophyll herzustellen.

Ursache der Wachstumsbewegung Pflanzen können ebenso wie Tiere Informationen aus der Umwelt aufnehmen. Zellen der Blätter sammeln mithilfe von Proteinmolekülen Informationen über die Dauer und Stärke des Lichteinfalls aus der Umwelt. Durch Ausschüttung von Botenstoffen, sogenannten Hormonen, wird ein ungleichmäßiges Wachstum des Gewebes auf gegenüberliegenden Seiten der Pflanze und damit eine Krümmungsbewegung zum Licht hin bewirkt (▸3).

1. Erkläre mithilfe von Abbildung 3 wodurch eine vermehrte Ausschüttung an Botenstoffen zustande kommt.

2. Erkläre, welche Bedeutung die aktive Bewegung zum Licht für das Überleben der Pflanze hat.

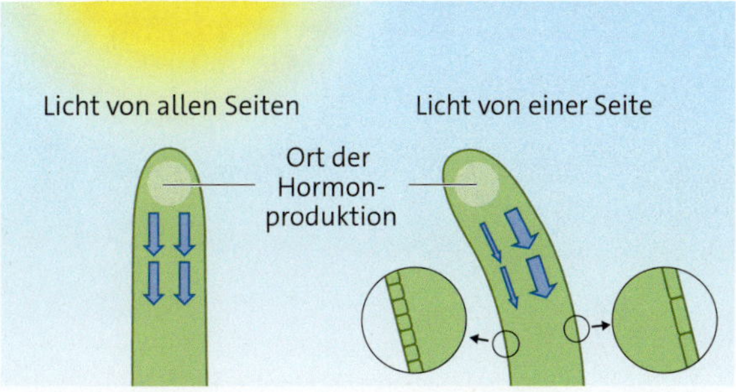

3 Krümmung einer Sprossspitze zum Licht

Pflanzen reagieren auf die Schwerkraft und Berührung

Die Schwerkraft als Signal Im heißen trockenen Wüstenboden können Pflanzen nur überleben, wenn sie ihre Wurzeln tief in den Boden treiben. Um möglichst schnell ihr Ziel, das Grundwasser, zu erreichen, orientieren sie sich an der Schwerkraft.

1 Gravitropismus bei Wurzeln

Im Gegensatz zum Fototropismus ist die Orientierung an der Schwerkraft meist nicht als Bewegung erkennbar. Nur bei einer Lageveränderung der Pflanze ist dieses gerichtete Wachstum, das als **Gravitropismus** bezeichnet wird, als Bewegung zu erkennen.

Für eine Pflanze ist es vorteilhaft, sich an der Schwerkraft zu orientieren, da sie der einzige Reiz aus der Umwelt ist, der nicht veränderbar ist. So ist die Pflanze in der Lage, sich schnell mit ihren Wurzeln tief im Boden zu verankern (▶1). Auch beim Wettstreit um das Licht ist das aufrechte Wachstum von Vorteil.

Bäume können mithilfe eines Stützgewebes aus Holz Höhen von über 100 Metern erreichen. Einmal fertiggestellt, kann verholztes Gewebe nicht mehr umgeformt werden. Verändert der Baum seine Lage, kann sich nur unverholztes Gewebe neu ausrichten. In Erdrutschgebieten findet man deshalb auch Bäume mit gekrümmtem Stamm, deren Sprossspitze senkrecht nach oben weist.

2 Gravitropismus bei oberirdischen Pflanzenorganen

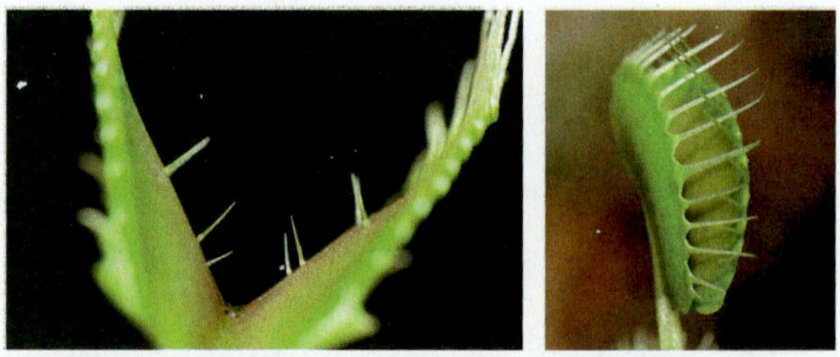

3 Fangblatt der Venusfliegenfalle mit Fühlborsten

Berührung als Signal Die Venusfliegenfalle kann sehr gut auf Böden mit geringem Mineralstoffgehalt wachsen. Die fehlenden Mineralstoffe nimmt sie dabei über ihre zu Fallen umgestalteten Blätter auf. Auf der Innenseite einer Klappfalle befinden sich Fühlborsten (▶3). Werden diese mehrmals kurz hintereinander von einem Beutetier berührt, wird die Information über elektrische Signale an die Zellen in der Falle weitergeleitet. Durch Druckveränderungen im Inneren der Zelle klappt die Falle innerhalb von einer halben Sekunde zu. Ist das Tier gefangen, wachsen die beiden Blatthälften weiter zusammen. Mithilfe von Verdauungssekreten, die Enzyme enthalten, werden dann Mineralstoffe aus den Beutetieren gewonnen. Auch in heimischen Gewässern findet man „fleischfressende" Pflanzen. Der Gewöhnliche Wasserschlauch besitzt Fangblasen (▶4). Berührt ein Beutetier eine der Borsten auf der Außenseite, klappt die Öffnung der Blase nach innen und das Tier wird innerhalb von zwei Millisekunden eingesogen.

1. Erläutere anhand der Abbildungen auf dieser Seite, welche Bedeutung die jeweils dargestellte Bewegung für das Überleben der Pflanze hat.

2. Für Profis: Plane einen Versuch, der zeigt, dass sich eine Pflanze an der Schwerkraft orientiert.

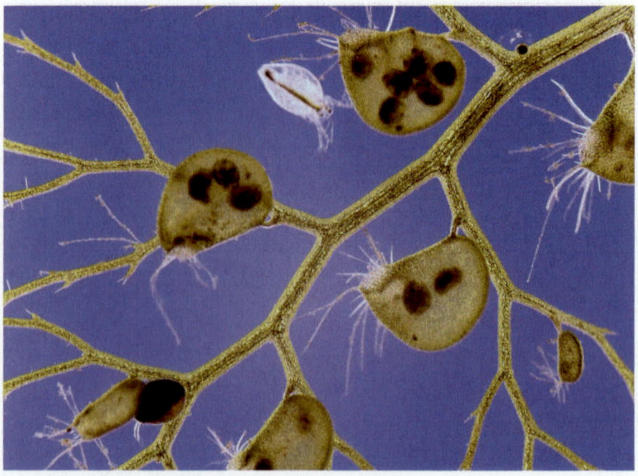

4 Fangblasen des Wasserschlauchs

Bewegung dient der Fortpflanzung und dem Schutz

Bewegung dient der Bestäubung Der schwedische Botaniker Carl von Linée entdeckte 1745, dass sich die Blüten unterschiedlicher Arten zu bestimmten Uhrzeiten öffnen. Pflanzen wie die Seerose öffnen ihre Blüten zur Bestäubung nur bei ausreichender Lichtintensität in hellem Tageslicht. Bei einigen Enzianarten veranlasst eine leichte Beschattung durch eine Wolke das Schließen der Blüten. Tulpen öffnen und schließen ihre Blüten durch Wachstumsbewegungen des Blütenblattes, die schon durch Temperaturunterschiede von einem Grad Celsius ausgelöst werden. Viele Pflanzen bewegen ihre Blütenblätter auch, wenn sie bei Dauerlicht gehalten werden. Sie besitzen eine innere Uhr, die durch ihre Erbinformationen gesteuert wird.

Bewegung dient der Verbreitung Um mit ihren Nachkommen nicht in Konkurrenz zu treten, haben Pflanzen Strategien zur Verbreitung ihrer Samen entwickelt. Sie setzen dabei meist auf Tiere oder den Wind, nur wenige Arten verbreiten sich aus eigener Kraft. Zellen des Drüsigen Springkrauts nehmen während der Reifung der Samen Wasser auf und bauen dadurch einen starken Druck im Inneren des Fruchtknotens auf. Bei einer leichten Berührung der Frucht reißt das gespannte Gewebe auf, die Samen werden bis zu sechs Meter weit geschleudert (► 2). Die Spritzgurke katapultiert ihre Samen sogar mit bis zu 50 Kilometern pro Stunde zwölf Meter weit.

Bewegung dient dem Schutz Die sprichwörtlich bekannte Mimose reagiert höchst empfindlich auf viele äußere Reize mit dem Zusammenklappen ihrer Fiederblätter. Geringste Erschütterungen der Erde, Verletzungen oder chemische Reize können diese Bewegung auslösen, die sich innerhalb weniger Sekunden über die ganze Pflanze ausbreitet. In ihrem Inneren konnten Forscher währenddessen elektrische Signale nachweisen, die von Zelle zu Zelle weitergegeben werden. An den Blattgelenken übernehmen Botenstoffe die Übertragung des Signals zum Einklappen der Blätter. Durch dieses energieverbrauchende Programm vermeidet die Mimose Beschädigungen durch starken Regen oder Wasserverlust bei starkem Wind. Wird die Pflanze nicht mehr gereizt, nehmen die Blätter nach einer halben Stunde wieder ihre normale Position ein. Auch einheimische Pflanzen wie der Schafsschwingel schützen sich durch gezielte Bewegungen vor Austrocknung, indem sie ihre Blätter einrollen, um eine möglichst geringe Verdunstungsoberfläche zu präsentieren.
Eine tropische Hochgebirgspflanze schützt ihre neuen Blattknospen vor Frost, indem sie einigen Blättern am Abend Wasser entzieht. Diese frieren nachts gekrümmt ein und legen sich dabei schützend über die Knospen.

1 Die Nachtkerze blüht in den späten Abendstunden.

2 Samenverbreitung beim Drüsigen Springkraut

3 Bewegung bei der Mimose

1 Stelle eine Vermutung an, weshalb nicht alle Pflanzen ihre Blüten zur gleichen Tageszeit öffnen.

Lebewesen reagieren auf ihre Umwelt

Trotz fehlender Sinnesorgane, Nerven und Muskeln reagieren Pflanzen mit aktiver Bewegung auf Reize aus der Umwelt.

1 Ergänze das bekannte Reiz-Reaktions-Schema für den Torwart in deinem Heft.

2 Übertrage mithilfe der Seite 152 das Reiz-Reaktions-Schema auf die Venusfliegenfalle. Vorsicht: Du musst dabei Begriffe anpassen oder weglassen.

3 Übertrage das Schema auf die Vorgänge beim Fototropismus.

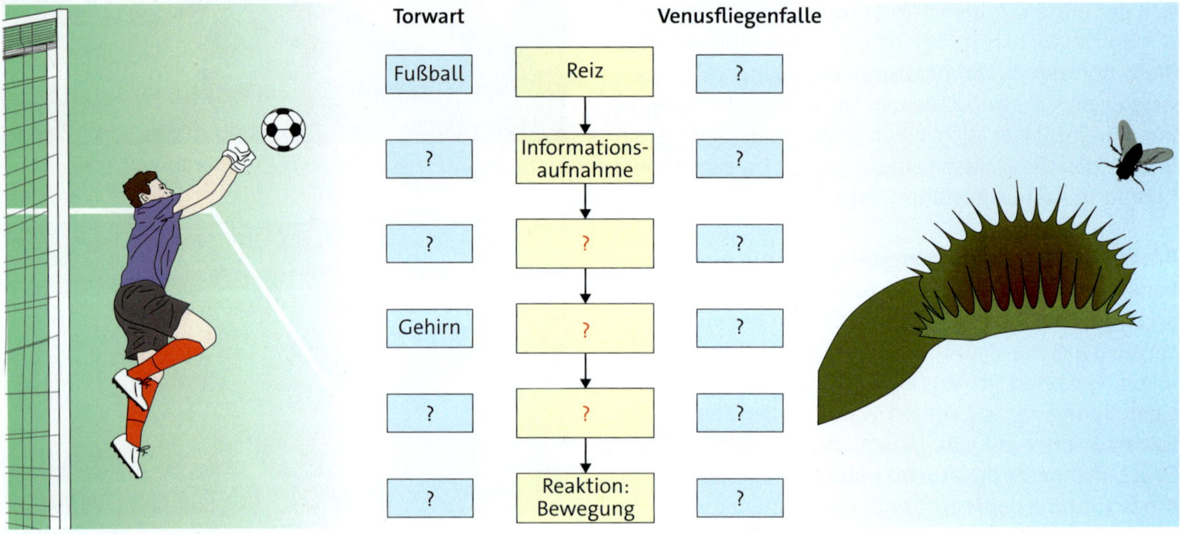

1 Reiz-Reaktions-Schema bei Mensch und Pflanze

VERSUCH

A Wirkung von Licht auf keimende Kartoffeln

Material: kleiner Blumentopf, keimende Kartoffel, Erde, Schuhkarton mit Deckel, Pappe, Klebstoff, Schere

Durchführung: Pflanze die Kartoffel mit den auskeimenden Sprossen in den Topf. Klebe Trennwände aus Pappe in den Schuhkarton. Schneide in eine schmale Seite des Kartons eine zwei Zentimeter große Öffnung. Stelle den Blumentopf in den Karton, verschließe ihn und platziere ihn an einem hellen Ort.

Warte, bis der Spross durch die Öffnung gewachsen ist, und vergleiche die Sprossabschnitte innerhalb und außerhalb des Kartons.

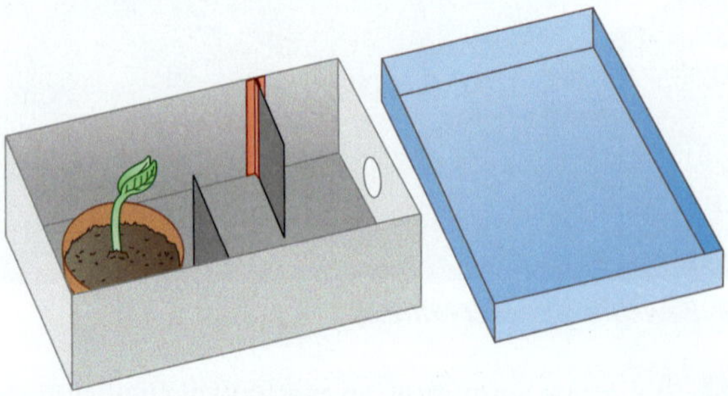

2 Versuchsaufbau zur Wirkung von Licht

B Wirkung der Schwerkraft auf Bohnenkeimlinge

Material: Marmeladenglas, Korken, Watte, Draht, Bohne, Klebstoff, Wasser

Durchführung: Stecke die Bohne auf den Draht und befestige diesen am Korken wie in Abbildung 3 gezeigt. Gib die Watte mit etwas Wasser in das Glas und verschließe es. Stelle es an einen dunklen, aber warmen Ort. Sobald die Keimwurzel erschienen ist, warte einen Tag und lege das Glas anschließend auf die Seite. Notiere deine Beobachtungen am nächsten Tag. Drehe das Glas eine viertel Umdrehung und halte deine Beobachtungen wiederum nach einem Tag fest.

3 Versuchsaufbau zur Wirkung der Schwerkraft

Pflanzen reagieren auf ihre Umwelt

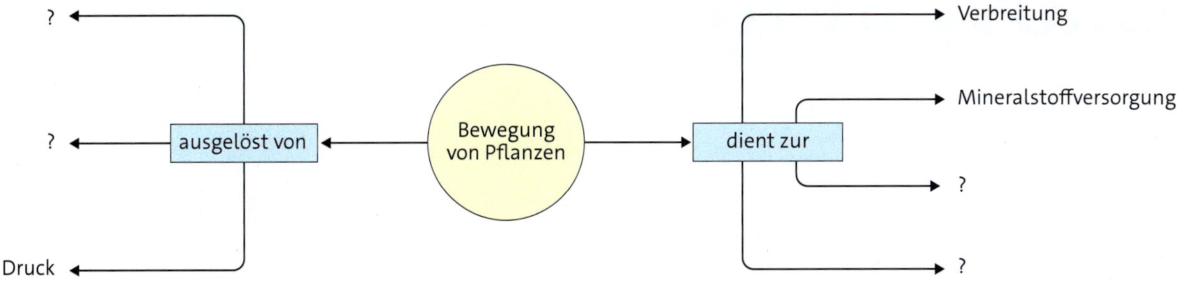

1 Strukturdiagramm zur Bewegung von Pflanzen

1 Übernimm das Strukturdiagramm der Abbildung 1 in dein Heft und ergänze es sinnvoll.

Der in der Abbildung 2 gezeigte Hüpfgummi ist ein nach außen gewölbter Gummi, der unter Spannung steht. Berührt man den Gummi, springt er sofort einen Meter nach oben.

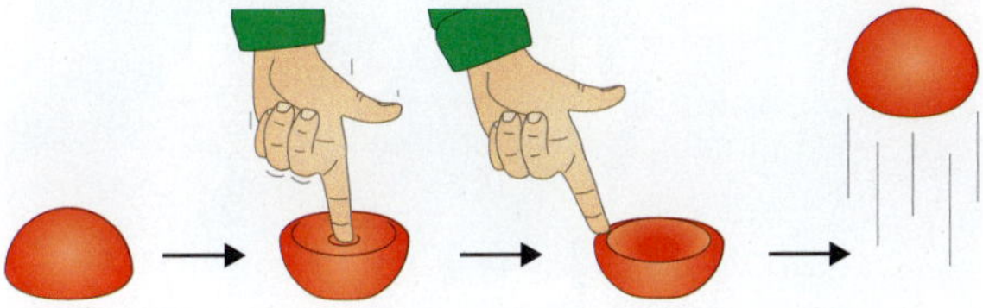

2 Hüpfgummi: ein Kinderspielzeug

2 Erläutere, wie du den Hüpfgummi nutzen kannst, um die Funktionsweise eines Fangblattes der Venusfliegenfalle zu erklären.

3 Mache Vorschläge, wie man den Hüpfgummi verändern müsste, damit er ein noch besseres Modell für ein Fangblatt darstellt.

4 Bei Tieren laufen Bewegungen grundsätzlich anders ab. Vergleiche die Schließbewegung der Venusfliegenfalle mit dem Schließen des Kiefers beim Hund. Erläutere Gemeinsamkeiten und wesentliche Unterschiede.

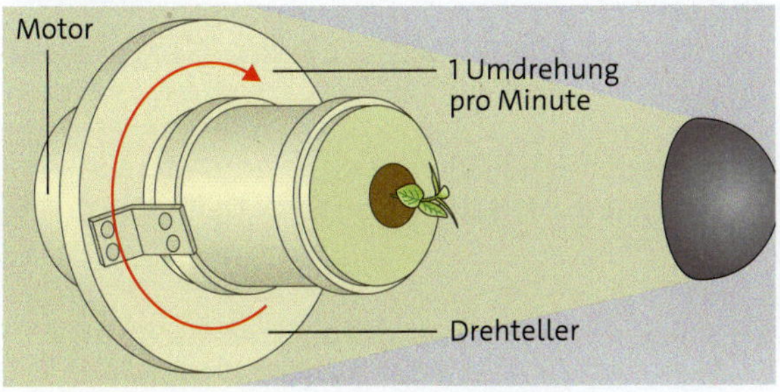

3 Experiment zur Bewegung von Pflanzen

5 Wissenschaftler wollen mit dem Aufbau in der Abbildung 3 Wachstumsbewegungen von Pflanzen untersuchen. Nach zwei Wochen ist die Pflanze ca. 5 cm gewachsen. Nenne den Reiz aus der Umwelt, der mit dem Versuchsaufbau unterdrückt wird.

6 Formuliere eine Hypothese, die dem Versuchsaufbau zugrunde liegen könnte.

7 Zeichne eine Skizze, wie deiner Meinung nach die Pflanze nach mehreren Wochen aussieht.

8 Angenommen, man würde a) die Drehung stoppen, b) die Drehung sehr verlangsamen. Erläutere die Veränderung im Wachstum, die du erwartest.

9 Normalerweise würde man annehmen, dass die Blüten aller Pflanzen stets geöffnet sind, um effektiv bestäubt zu werden, da eine geschlossene Blüte nicht bestäubt werden kann. Pflanzen öffnen und schließen ihre Blüten aber zu unterschiedlichen Zeiten (►4). Stelle eine Hypothese auf, weshalb unterschiedliche Blühzeiten der unterschiedlichen Arten trotzdem einen Vorteil für die Pflanzen bedeuten können. **Hinweis:** Überlege zunächst, wann eine erfolgreiche Bestäubung stattfindet.

Uhrzeit	Pflanze
03:00–11:00	Wiesenbocksbart
11:00–14:00	Gänsedistel
10:00–16:00	Waldsauerklee
19:00–23:00	Geißblatt
20:00–06:00	Nachtkerze

4 Blühzeiten verschiedener Pflanzen

10 Stelle eine Hypothese auf, welche Bestäuber die Nachtkerze anfliegen.

Ökosystem Gewässer

Ein Sprung in den Badesee ist für uns im Sommer eine willkommene Abkühlung. Im Laufe des Jahres verändert sich der See. Das Wasser erwärmt sich im Frühsommer, wird im Laufe des Sommers vielleicht trüb, die Pflanzen am Ufer blühen und wachsen dichter, Wasservögel bauen geschützt im Schilf ihre Nester und machen später mit ihren Jungtieren erste Ausflüge. Ein See dient uns nicht nur als ein Erholungsgebiet, sondern ist auch Heimat vieler Pflanzen und Tiere.

❶ Im letzten Schuljahr hast du gelernt, was ein Ökosystem ist. Notiere eine kurze Definition in dein Heft.

❷ Betrachte die Abbildungen auf dieser Seite und begründe, warum es sich bei einem See um ein Ökosystem handelt.

Lebewesen im Gewässer

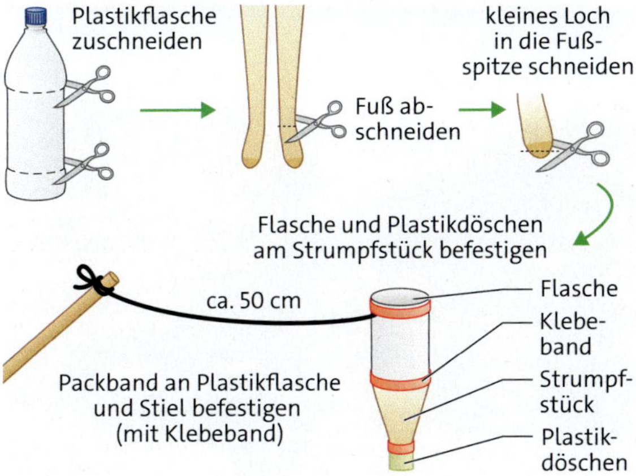

1 Bau eines Planktonnetzes

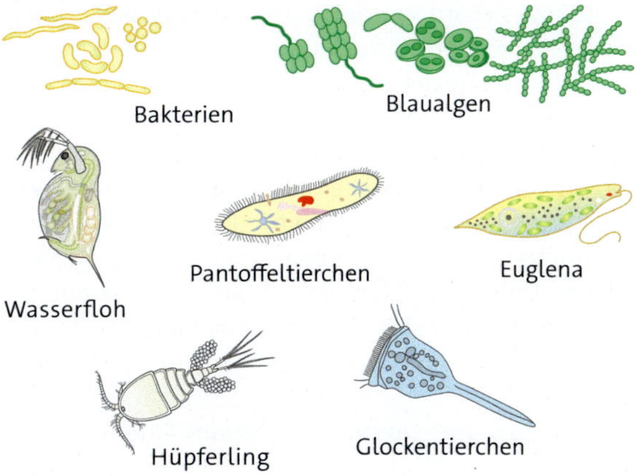

3 Bestimmungshilfe für das Mikroskop

Kleinstlebewesen zeigen die Wasserqualität

Der Badesee wird nach erneuter Beurteilung der Wasserqualität wieder zum Baden freigegeben. Du kannst die Wasserqualität eines Gewässers sehr einfach selbst bestimmen: Je nach Verschmutzungsgrad wird es nur von bestimmten Lebewesen bewohnt. Diese sammelst du mit einem selbst gebauten Planktonnetz.

Material: Plastikflasche, Feinstrumpfhose, wasserfestes Klebeband, Filmdose, Schnur, Stiel, Marmeladenglas, Schere, wasserfester Stift

Durchführung: Baue dein Planktonnetz wie in Abbildung 1 gezeigt. Befestige es an dem Stiel und ziehe es durch das Wasser. Gib das Wasser aus dem Filmdöschen mit den Lebewesen aus dem Strumpf in ein beschriftetes Marmeladenglas. Bewahre die Proben kühl auf und setze alle Lebewesen wieder in ihr Gewässer zurück.

1. Bestimme das Plankton aus dem Probenwasser unter dem Mikroskop mithilfe der Abbildung 3. Benenne mit einer Lupe und Abbildung 4 die gesammelten Insekten. Schließe mithilfe der Tabelle 2 auf die Güteklasse des Gewässers.

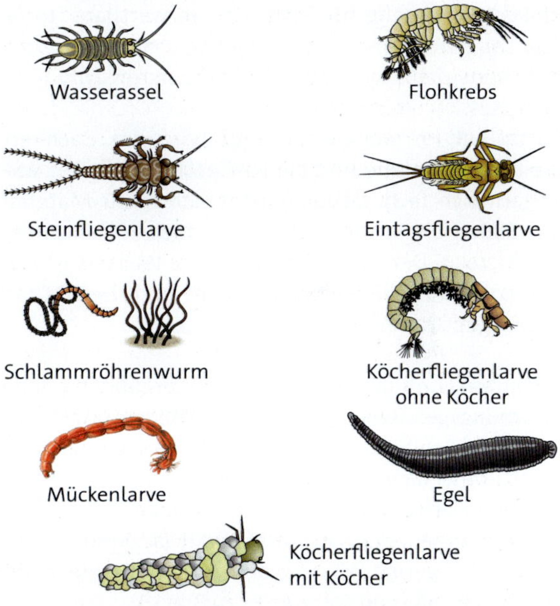

4 Bestimmungshilfe für Insekten und ihre Larven

Gewässergütebestimmung

Güteklasse	Verschmutzungsgrad	Lebewesen im Gewässer
I	unbelastet	Steinfliegenlarven
I – II	gering belastet	Köcherfliegenlarven, Steinfliegenlarven
II	mäßig belastet	Eintagsfliegenlarven, Köcherfliegenlarven, Flohkrebse
II – III	kritisch belastet	Egel, Schnecken, Kleinkrebse, Grünalgenkolonien
III	stark verschmutzt	Wasserasseln, Egel
III – IV	sehr stark verschmutzt	Mückenlarven, Schlammröhrenwürmer
IV	übermäßig verschmutzt	Pantoffeltierchen, Bakterien, Euglena

2 Biologische Methode zur Gewässergütebestimmung

Der Fluss – ein Ökosystem mit vielen Gesichtern

Kühlt man sich im Sommer bei einem Flussbad ab, darf man sich meist nur in markierten, sicheren Badestellen aufhalten. Im Gegensatz zu einem See besteht in Fließgewässern eine stete Strömung, die je nach Gefälle und Untergrund schwanken kann und das Flussbett ständig bearbeitet. Sie beeinflusst neben Faktoren wie Sauerstoffgehalt und Temperatur des Wassers auch die Zusammensetzung der Lebensgemeinschaft im Ökosystem. Da sich im Flussverlauf die Einflüsse aus der unbelebten Natur ständig verändern, wird das Ökosystem Fluss in verschiedene Abschnitte unterteilt.

Quellregion und Oberlauf Nahe der Quelle ist das Wasser meist fünf bis zehn Grad Celsius kalt und weist eine starke Strömungsgeschwindigkeit auf (▶ 2). Wasserpflanzen können sich auf dem grobkiesigen Untergrund kaum verankern. So bleibt das Wasser sehr klar und enthält wenige für Lebewesen verwertbare Stoffe. Das sauerstoffarme Quellwasser reichert sich durch viele Verwirbelungen schnell mit Sauerstoff an.

Mittellauf Im weiteren Verlauf wird das Bachbett breiter, das Gefälle und die Fließgeschwindigkeit verringern sich (▶ 3). Dadurch setzt sich mehr Material am Boden ab, sodass sich immer mehr Pflanzenbewuchs zeigt. Der Sauerstoffgehalt des Wassers ist immer noch hoch, die Temperatur steigt auf 15 bis 20 Grad Celsius an.

Unterlauf und Mündung Die weiter abnehmende Strömungsgeschwindigkeit und die Ablagerungen aus Sand und Schlamm bilden gute Voraussetzungen für einen immer dichteren Pflanzenbewuchs (▶ 4). Im Sommer kann sich das trübe Wasser auf über 20 Grad Celsius erwärmen, der Sauerstoffgehalt ist dann oft am Boden sehr gering. Mündet der Fluss in ein Meer, mischen sich Süß- und Salzwasser zu Brackwasser.

1. Bachforelle, Äsche, Barbe und Brachse findet man in verschiedenen Flussregionen. Recherchiere, welche Ansprüche diese Fische an ihren Lebensraum stellen und in welchem Flussabschnitt sie leben.

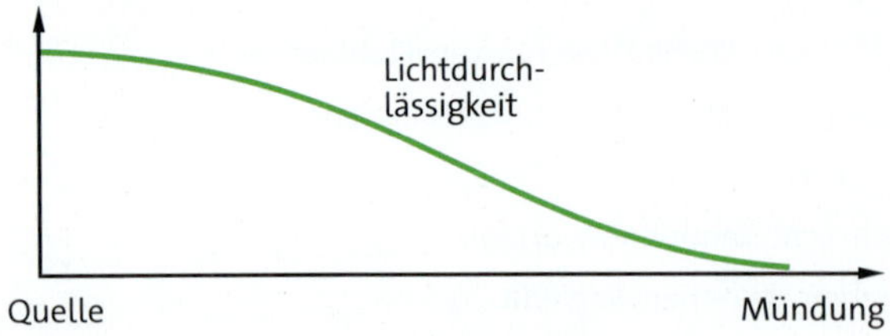

1 Veränderungen im Lebensraum Fluss

2 Oberlauf der Isar

3 Mittellauf der Isar

4 Unterlauf der Isar

2. Ordne die Lebewesen auf Seite 167 den Flussregionen zu.

3. Ergänze in deinem Heft die Abbildung 1 um die Veränderung der Fließgeschwindigkeit, Temperatur, Ablagerung von Sand, ...

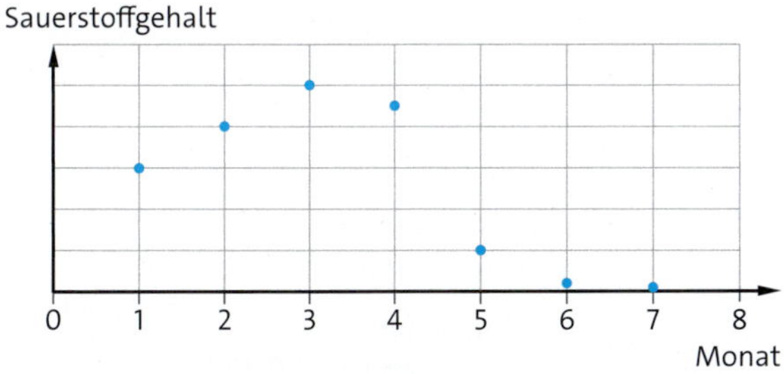

4 Sauerstoffgehalt des Schulteiches

13 In der Abbildung 5 ist der Sauerstoffgehalt eines Teiches gezeigt, der im Sommer nicht umkippt. Vergleiche die Diagramme aus Abbildung 4 und 5.

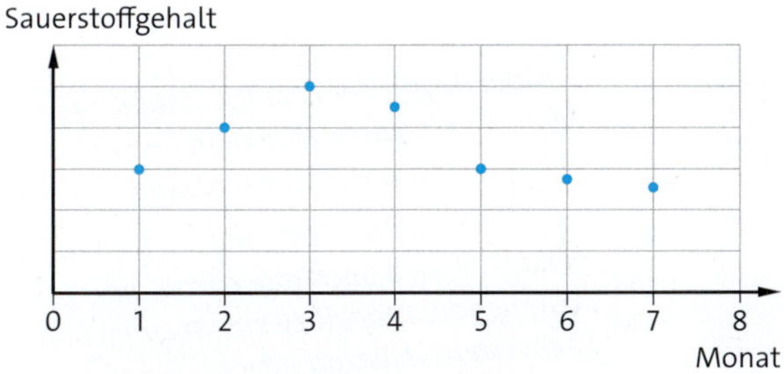

5 Sauertsoffgehalt eines intakten Teiches

14 Finde eine Erklärung für den Sauerstoffanstieg von Januar bis März.

15 Erläutere, was der Diagrammverlauf in der Abbildung 4 für die Lebewesen im See bedeutet.

16 Eine Möglichkeit, den Schulteich wieder fit zu bekommen, ist die Installation eines Springbrunnens. Erkläre, weshalb diese Maßnahme funktionieren könnte.

6 Springbrunnen für den Schulteich

17 Ein Gewässerökologe gibt euch den Tipp, alle Fische aus dem Teich zu entfernen. Erläutere, weshalb sich der Sauerstoffgehalt des Teiches durch dieses Vorgehen ändert.

7 Der Isar-Plan: Renaturierung der Isar in München

In einem großes Projekt wurde von 2001 bis 2011 die Isar auf einer Länge von acht Kilometern für insgesamt 35 Millionen Euro renaturiert.

18 Erläutere, was man unter Renaturierung eines Flusslaufes versteht.

19 Nenne mögliche Auswirkungen der Renaturierung eines Flusslaufes auf Mensch und Umwelt und bewerte diese Maßnahme.

20 Skizziere ein typisches Fließgewässer. Fertige eine Legende zu deiner Skizze an und integriere unter anderem folgende Begriffe: nährstoffarm, hohe Fließgeschwindigkeit, geringe Fließgeschwindigkeit, Quellregion, starker Pflanzenbewuchs, Mittellauf, Mündung, Schlamm und Sandablagerungen.

21 Nenne Arten, die in den verschiedenen Flussabschnitten deiner Skizze aus Aufgabe 20 vorkommen könnten. Nutze unter anderem die Informationen auf der Seite 163. Begründe deine Entscheidungen.

22 Recherchiere im Internet zum Stichwort „Isar-Plan" und erstelle eine (digitale) Bilderpräsentation, die die Entwicklung des Projektes zeigt.

Ich kann ...

... die Phasen des naturwissenschaftlichen Erkenntnisweges unterscheiden und ihn anhand vorgegebener Kriterien planen, um Fragestellungen systematisch zu bearbeiten.

... vorstrukturierte einfache naturwissenschaftliche Untersuchungen zu vorgegebenen und eigenen Themen und Fragestellungen durchführen und dabei ggf. einfache Geräte und Hilfsmittel verwenden.

... bei der Durchführung von Experimenten Variablen und Konstanten unterscheiden und die Notwendigkeit eines Kontrollversuchs begründen.

... Lebewesen und ihre Lebenserscheinungen auch in der natürlichen Umgebung anhand von wenigen vorgegebenen Kriterien beobachten und meine Beobachtungen strukturiert dokumentieren.

... ein Lichtmikroskop oder Binokular nach Anleitung verwenden, um tierische und pflanzliche Präparate zu betrachten, und nach Vorgaben beschriftete Zeichnungen der betrachteten biologischen Strukturen erstellen.

... einfache Präparate ggf. mit geeigneten Schnitttechniken selbst herstellen und diese ggf. anfärben.

... ausgewählte Lebewesen mithilfe von in einfacher Fachsprache beschriebenen Abbildungen oder mithilfe eines einfachen dichotomen Schlüssels (ggf. digitale Nachschlagewerke) bestimmen, um meine Artenkenntnis zu erweitern.

... einfache naturwissenschaftliche Untersuchungen analysieren und mögliche Fehlerquellen und Möglichkeiten der Fehlervermeidung für Erkenntniswege ableiten.

... Modelle mit der Realität vergleichen, Modelle als solche erkennen und Abweichungen zur Realität beschreiben.

... einfache Sachverhalte auf ein bestehendes Modell übertragen bzw. ein bestehendes Modell zu einem einfachen Sachverhalt in Bezug setzen.

... auch mithilfe von Zeichnungen einfache Arbeitsabläufe und Ergebnisse weitgehend selbständig protokollieren.

... Sachverhalte in eine sachgerechte Darstellungsform (z. B. Text, Schemazeichnung, Diagramm, Tabelle) überführen und Darstellungsformen ineinander umwandeln.

... in Fachsprache Beziehungen zwischen mehreren Fakten in richtigem Kausalzusammenhang (z. B. Je-desto-Beziehungen) beschreiben.

... Quellen zu einfachen biologischen Themen nach vorgegebenen Kriterien einschätzen und aus vorgegebenen Quellen geeignete auswählen.

... zwischen beschreibenden und bewertenden Aussagen unterscheiden, um Fakten von Bewertungen und Meinungen abzugrenzen.

... Folgen von Handlungen des Menschen für sich und seine Umwelt abwägen, die meine Lebenswelt betreffen, um bewusste Entscheidungen treffen zu können.

... kriteriengeleitet die Wirbeltierklassen vergleichen und unbekannte Wirbeltiere anhand ihrer charakteristischen Merkmale einer Klasse zuordnen.

... Züchtungsvorgänge durch den Menschen mit natürlichen Evolutionsprozessen vergleichen und Vor- und Nachteile von Züchtung bewerten.

... die Haltung von Wirbeltieren als Heim- und Nutztiere bewerten und daraus Konsequenzen für meinen Alltag, z. B. beim Konsumverhalten ableiten.

... Vertreter aus unterschiedlichen Wirbeltierklassen hinsichtlich ihrer speziellen Angepasstheit in Bezug auf die aktive Bewegung vergleichen. Dabei identifiziere ich arttypische Merkmale und unterscheide sie von allgemeinen Merkmalen übergeordneter systematischer Gruppen.

... die Angepasstheit der aktiven Fortbewegung an verschiedene Lebensräume vergleichen.

... aus den Erkenntnissen über den Bau von Fortbewegungsstrukturen bei Wirbeltieren Konstruktionsmöglichkeiten zur technischen Unterstützung menschlicher Mobilität ableiten.

möglicht. Blüten enthalten in der Samenanlage ▸ Eizellen, in den Staubbeuteln Pollenkörner, in denen sich (nach der Bestäubung) männliche Keimzellen entwickeln. Farbige Blütenblätter und Nektar dienen bei Bedecktsamern zum Anlocken von Insekten für den Pollentransport.

Chlorophyll (Blattgrün): Farbstoff in den ▸ Chloroplasten, der das Sonnenlicht auffangen und in chemische Energie umwandeln kann.

Chloroplasten: Bestandteile von Pflanzenzellen, die das ▸ Chlorophyll enthalten und in denen die ▸ Fotosynthese stattfindet.

Fotosynthese: Mit Licht als Energiequelle bilden Pflanzen in den ▸ Chloroplasten aus Kohlenstoffdioxid und Wasser energiereiche Traubenzuckermoleküle (Glucose). Dabei entsteht als Abfallprodukt Sauerstoff. Anschließend können die Pflanzen aus der Glucose Stärke, mithilfe von Mineralstoffen auch Proteine, Fette und alle anderen Stoffe herstellen. Pflanzen stehen damit am Anfang der ▸ Nahrungsketten und bilden die Nahrungsgrundlage für alle Tiere.

Frucht: Die Frucht geht aus dem Fruchtknoten hervor (manchmal unter Beteiligung des Blütenbodens) und umschließt den Samen. Oft sorgen die Früchte mit dafür, dass Samen weit verbreitet werden (Beispiel: Lockfrüchte).

Samen: Einheit aus dem Embryo der Blütenpflanzen (Samenpflanzen), dem Nährgewebe und der Samenschale. Geht aus der Samenanlage der Blüte hervor und ermöglicht die Verbreitung. Bis zur Keimung verbleibt der Embryo in einem Ruhezustand.

Spaltöffnungen: winzige, verschließbare Öffnungen an der Blattunterseite, durch die die Pflanze Wasser abgeben sowie Kohlenstoffdioxid und Sauerstoff aufnehmen und abgeben kann.

Sprossachse (Stängel): Organ der Blütenpflanzen, das die (Laub-)Blätter trägt und zwei Röhrensysteme für den ▸ Stofftransport enthält. Bildet bei Bäumen und Sträuchern das Stützmaterial Holz.

Stofftransport in Blütenpflanzen: Durch Verdunstung entsteht an den ▸ Spaltöffnungen ein Sog, der Wasser und darin gelöste Mineralstoffe in Röhren von der ▸ Wurzel in die Blätter transportiert. Durch die Schwerkraft wird der bei der ▸ Fotosynthese gebildete, in Wasser gelöste Zucker in anderen Leitungsbahnen von den Blättern zu den übrigen Pflanzenteilen transportiert.

ungeschlechtliche Fortpflanzung: Ein Lebewesen allein erzeugt Nachkommen, ohne dazu männliche oder weibliche Keimzellen zu benötigen, bei Pflanzen zum Beispiel durch Ableger oder ▸ Zwiebeln. Die Nachkommen besitzen daher die gleiche Erbinformation wie die Mutterpflanze.

Wurzel: Organ der Blütenpflanzen, das den Spross im Boden verankert und Wasser und Mineralstoffe aufnimmt.

Zwiebel: stark verkürzter Spross mit fleischig verdickten Blättern und Knospen, der zur Nährstoffspeicherung und ▸ ungeschlechtlichen Fortpflanzung dient. Zwiebeln treten oft bei Frühblühern auf.

Ökosystem Gewässer

Lebensgemeinschaft: Gemeinschaft aller Lebewesen, die einen Lebensraum bewohnen und durch Nahrungsketten, Konkurrenz und sonstige Interaktionen miteinander in Beziehung stehen.

Lebensraum: durch Einflüsse aus der unbelebten Natur wie Feuchtigkeit, Temperatur und Bodenbeschaffenheit gekennzeichnetes Gebiet, das von Lebewesen bewohnt wird.

Nahrungskette: Reihenfolge von Fressen und Gefressenwerden. Am Anfang jeder Nahrungskette stehen immer Pflanzen.

Ökosystem: im Zusammenspiel gebildete Einheit aus Lebensraum und darin lebenden Lebewesen.

Renaturierung: Wiederherstellung von durch den Menschen zerstörten Lebensräumen.

Lösungen wichtiger Zuordnungsaufgaben

Biodiversität bei Wirbeltieren

▶ **Seite 15, Aufgabe 1:** unvollständiges Wolfsgebiss

A 2 C 4 E 5
B 3 D 6 F 1

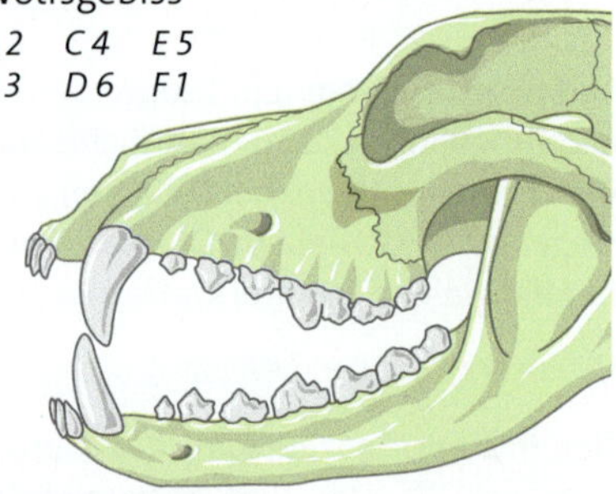

▶ **Seite 17, Aufgabe 10:** innere Organe beim Hund, Schema

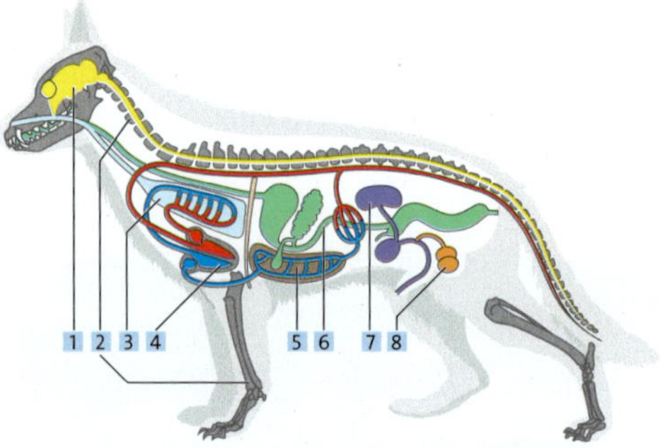

Nr.	Name des Organs	Aufgabe
1	Gehirn	Informationszentrale des Körpers
2	Skelett	Stütz- und Schutzfunktion
3	Lunge	Atemorgan, Aufnahme von Sauerstoff, Abgabe von Kohlenstoffdioxid
4	Herz	Antrieb des Blutkreislaufs
5	Leber	Stoffwechsel- und Verdauungsorgan, Bildung der Galle
6	Verdauungsorgane	Zerlegung der Nahrung in kleine Moleküle, die die Darmwand passieren können
7	Niere	Ausscheidungsorgan
8	Geschlechtsorgan (Hoden)	Fortpflanzung

▶ **Seite 19, Aufgabe 7:** innere Organe des Pferdes (siehe Seite 17, Aufgabe 10)

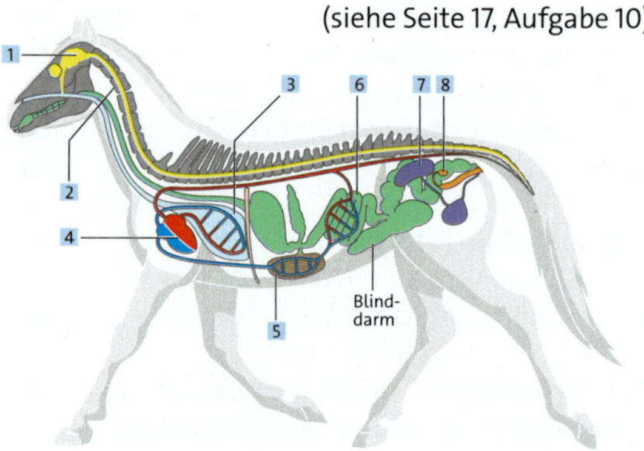

▶ **Seite 26, Aufgabe 1:** Merkmale der Vögel

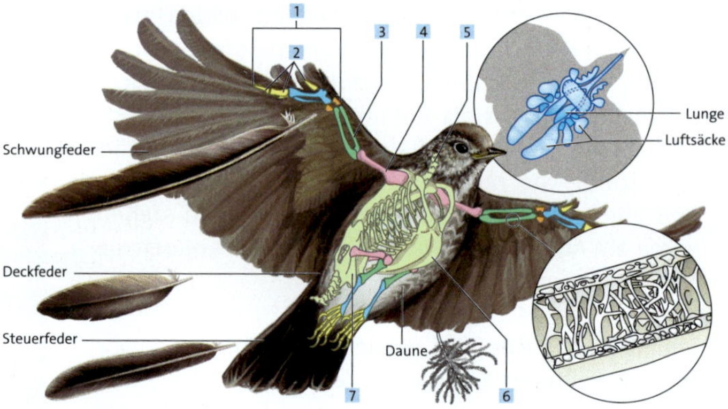

1 Handskelett
2 Fingerknochen
3 Unterarmknochen
4 Oberarmknochen
5 Wirbelsäule
6 Brustbein
7 Beckenknochen

▶ **Seite 36, Aufgabe 2:** Merkmale der Amphibien

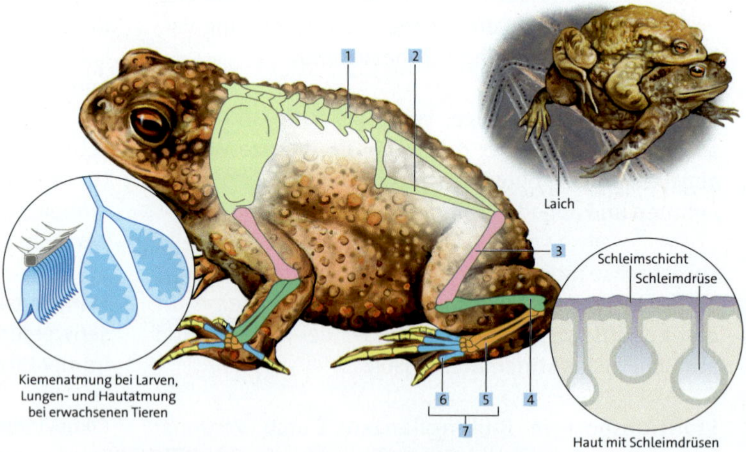

1 Wirbelsäule
2 Beckenknochen
3 Oberschenkelknochen
4 Unterschenkelknochen
5 Fußwurzelknochen
6 Mittelfußknochen
7 Fußskelett

Stoffaufnahme für Energieversorgung und Wachstum

▶ **Seite 81, Aufgabe 1:** Bau und Funktion der Kiemen

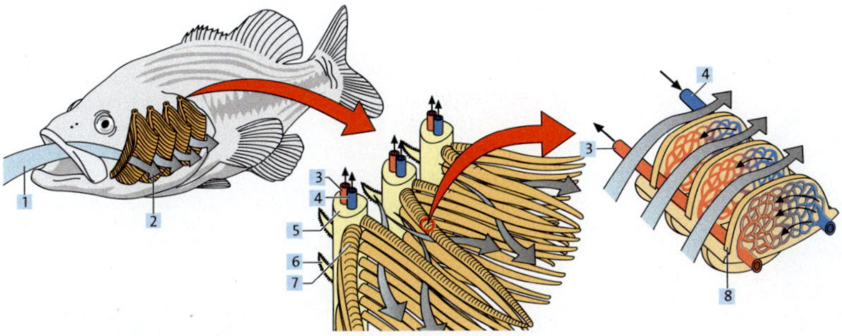

1 *sauerstoffreicheres Wasser*
2 *sauerstoffärmeres Wasser*
3 *sauerstoffreiches und kohlenstoffdioxidarmes Blut*
4 *sauerstoffarmes und kohlenstoffdioxidreiches Blut*
5 *Kiemenbogen*
6 *Kiemenreuse*
7 *Kiemenblättchen*
8 *Querfalten*

▶ **Seite 84, Aufgabe 1:** Strukturdiagramm zur Energiegewinnung
oben links / rechts: Ernährung von Tieren, Ernährung von Pflanzen
Mitte: Verdauung
unten: Energie für Lebensvorgänge

▶ **Seite 85, Aufgabe 9:** Allgemeines Schema zur Atmung

1 *Sauertoff*
2 *Kohlenstoffdioxid*
3 *Oberfläche zum Gasaustausch*
4 *Blutgefäß*

Informationsaufnahme, Informationsverarbeitung und Reaktion

▶ **Seite 99, Aufgabe 3**

1 *Reiz*
2 *Umwandlung in elektrisches Signal*
3 *Weiterleitung als elektrisches Signal*
4 *Wahrnehmung und Verarbeitung*

▶ **Seite 103, Aufgabe 1:** Allgemeines Schema zur Informationsverarbeitung

1 *Information*
2 *Informationsträger*
3 *Tier*
4 *Sinnesorgan*
5 *elektrische Signale*
6 *Gehirn*
7 *elektrische Signale*
8 *Reaktion*

Fortpflanzung und Entwicklung bei Wirbeltieren

▶ **Seite 118, Aufgabe 1:** Strukturdiagramm zur Fortpflanzung

1 *Spermienzelle*
2 *Eizelle*
3 *Embryonalentwicklung*
4 *Geburt*

▶ **Seite 119, Aufgabe 17**

6 *Amphibie A: Teichfrosch*
7 *Amphibie B: Geburtshelferkröte*
8 *Amphibie C: Erdbeerfrosch*

Fortpflanzung und Verbreitung von Samenpflanzen

▶ **Seite 122, Aufgabe 1:** Lebenszyklus einer Samenpflanze am Beispiel der Kirsche

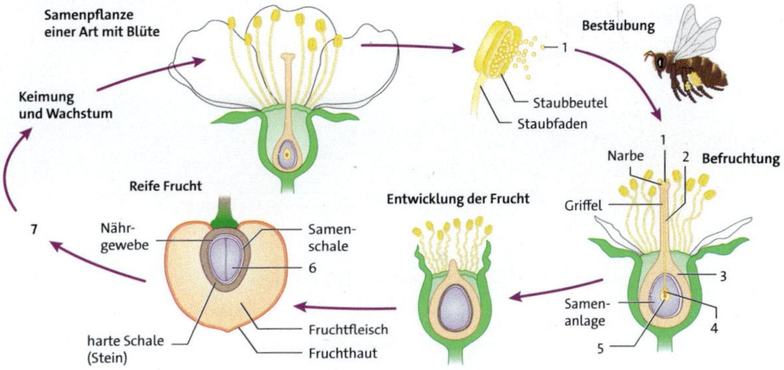

1 *Pollenkorn*
2 *Pollenschlauch*
3 *Fruchtknoten*
4 *Zellkern der Spermienzelle*
5 *Eizelle*

▶ **Seite 123, Aufgabe 1:** Baum, Strauch und krautige Pflanze

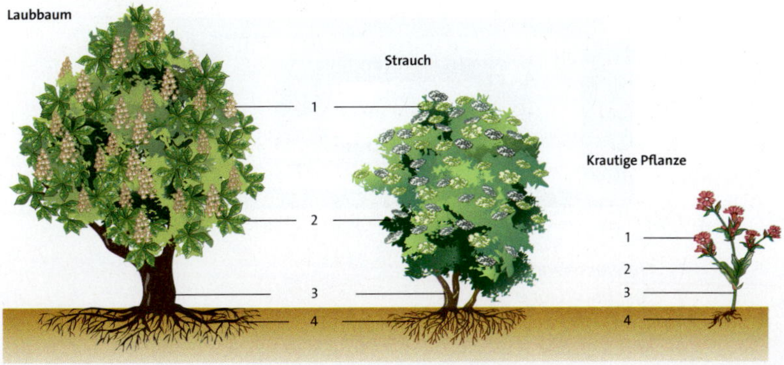

1 *Blüte*
2 *Laubblatt*
3 *Sprossachse*
4 *Wurzel*

Fortpflanzung und Verbreitung von Samenpflanzen

► **Seite 135, Aufgabe 12:** Kokosnuss – eine Steinfrucht

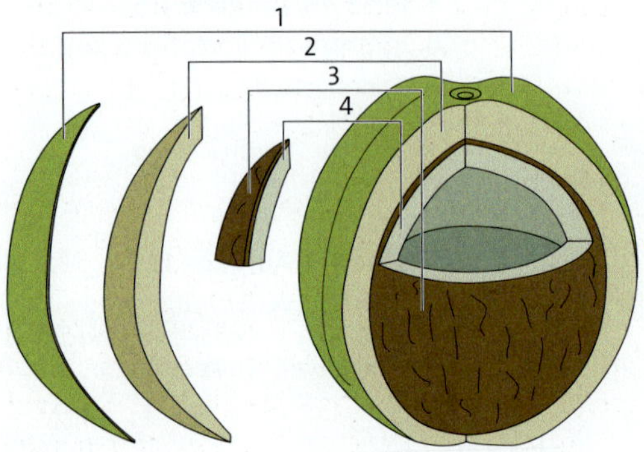

1 *Fruchthaut*
2 *Fruchtfleisch*
3 *Stein*
4 *Nährgewebe*

Ökosystem Gewässer

► **Seite 164, Aufgabe 1:** Umkippen eines Gewässers

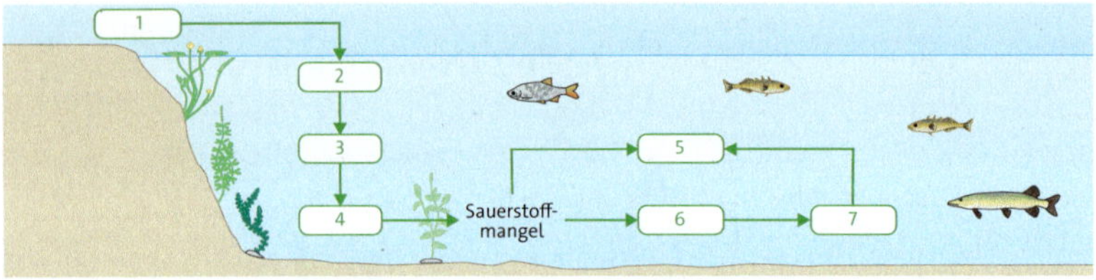

1 *Algen wachsen*
2 *am Grund verankerte Pflanzen bekommen nicht mehr genügend Licht*
3 *abgestorbene Pflanzen und Algen sinken zu Boden*
4 *werden dort von Bakterien unter Sauerstoffverbrauch zersetzt*
5 *es sterben sauerstoffbedürftige Tiere*
6 *Überreste werden von Bakterien abgebaut, die keinen Sauerstoff benötigen*
7 *Faulschlamm und übel riechende Gase entstehen*

► **Seite 166, Aufgabe 1:** Schematischer Überblick über einen See

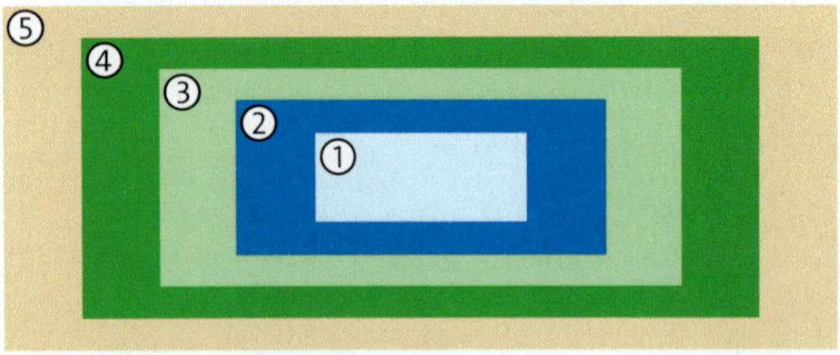

1 *Freiwasserzone*
2 *Tauchblattzone*
3 *Schwimmblattzone*
4 *Röhrichtzone*
5 *Bruchwaldzone*

Energieversorgung bei Pflanzen

► **Seite 144, Aufgabe 1:** Mind-Map: Pflanzliche Inhaltsstoffe

1 *Abwehrstoffe*
2 *Material des Holzes (Lignin)*
3 *Baustoffe*
4 *Duftstoffe der Blüten*
5 *Farbstoffe für Blüten*
6 *Farbstoffe für Früchte*
7 *Proteine (Eiweiße)*
8 *Fette*
9 *Kohlenhydrate*

Lösungen der Für Profis-Aufgaben

Biodiversität bei Wirbeltieren

▶ **Seite 18, Aufgabe 5:** Pferde sind Fluchttiere, die bei Gefahr sofort davonlaufen. Die Herde bietet Schutz, da stets einzelne Pferde wachsam bleiben, selbst wenn der Rest der Gruppe frisst oder sich ausruht. Droht nun Gefahr, wird diese schnell erkannt und die Herde kann fliehen. Zudem können Fressfeinde das ausgewählte Beutetier innerhalb einer fliehenden Herde weniger gut im Blick behalten.

▶ **Seite 29, Aufgabe 2:** Kreuzottern sind lebend gebärend, d.h., die Entwicklung vom Ei zum fingerlangen Jungtier läuft im Körper des Weibchens ab. Durch Sonnen kann das Weibchen den sich entwickelnden Jungen günstige Bedingungen verschaffen. So reicht in kälteren Gebieten die relativ kurze warme Jahreszeit für die Entwicklung der Jungen aus.

▶ **Seite 34, Aufgabe 2:** Die Entwicklung des Alpensalamanders dauert länger, da er in einer recht kühlen Umgebung lebt. Als thermokonformes Tier wird sein Stoffwechsel und somit die Entwicklung der Larven von der niedrigen Umgebungstemperatur verlangsamt. Zudem ist der Alpensalamander im Vergleich zum Feuersalamander bei seiner Geburt schon viel weiter entwickelt: Er ist bereits ein Jungtier und keine Larve mehr. Dies stellt eine Angepasstheit an die Lebensbedingungen im häufig wasserarmen Lebensraum Hochgebirge dar.

▶ **Seite 39, Aufgabe C 11:**

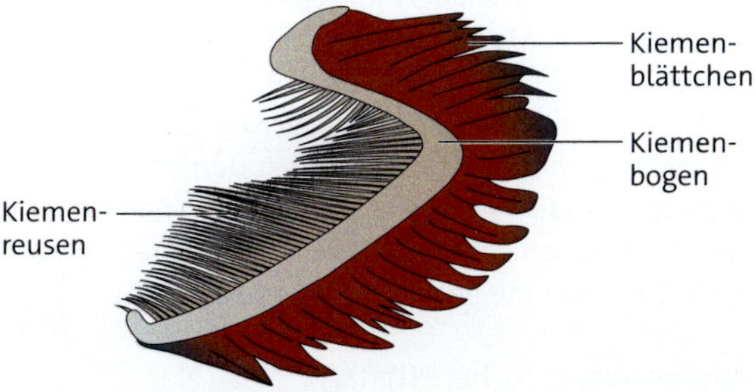

▶ **Seite 39, Aufgabe C 12:** Mögliche Schülerantwort: Die feinen Kiemenblättchen verkleben außerhalb des Wassers, wodurch die für die Atmung zur Verfügung stehende Kiemenoberfläche drastisch kleiner wird.

Verwandtschaft der Wirbeltiere und Evolution

▶ **Seite 52, Aufgabe 7:** Schnipsel, die sich farblich stark von der Unterlage unterscheiden, wurden meistens öfter aufgesammelt, da sie schneller erkannt werden. Der Versuch kann als Modell für die farbliche Angepasstheit von Lebewesen an ihre Umgebung dienen. Tiere, die besser getarnt und damit schwerer zu erkennen sind, werden seltener von Beutegreifern gefasst und haben somit bessere Fortpflanzungschancen. Sie geben daher ihre Erbinformation, die auch ihre bessere Tarnung bewirkt, häufiger an die nächste Generation weiter.

▶ **Seite 56, Aufgabe 4:** Mögliche Schülerantwort: Die Bio-Haltung ist die am ehesten artgerechte Haltungsform. Bei ihr wird so gut wie möglich auf die Grundbedürfnisse der Hühner Rücksicht genommen: jedem Huhn steht eine größere Fläche zur Verfügung als in den anderen Haltungsformen. Außerdem ist ein regelmäßiger Auslauf vorgeschrieben. Die Hühner haben die Möglichkeit sich zu verstecken und werden mit Bio-Futter gefüttert und mit Naturheilmitteln behandelt. Dies alles macht die Eier aus Bio-Haltung allerdings teurer als Eier aus anderen Haltungsformen. Auch Produkte, die Bio-Eier enthalten, haben entsprechend höhere Preise. Für Familien mit geringen Einkommen kann dies zu einer finanziellen Belastung werden.

▶ **Seite 56, Aufgabe 5:** Hühnern in Freilandhaltung fehlen oft die nötigen Versteckmöglichkeiten. Die Hühner sind eventuellen Raubvögeln schutzlos ausgesetzt, was zu mehr Stress führt.

Aktive Bewegung bei Wirbeltieren

▶ **Seite 60, Aufgabe 3:** Die Bewegung der Katze ist aktiv, d.h. sie kann von der Katze je nach Bedingungen mehr oder weniger (willkürliche Bewegung oder unwillkürliche Reflexe) bestimmt werden. Jedoch ist für die aktive Bewegung Energie nötig, sodass Energieträger zur Verfügung stehen müssen. Die passive Bewegung oder besser der passive Transport der Früchte oder Pollen von Pflanzen ist nicht aktiv von der Pflanze beeinflussbar, weder die Richtung noch die Geschwindigkeit. Jedoch ist für diese Art der Bewegung keine Energiebereitstellung nötig. Beide Arten der Fortbewegung haben Vor- und Nachteile.

▶ **Seite 61, Aufgabe 2:**

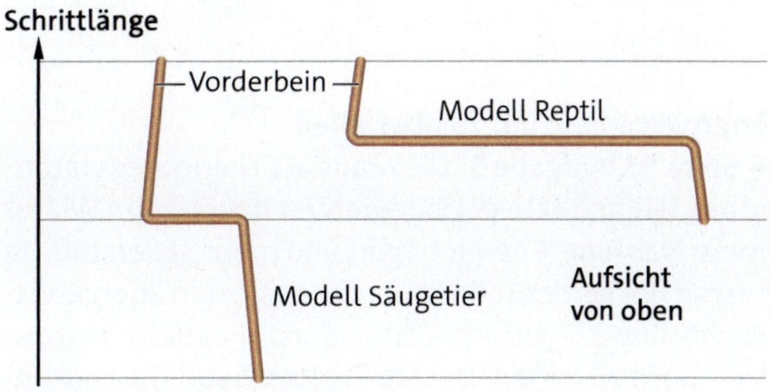

Lösungen der Für Profis-Aufgaben

Die Schrittlänge des Säugetieres ist doppelt so groß, wodurch ein schnelleres Laufen bei gleicher Schrittzahl möglich wird. Das Drahtmodell der Säugetierkonstruktion ist „viel stabiler", kann also weniger leicht nach unten gedrückt werden. Das zeigt, dass ein gleich schwerer Rumpf mit der Säugetierkonstruktion mit einem geringeren Kraft- und Energieaufwand getragen werden kann. Je weniger sich der Draht durchbiegt, desto weniger Energie benötigt das Lebewesen zum Tragen des Rumpfes, weil der Schwerpunkt mehr über der Standfläche liegt.

▶ **Seite 62, Aufgabe 4:** Mögliche Schülerantwort: Würde ein Gepard mehr Energie in Form von Fett einlagern, hätte er genügend Energiereserven, um öfter auf die Jagd zu gehen. Allerdings wäre seine Chance auf eine erfolgreiche Jagd geringer, da er aufgrund der zusätzlichen Masse nicht mehr in der Lage wäre, die nötige Geschwindigkeit zu erreichen.

▶ **Seite 67, Aufgabe 3:** Mithilfe kräftiger Schläge ihrer Schwanzflosse erzeugen die fliegenden Fische genügend Vortrieb durch Muskelkraft, um aus dem Wasser zu springen und anschließend mithilfe ihrer Brustflossen in der Luft eine gewisse Strecke zu gleiten. Sobald sich der Fisch jedoch in der Luft befindet, kann die Flosse keinen Auf- oder Vortrieb mehr liefern.

Stoffaufnahme für Energieversorgung und Wachstum

▶ **Seite 75, Aufgabe 5:** Der Magen des Rindes ist viel größer als der des Pferdes. Der Dünndarm beider Tiere ist ungefähr gleich groß, wohingegen der Blinddarm des Pferdes größer ist als der des Rindes. Folglich findet die Zelluloseverdauung beim Pferd durch die Colibakterien vor allem im Blinddarm statt, beim Rind dagegen im Magen. Der sehr große Magen des Rindes gliedert sich in Pansen, Netz-, Blätter- und Labmagen. Der Pansen des Rindes hat ein Fassungsvermögen von 150 Litern! In ihm leben eine unvorstellbar große Menge an Bakterien (10 Milliarden) und einzelligen Lebewesen, die die Zellulose der Pflanzenzellwände zu Traubenzucker verdauen können. Der kleinere Magen des Pferdes kann nur geringere Mengen an Nahrung aufnehmen.

Energie sparen, um zu überleben

▶ **Seite 95, Aufgabe 5:** Die Maus als thermoregulatorisches Tier und aktiver Überwinterer benötigt im Winter mehr Nahrung (Energieträger) und mehr Sauerstoff, da sie mit der bei der Zellatmung freigesetzten Energie versucht, ihre Körpertemperatur durch Regulation konstant hoch zu halten. Der Stoffwechsel von thermokonformen Tieren ist bei kalten Umgebungstemperaturen abgesenkt (Kältestarre).

Informationsaufnahme, Informationsverarbeitung und Reaktion

▶ **Seite 100, Aufgabe 3:** Zwischen Netzhaut und Pigmentschicht befindet sich eine besondere Schicht, das Tapetum lucidum, das einfallendes Licht reflektiert. Die Wirksamkeit einfallenden Lichtes wird dadurch erhöht, da es zweimal die Netzhaut passiert. Katzen können auf diese Weise auch in der Dämmerung gut sehen.

Fortpflanzung und Entwicklung bei Wirbeltieren

▶ **Seite 117, Aufgabe 5:** Zum einen wird das beschriebene Verhalten durch die Berührung des Kuckucksjungen mit den Eiern ausgelöst. Das Junge stemmt sich unter das Ei und drückt es über den Nestrand. Zum anderen liegt hier eine besondere Angepasstheit beim Kuckuck vor, welche für das Überleben wichtig ist. Durch das Herauswerfen der anderen Eier gibt es im Nest keine Konkurrenten um Nahrung mehr, welche von den Vogeleltern normalerweise unter den Jungen aufgeteilt wird.

Fortpflanzung und Verbreitung von Samenpflanzen

▶ **Seite 125, Aufgabe 6:** Die Masse des Samens in Gramm unterscheidet sich von Pflanze zu Pflanze erheblich. Eine Kastanie ist bis zu 25 000mal schwerer als ein Birkensamen. Auch die Anzahl der Samen pro Pflanze variiert erheblich von Art zu Art. Eine Birke produziert ca. 3000mal mehr Samen als eine Kastanie. Die Eiche liegt hinsichtlich der Masse und Anzahl ihrer Samen zwischen Birke und Kastanie. Man kann also festhalten: Je leichter ein Samen, desto mehr werden davon von einem Baum gebildet (zumindest bei den angeführten Beispielen). Anders gesagt: Je schwerer ein Samen, desto weniger davon kann ein Baum produzieren – seine Äste haben nur eine bestimmte Belastbarkeit.

Energieversorgung bei Pflanzen

▶ **Seite 138, Aufgabe 5:** Die Weide enthält sowohl zu Beginn des Versuchs, als auch zum Ende einen großen Wasseranteil. Da Wasser kein Baustoff ist, kann man allein durch das Wiegen der Pflanze die Masse der Baustoffe nicht ermitteln. Hierzu müsste zu Beginn des Versuchs eine Weide mit der gleichen Masse wie das Versuchsobjekt getrocknet und gewogen werden. Nach Ablauf des Versuchs müsste die Weide ebenfalls zunächst getrocknet und dann gewogen werden. Aus der Differenz der beiden Messungen ergibt sich dann die Masse der Baustoffe, die im Verlauf des Versuchs aufgebaut wurden.

▸ **Seite 141, Aufgabe 6:** Mögliche Schülerantworten:
- Man könnte die Energie in großen Akkus speichern.
- Man könnte die Energie nutzen, um Wasser in einen Stausee zu pumpen. Die Energie würde dann zurückgewonnen werden, wenn das Wasser wieder abfließt und dabei über einen Generator Strom erzeugt wird.
- Man könnte mit der Energie Luft in unterirdische Tanks pumpen. Die Energie würde dann zurückgewonnen werden, wenn die Luft wieder herausströmt und dabei über einen Generator Strom erzeugt wird.
- Man könnte mit der vorhanden Energie Wasserstoff und Methan umwandeln, die dann als Brennstoffe verwendet werden können.

Problem bei allen Möglichkeiten ist, dass nicht die ganze vorhandene Energiemenge aus den Solarzellen genutzt werden kann. Denn bei den Energieumwandlungen entstehen auch nicht nutzbare oder speicherbare Energieformen wie z. B. Wärme.

▸ **Seite 143, Aufgabe 2:** Die vielen Verzweigungen der Wurzeln, welche in unzähligen Wurzelhaaren enden, führen zu einer starken Oberflächenvergrößerung. Auf diese Weise kann eine Pflanze ausreichend Wasser und darin gelöste Mineralstoffe aus dem Boden aufnehmen.

▸ **Seite 145, Aufgabe 5:** Die Pfeildicke steht für die Energiemenge, die jeweils mit dem gefressenen Lebewesen weitergegeben wird. Sie nimmt im Verlauf der Nahrungskette immer weiter ab, da in jeder Stufe ein großer Teil der als Nahrung aufgenommenen Energie zum Beispiel für Bewegung sowie alle anderen Lebensvorgänge verwendet wird. Die dabei entstehende Wärme wird letztlich an die Umgebung abgegeben. Außerdem wird ein Teil der unvollständig verdauten Nahrung und damit die in ihr enthaltene Energie in Form von Kot ausgeschieden.

▸ **Seite 147, Aufgabe 3:** Heutzutage wird in Deutschland der überwiegende Teil des Stroms aus fossilen Brennstoffen gewonnen, ein weiterer großer Anteil aus Kernenergie. Beide Arten der Stromerzeugung sind mit negativen Folgen für die Umwelt verbunden. Eine Pelletheizung ist vergleichsweise umweltfreundlich, da beim Verbrennen der Pellets nur so viel Kohlenstoffdioxid freigesetzt wird wie die Pflanze zur Erzeugung des Holzes aufgenommen hat. Ein möglicher und sinnvoller Kompromiss für Familie Huber kann daher eine Kombination aus Elektroheizung mit Solarstrom und einer Pelletheizung sein.

▸ **Seite 149, Aufgabe 15:** Der Begriff CO_2-neutral bedeutet, dass ein Energieträger bei seiner Verbrennung nur so viel CO_2 freisetzt wie zu seiner Erzeugung benötigt wurde. Ein Beispiel wäre die Verbrennung von Holz. Das Problem beim Heizen mit Holzpellets ist allerdings, dass die Herstellung der Pellets aus dem natürlichen Holz Energie benötigt. Und auch beim Transport der Pellets wird Energie für den Antrieb des Fahrzeugs benötigt. Wird die Energie für die Herstellung und den Transport aus erneuerbaren Energiequellen bezogen, sind die Pellets tatsächlich CO_2-neutral. Dies gilt jedoch streng genommen nicht, wenn hierfür fossile Energieträger genutzt werden.

Pflanzen reagieren auf ihre Umwelt

▸ **Seite 152, Aufgabe 2:** Mögliche Schülerantwort:
In einem lichtundurchlässigen Karton wird ein junger Keimling verkehrt herum aufgehängt. In einem anderen lichtundurchlässigen Karton wird ein weiterer Keimling als Kontrollversuch aufrecht hingestellt. Nach einigen Tagen Tage wird geprüft wie die Keimlinge gewachsen sind.

Ökosystem Gewässer

▸ **Seite 166, Aufgabe 8:** Ein See ist ein Ökosystem, in dem alle Lebewesen in Wechselwirkung zueinander stehen. Es gibt viele Nahrungsketten in einem See, welche immer mit einer Pflanze beginnen und über Pflanzenfresser und Beutegreifer verlaufen. Da sich viele Lebewesen von mehr als nur einer Nahrungsquelle ernähren, sind Nahrungsketten oft miteinander verwoben und bilden Nahrungsnetze. In einem intakten See bleibt die Anzahl der Individuen der verschiedenen Tierarten über einen längeren Zeitraum gesehen gleich. Würde man zusätzliche Hechte in ein Gewässer bringen, würden diese das Gleichgewicht im See zunächst durcheinanderbringen. Auf längere Zeit hin wird sich dieses aber wieder einstellen, sodass die Anzahl der Hechte auf das ursprüngliche Maß zurückgehen wird. Der Grund dafür liegt darin, dass der See den zusätzlichen Hechten nicht genügend Nahrung zur Verfügung stellen kann. Man müsste die Hechte also zufüttern, damit der Plan der Angler aufgehen kann. Dies wiederum kann sich aber negativ auf die übrigen Lebewesen im See auswirken.

Gefahrensymbole

Hast du schon einmal aufmerksam die Etiketten von Haushaltsmitteln, wie Kloreiniger, Putzmittel oder Desinfektionsspray, genauer betrachtet? Falls ja, ist dir dabei sicher aufgefallen, dass viele der Flaschen ein besonderes, auffälliges Symbol haben. Das Symbol weist darauf hin, dass sogenannte Gefahrenstoffe enthalten sind. Das sind Stoffe, die gefährlich für deine Gesundheit sind. Aus diesem Grund hat man weltweit für jeden Gefahrenstoff festgelegt, welche Gefahren von diesem ausgehen und wie man mit diesem umgehen muss. Ersteres beschreiben die H-Sätze. Das H steht für englisch „hazard“ und bedeutet Gefahr. Den Umgang mit den Gefahrenstoffen regeln die P-Sätze, abgeleitet von englisch „precautionary“. Das bedeutet so viel wie Vorsicht.

Es gibt neun verschiedene Gefahrensymbole. Die Wichtigsten für dich findest du in der folgenden Darstellung.

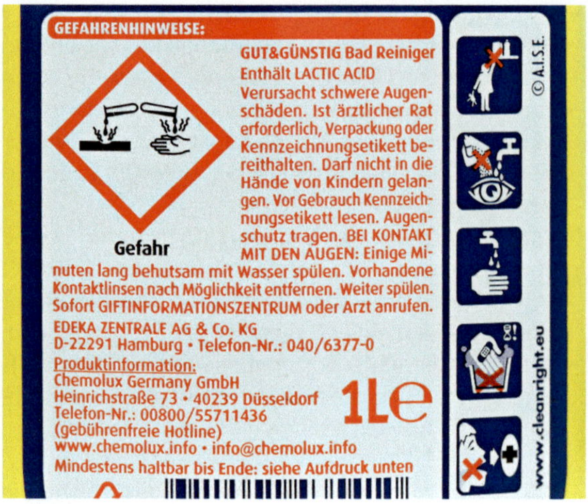

1 Etikett eines Putzmittels

Diese Stoffe sind leicht entzündlich und brennbar.

Diese Stoffe führen bei Kontakt mit Haut oder Augen zu Verätzungen.

Diese Stoffe sind gesundheitsgefährdend.

Diese Stoffe sind sehr giftig und daher lebensbedrohlich.

Diese Stoffe führen zu Schäden in der Umwelt.

Diese Stoffe stellen eine Gefahr für die Gesundheit dar.

Gefährlich sind die Stoffe aber nur, wenn man ungeschützt und falsch mit Ihnen umgeht. Aus diesem Grund findest du in diesem Buch bei Versuchen, bei denen Gefahrenstoffe verwendet werden, besondere Symbole.

Wie bei blauen Verkehrsschildern weisen sie darauf hin, welche Schutzmaßnahmen ergriffen werden müssen, damit die eigene Person oder andere Personen keinen Schaden nehmen. Die Bedeutung wird neben den Symbolen kurz erläutert.

Schutzbrille tragen!

(Schutz-)Handschuhe tragen!

Register

Register

Bildquellenverzeichnis

Cover: Fotolia/Zerbor
© **Angermayer/Pfletschinger:** S. 109/1a
action press/Sipa Press: S. 114/3, U. Schwenk/McPHOTO/blickwinkel: S. 28/2
Arco Digital Images/H. Frei: S. 69/4
blickwinkel/A. Hartl: S. 38/2, S. 40/1, , S. 59/r. o., S. 64/3, S. 117/4, A. Laule: S. 137/M. r., Jari Peltomäki/www.leuku.fi: S. 75/7, P. Cairns: S. 103/5, S. Zankl: S. 82/2, T. Muth/McPHOTO/Thomas Muth: S. 98/r. o., Werner Layer Naturfotografie Weltweit: S. 35/l., S. 109/1d
Bundesanstalt für Landwirtschaft und Ernährung: S. 57/4a
ClipDealer/cm1610923: S. 61/1a, Crystal Garner: S. 167/6, Hallgerd: S. 74/1, Harald Vorbau: S. 35/r. u., Jens Klingebiel: S. 61/1b, Torsten Dietrich: S. 82/1
Colourbox/ERIK ROSENLUND: S. 46/1b
Cornelsen/Mahler, Fotograf, Berlin: S. 66/M.
Cornelsen/newVision!GmbH, Bernhard A. Peter, Pattensen: S. 46/3a
Cornelsen/Roland Biernacki: S. 135/7
Cornelsen/Stephan Röhl: S. 180/1
Cornelsen/Theuerkauf, H., Gotha: S. 40/2
Cornelsen/Volker Döring: S. 124/1a, : S. 129/6+7, S. 131/5, S. 132/3, S. 133/6a–6d, S. 133/7, S. 140/1, S. 160/2
Cornelsen/Volker Minkus: S. 113/2+3
ddp images: S. 48/r., S. 141/1, claudia Otte: S. 146/2, dapd/Sascha Schuermann: S. 56/2, Erwin Wodicka: S. 56/5, Joerg Hemmer: S. 167/7b, Martin Oeser: S. 55/1, Picture Press/Ardea/Karl Terblanche: S. 103/4, Poelzer Wolfgang: S. 116/3, Michael Gottschalk: S. 55/5
Digitalstock/M. Berg: S. 132/4b

Bildquellenverzeichnis

dpa Picture-Alliance/Arco Images GmbH/Arco Images G: S. 112/1, Ardea/Mary Evans Pi: S. 79/2, blickwinkel/J: S. 110/3, S. Muller/ WILDLIFE: S. 116/2, WaterFrame: S. 3/u., S. 48/l. o., S. 172/o., Westend61: S. 156/M., S. 173/M.
F1online/AGE/Mark Hamblin: S. 72, Beate Zoellner: 85/5, First Light: S. 59/r. u., imageBROKER RF/Adelheid Nothegger: S. 163/l. o., Imagebroker RF/Frank Sommariva: S. 151/2, Imagebroker RF/ Georg Stelzner: S. 163/M. l.
Fotofinder.com/CHROMORANGE/Torsten Marx: S. 167/7a,
Fotofinder.com/FLPA/Andrew Mason: S. 83/4
Fotolia/2xwilfinger: S. 94/1e, alexkich: S. 124/3, amidala: S. 55/2, Andrey Armyagov: S. 31/r. u., animaflora: S. 164/1, S. 165/5, S. 166/2, Anton Mir-Mar: S. 94/1g, aussieanouk: S. 27/r. u., bennytrapp: S. 29/1, Bernd Wolter: S. 22/1, Björn Wylezich: S. 50/1, bunteWelt: S. 163/r. o., chinhector: S. 116/1, S. 119/7, Chiroquia: S. 120/M. l., chris74: S. 56/3, Christian Musat: S. 53/1, Clemens Schüßler: S. 94/1a, Countrypixel: S. 107/6, crisod: S. 43/r. o., cuhle-fotos: S. 145/1, dieter76: S. 110/4, DirkR: S. 63/1a, S. 91/1a, donatas1205 (Collage Moritz Vennemann): S. 154/3, DoraZett: S. 54/1, DWaEbP: S. 37/l. u., EcoView: S. 37/r. o.m., emeraldphoto: S. 108/2, Erni: S. 76/3, Fotimmz: S. 127/2a, Fotofreundin: S. 55/6, fotozick: S. 162/2, Ginkgo: S. 87/r. u., GordonGrand: S. 56/4, gudkovandrey: S. 79/1, hansenn: S. 132/1, Harald Biebel: S. 126/1a, Hartmut Wolf: S. 28/4, S. 105/r. o., Hermann: S. 105/M. r., hfox: S. 37/l. o., hkuchera: S. 14/2, holgman1: S. 163/l. u., Imaginis: S. 125/5a, Jamrooferpix: S. 106/1, jarrycz: S. 77/6, Jens Klingebiel: S. 18/1, jnjhuz: S. 71/1b, JuhaSa: S. 66/u., K.-U. Häßler: S. 77/5, Karin Jähne: S. 46/1a, S. 58, kyslynskyy: S. 63/r. u., lapis2380: S. 37/r. u., S. 82/3, leodoc63: S. 68/1, linjerry: S. 127/4, M. Schuppich: S. 138/2, Maciej Olszewski: S. 25/1, maho: S. 76/4, MAK: S. 70/2, maros_bauer: S. 62/3, Martina Berg: S. 98/r. u., S. 126/3, martinfredy: S. 117/5, mascfoto: S. 32/1, S. 119/6, meen_na: S. 38/1, Melinda Fawver: S. 27/l. u., merrimonc: S. 106/2, Michael Stifter: S. 119/8, Michael Tieck: S. 125/6a, motivjaegerin1: S. 94/1b, 1d, NFSR: S. 63/1b, patila: S. 5/u., S. 150/u., Pelz: S. 5/o., S. 121/r. o., Petair: S. 156/u., PhotoSG: S. 121/M. r., S. 172/u., redchanka: S. 9/o. l., Richard Carey: S. 83/3, Robert Schneider: S. 147/3, rootstocks: S. 5/M., S. 136, santia3: S. 21/l. u., schaef: S. 70/3a, Schmutzler-Schaub: S. 28/1, sduben: S. 4/o., S. 59/l. u., seawhisper: S. 152/2, sharppy: S. 76/1, spanikratov: S. 31/l. o., Steve Byland: S. 76/2b, Stockfotos-MG: S. 56/1, Sulabaja: S. 83/2, Sumra: S. 73/u., svenaw: S. 94/1f, ThKatz: S. 110/1, tibanna79: S. 55/3, TwilightArt-Pictures: S. 131/7, Vincent: S. 100/1, vipersgarden: S. 34/2, S. 35/r. o., Vitalii Hulai: S. 69/3, Vjaceslavs: S. 59/l. o., Vladimir Wrangel: S. 68/2, S. 115/1, waraphorn_ap: S. 59/M. r., WavebreakMediaMicro: S. 55/4, weerayut: S. 112/2, wkbilder: S. 25/2, Xaver Klaussner: S. 27/r. o., Yuriy Vahlenko: S. 126/4, Zerbor: S. I
imago/nordpool: S. 99/1, imago stock&people/blickwinkel: S. 32/2, S. 105/l. u., imago stock&people/imagebroker: S. 108/1, imago stock&people/OceanPhoto: S. 79/3
interfoto e.k./ARDEA/Last Refuge: S. 114/1, Danita Delimont/ Franklin Viola: S. 3/o., S. 8/u., FLPA/Martin Hale: S. 67/3, image-BROKER/Marcus Siebert: S. 24/1
Juniors Bildarchiv: S. 109/1b, Juniors/Aflo: S. 21/l. o., Avalon: S. 67/1+2, S. 115/2, Biosphoto: S. 145/2, D. Harms: S. 22/2, D. Perrine: S. 70/4b, Fiedler, W.: S. 43/l. o., Harpe, R.: S. 118/2, K. Bogon: S. 28/3, Minden Pictures: S. 60/3, NWU: S. 43/r. u., S. 95/1, R. Hoelzl: S. 119/5
mauritius images/alamy stock photo: S. 127/2b, S. 71/1d, Ernst Wrba: S. 48/l. u., mauritius images/imageBroker/Hans Lang: S. 156/o., imageBroker/Horst Sollinger: S. 164/3, imageBroker/ Michael Morasch: S. 150/M., imageBroker/Philip Perry/FLPA: S. 114/2, imageBroker/Rolf Nussbaumer: S. 76/2a, Norbert Fischer: S. 100/3, Ole Jorgen Liodden/nature picture library: S. 98/l. u., pepperprint: S. 57/2, Phototake: S. 70/2b, Stephen Dalton/Minden Pictures: S. 67/4
OKAPIA KG/Claude Guihard/BIOS: S. 163/M. r., Dietmar Nill/ SAVE: S. 163/r. u., Hermann Eisenbeiss: S. 152/4, imagebroker/ Hartmut Schmidt/M, Germany: S. 57/4a, imagebroker/Heiner Heine/M, Germany: S. 165/4, OKAPIA/Andreas Hartl: S. 109/1c, Holt Studios/Nigel Cattlin: S. 121/r. u., OKAPIA KG/imagebroker/ Klaus Wagenhäuser/M, Germany: S. 162/3, Joan Root: S. 108/3, Jonathan Fieber: S. 157/3, KINA/Geurt Besselink: S. 23/4, Konrad Wothe/SAVE: S. 157/1, Nigel Cattlin/Holt Studios: S. 153/3, Papilio/Robert Pickett: S. 152/3a
panthermedia/Benoit aetb: S. 87/l. u.
Raoul Heinrich Francé/The New York Public Library/ Digital Collections: S. 127/3
Reinhard Tierfoto: S. 125/4
Schätzle: S. 75/6
Schütte, N., Berlin: S. 126/1, S. 128/1c
Science Photo Library/DR KEITH WHEELER: S. 153/2, Martin Shields: S. 166/3, PHOTOSTOCK-ISRAEL: S. 9/o. r.
Shutterstock: S. 57/1a, 1c, 1d, A. L. Holmes: S. 150/o., Alvov: S. 70/4a, Ammit Jack: S. 16/1, Anan Kaewkhammul: S. 57/1b, Anna Levan: S. 115/4, anucha maneechote: S. 148/1, Artush: S. 97/6a, Beneda Miroslav: S. 4/u., S. 104, Bildagentur Zoonar GmbH: S. 97/5b, Bill Livingstone: S. 137/r. u., Brendan Delany: S. 121/l. o., Brian A Jackson: S. 127/1b, Butterfly Hunter: S. 94/1i, Casther: S. 152/1, Christian Musat: S. 69/6, Csehak Szabolcs: S. 98/l. o., David Lochhead: S. 151/1, David Osborn: S. 83/1, Dennis Jacobsen: S. 62/5, Dolly: S. 86/M., Eric Isselee: S. 54/3a, flaviano fabrizi: S. 97/5a, Galina Mikhalishina: S. 81/1, GUDKOV ANDREY: S. 73/M. u., hans engbers: S. 87/M. r., hfuchs: S. 97/5c, Hintau Aliaksei: S. 95/r., Holly Kuchera: S. 14/1, S. 59/m. r.: Ihi, S. 86/u.: Irina Borsuchenko, S. 21/r. o., S. 101/4: Ivan Kuzmin, S. 63/2: John Carnemolla, S. 115/3: K.A.Willis, S. 128/2: Kazakov Maksim, S. 121/l. u.: Kitzero, S. 71/1c, S. 85/8b: Kletr, S. 9/M. r., S. 170/o.: Kurit afshen, S. 105/l. o.: Maciej Olszewski, S. 103/3: Maggy Meyer, S. 34/1: Marek R. Swadzba, S. 132/2: Marie Charouzova, S. 31/1: Marius Dobilas, S. 152/3b: Martin Fowler, S. 9/r. u.: Martin Prochazkacz, S. 60/2: mashy2004, S. 88/l.: MaxStrogiy, S. 101/6: Menno Schaefer, S. 97/6b: miker, S. 50/2: MikhailSh, S. 91/1b: milka-kotka, S. 162/4: Mircea Chiriciuc, S. 85/8a: Mirko Rosenau, S. IV: nednapa, S. 43/l. u.: neil langan, S. 97/5d: non15, S. 153/1: olenaa, S. 137/l.: Peacebong, S. 120/u.: pzAxe, S. 176/l.: R. Gino Santa Maria, S. 71/1a: reptiles4all, S. 123/3: rodimov, S. 73/M. o.: Ruediger Jahnke, S. 134/3: RussieseO, S. 60/1: schubbel, S. 128/3: SeDmi, S. 78/2: Sergey Uryadnikov, S. 71/3: Stanislav Duben, S. 21/r. u.: Steve Bower, S. 4/M., S. 87/r. o.: Steve Horsley, S. 94/1c: StevenRussellSmithPhotos, S. 175/l.: Suttha Burawonk, S. 175/r.: thailoei92, S. 45/r. u.: Tiberiu Sahlean, S. 105/r. u.: Tony Campbell, S. 54/3b: Tsekhmister, S. 137/r. o.: v.gi, S. 63/1c: Vladimir Wrangel, S. 69/5: wildestanimal, S. 135/6: Wolfilser, S. 46/3b+c: worldswildlifewonders, S. 106/4: Zadiraka Evgenii, S. 45/l. u.: Zoonar GmbH.
Tiergarten Nürnberg: 10/1
VISUM/Marc Steinmetz: S. 93/3
Wikipedia/MartmanCC-BY-SA 3.0: S. 46/1
WILDLIFE/D.Harms: S. 123/2, S. 123/4, S. 126/1b, S. 134/2
www.coulorbox.de: S. 31/l. u., S. 54/2, S. 65/2, S. 73/o., S. 78/1, S. 94/1h, S. 102/r., S. 123/2, S. 124/2, S. 128/4, Anterovium: S. 9/l. u., FernandoCortes.com: S. 102/l., IGOR KOVALCHUK: S. 117/6, Jiri Hera: S. 146/u., Hans-Joachim Schneider: S. 110/2, Kimoru Photography: S. 70/3b, Komarovskyy Mykola: S. 45/l. o., Manachai_ Phongruchiraphan: S. 64/1, Micha Klootwijk: S. 65/1, Michael Weirauch: S. 45/r. o., S. 106/3, Petr Malyshev: S. 143/1, Rubik O.G.: S. 127/1a, Susan McKenzie: S. 87/l. o., Vladimir Blinov: S. 27/l. o., VOLODYMYR BURDYAK: S. 88/r.
Zoologische Sammlung der Universität Rostock: S. 92/2